Barbara Bettinelli
Paolo Della Putta
Manuela Visigalli

Buona idea!

Corso di lingua
e cultura italiana
Livello elementare

Libro dello studente
+ Quaderno degli esercizi
+ Multi-ROM

ARARE SEMPRE

PEARSON

È davvero una buona idea apprendere l'italiano con questo libro divertente, progressivo, ricco di testi interessanti e di attività varie, efficaci e graduate!

Le **10 unità** che lo compongono sono organizzate in rubriche ricorrenti per dare ritmo e metodo all'apprendimento.

Cominciamo... introduce il tema dell'unità focalizzandosi sulla presentazione del lessico utile alle fasi successive dell'apprendimento, tramite chiari elementi grafici che ne contestualizzano il significato e l'uso.

Questa sezione contiene anche l'esercizio di comprensione orale relativo al primo dialogo della sezione Al lavoro! La scelta di anticipare qui questo esercizio garantisce una vera attività di comprensione orale fin dalle prime fasi dell'apprendimento linguistico.

Al lavoro! Questa sezione di quattro pagine contiene i dialoghi di presentazione delle funzioni e strutture linguistiche e attività che ne richiedono l'immediato impiego. I dialoghi presentano situazioni di reale comunicazione in cui gli studenti potrebbero trovarsi a interagire con parlanti italiani. Il box **Grammatica Flash** presenta in forma schematica la struttura grammaticale con un chiaro rimando alle pagine del Quaderno degli esercizi in cui si trovano la spiegazione grammaticale ed esercizi di attivazione e consolidamento della struttura in oggetto.

Buona lettura! presenta un testo di lettura seguito da attività per lo sviluppo delle quattro abilità, e fornisce informazioni interessanti e aggiornate sulla società e la vita italiana.

Qualche parola in più presenta attività per l'ampliamento del lessico ed esercizi di pronuncia e fonetica.

Pianeta Italia presenta testi autentici tematicamente correlati alle due unità che lo precedono. Lo scopo è quello di mettere in rilievo aspetti della cultura italiana particolarmente motivanti e di favorire il confronto interculturale.

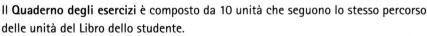

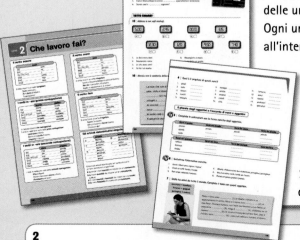

Il **Quaderno degli esercizi** è composto da 10 unità che seguono lo stesso percorso delle unità del Libro dello studente.

Ogni unità si apre con le spiegazioni grammaticali di tutte le strutture presentate all'interno dell'unità, seguite da una ricca gamma di esercizi utili a fissare quanto appreso durante la lezione. Gli esercizi contraddistinti dall'icona **Primi passi** sono pensati per gli studenti che hanno bisogno di un approccio più lento e graduato nell'apprendimento della lingua italiana, perché provenienti da aree linguistiche con forti differenze con l'italiano.

La rubrica **Tutto chiaro?** propone due o più esercizi sommativi che richiedono l'utilizzo di tutte le strutture grammaticali presentate nell'unità. Si tratta quindi di esercizi più complessi che mirano a verificare la capacità degli studenti di utilizzare le strutture in maniera globale.

LIECHTENSTEIN   AUSTRIA

SVIZZERA

3736
3510
TRENTINO
3205 Adige ALTO-ADIGE
Bolzano
Pizzo Bernina 3439 3769
Blinnenhorn 3374 2593 4049 Dolomiti M. Pramaggiore 2479
Lago Brenta Marmolada FRIULI
M. Rosa 4478 4634 Maggiore Sondrio 3150 3343 BELLUNO VENEZIA
VALLE D'AOSTA Adda GIULIA Udine
Bianco 808 Verbania Lago Gorizia
Paradiso Aosta Varese di Como Lecco Trento Pordenone
4061 Biella Como Bergamo Lago di Garda Treviso Trieste
PIEMONTE Milano Brescia Vicenza VENETO
Torino Novara Lodi Mantova Verona Padova
Vercelli Pavia Adige Venezia
Monviso Asti Piacenza Cremona Po Rovigo Golfo di
3841 Cuneo Alessandria Parma Ferrara Venezia
Stura Savona LIGURIA Reggio Modena Reno
Argentera Genova nell'Emilia Bologna
3297 La Spezia EMILIA-ROMAGNA Ravenna
MONTE CARLO Golfo di Carrara Forlì
Genova Massa Lucca Pistoia Cesena Rimini
Imperia Pisa Prato REP. DI Pesaro Mar Adriatico
Gorgona Firenze S. MARINO
Livorno Arno Urbino
Capraia TOSCANA Arezzo MARCHE Ancona
Siena M. Catria 1701
Isola d'Elba Grosseto Lago Perugia Macerata
Pianosa Trasimeno
Giglio UMBRIA Ascoli Piceno
Montecristo 1738 M. Vettore Teramo
Lago di 2478 Gran Sasso Pescara
Giannutri Boisena Terni 2914
Viterbo Rieti L'Aquila Chieti Isole
Lago di M. Velino 2487 ABRUZZO Tremiti
Bracciano LAZIO Golfo di
ROMA MOLISE 1055 Manfredonia
Frosinone Isernia Campobasso
CORSICA Latina 2241 Foggia Bari
MOLISE Ofanto
Isole Volturno Caserta Benevento PUGLIA
Capo Testa Maddalena Ponziane Ventotene Napoli Avellino La Murge Brindisi
Asinara Golfo Ischia Vesuvio M. Cervialto Bradano Lecce
dell'Asinara Gallura Olbia 1277 Salerno 1809 Matera Taranto Penisola
Sassari Lago del CAMPANIA Potenza Salentina
Coghinas Capri BASILICATA
Capo Comino Golfo di Capo Santa
Nuoro Golfo di Agri Taranto Maria di Leuca
Orosei Policastro 2005 Capo Spulico
Lago Monti del CALABRIA Punta Alice
Omodeo Gennargentu Tortolì Golfo di M. Pollino
Oristano Lanusei Policastro 2248 Cosenza Crotone Mar Ion
Golfo di Oristano SARDEGNA Golfo di
Sanluri Sant'Eufemia Catanzaro
Iglesias Cagliari C. Ferrato Stromboli Golfo di
San Pietro Carbonia Golfo Isole Eolie Vibo Valentia Squillace
Sant'Antioco di Cagliari Lipari Punta Stilo
Capo Teulada Ustica Messina
Reggio di Calabria
Capo Stretto di
San Vito Palermo Messina
Trapani M. Soro Alcantara
Egadi 1847 M. Etna
SICILIA 3323 Catania
Mar Tirreno Caltanissetta Enna Golfo di Catania
Agrigento Siracusa
Golfo Golfo
Pantelleria di Gela Ragusa di Noto
Pantelleria Capo Passero

ALGERIA Mar Mediterraneo

TUNISIA

MALTA

Linosa
Isole Pelagie
Lampedusa

CROAZIA

BOSNIA
ERZEGOVINA

MONTEN

Palagrua

SLOVENIA

3

Indice

UNITÀ	Comunicazione
1 Ciao! 12	• salutare • presentazioni: chiedere e dire il nome, la nazionalità, la città / il paese d'origine • chiedere a una persona come sta e dire come stiamo • fare lo spelling di una parola • i registri: il *tu* e il *Lei* • la comunicazione in classe: domande e affermazioni frequenti
Quaderno degli esercizi 129	
2 Che lavoro fai? 22	• presentazioni: chiedere e dire la professione, il luogo di lavoro, l'età, il numero di telefono / cellulare, l'indirizzo, l'e-mail • presentare qualcuno • richiedere informazioni sull'identità di una persona in modo formale e informale
Quaderno degli esercizi 138	

3 Buon appetito! 34	• ordinare al bar e al ristorante • chiedere informazioni su un piatto • esprimere preferenze
Quaderno degli esercizi 147	
4 Il mattino ha l'oro in bocca 44	• chiedere e parlare di azioni quotidiane o abituali • indicare e chiedere la frequenza delle azioni • chiedere e dire l'ora
Quaderno degli esercizi 156	

5 In giro per la città 56	• chiedere e dare informazioni stradali • collocare luoghi e oggetti nello spazio
Quaderno degli esercizi 165	

Indice

Grammatica	Vocabolario	Cultura e società
• il verbo *dovere* • il verbo *venire* • i verbi *volere* e *potere* • le preposizioni di tempo *a, da, fino a* • i pronomi dimostrativi *questo* e *quello*	• la descrizione fisica • aggettivi ed espressioni per descrivere il carattere delle persone • l'esclamazione *Dai!* • espressioni idiomatiche con le parti del corpo (*Costa un occhio della testa! Che barba!...*)	Stereotipi europei **Pronuncia** l'accento
• gli articoli partitivi • il verbo *piacere* • *anche a me / neanche a me* • i pronomi personali diretti *lo, la, li, le* • l'interrogativo *Quanto?*	• i prodotti alimentari e per la casa • i tipi di negozio • quantità: etti, grammi, chili, litri... • i contenitori	**Cultura e società** I Gruppi di Acquisto Solidale **Pronuncia** i suoni /p/ e /b/
• il passato prossimo • il participio passato regolare e irregolare • l'uso degli ausiliari *essere* e *avere* nel passato prossimo • la concordanza del participio passato • i connettivi temporali *prima... e dopo / poi, e poi*	• le attività nel tempo libero • i luoghi di vacanza • le espressioni di tempo del passato • i tipi di sistemazione • i mezzi di trasporto • gli oggetti che si portano in vacanza	**Cultura e società** Vacanze per tutti i gusti **Pronuncia** i suoni /t/ e /d/
• gli aggettivi possessivi con i nomi di famiglia • il verbo *sapere* • la differenza fra i verbi *potere, sapere* e *conoscere* • il passato prossimo: verbi riflessivi • le preposizioni di tempo con i mesi, le stagioni e le feste	• la famiglia • le festività e le ricorrenze • gli anni • le stagioni e i mesi • gli auguri	**Cultura e società** Come cambia la famiglia **Pronuncia** i suoni /g/ e /k/
• il comparativo di maggioranza • il passato prossimo del verbo *piacere* • *molto* e *troppo*	• i capi di abbigliamento e alcuni accessori • gli aggettivi per descrivere i capi di abbigliamento • i colori • espressioni idiomatiche con i colori	**Cultura e società** Gli italiani e gli acquisti **Pronuncia** i suoni /s/ e /z/

Attività di interazione orale

Informazioni per lo studente B

unità 2, pag. 27

12 | Le professioni

A coppie. Studente B: fai al compagno le domande per completare i biglietti da visita.

Che lavoro fa? • Dove lavora? • Qual è il suo numero di telefono? • Qual è la sua e-mail?

SANDRO SCIUTTI ....

STUDIO LEGALE DE CARLI E SCIUTTI
∞℃℥

VIA ....

TEL.: 075.8889456

E-MAIL: decarli.sciutti@mail.com

Marco Stefani

Specialista in cardiologia

Ospedale Maggiore
via Boiardo 1
19121 La Spezia
tel:
e-mail: marco@tin.it

Valentina Mutti
giornalista

Redazione
The News

via ....

tel.: 345.678431

e-mail: ....

unità 5, pag. 61

14 | Dov'è la stazione ferroviaria?

A coppie. Tu sei lo studente B, il tuo compagno lo studente A. Chiedi ad A indicazioni sui percorsi elencati qui sotto. Ascolta le indicazioni del compagno e scrivi il nome dei luoghi al posto giusto. Segui l'esempio.

dall'università al parco

👤 Scusi, dov'è il parco?

👤 Il parco è in via Dante. Continui sempre dritto per via Verdi e poi prenda la prima a destra. Vada sempre dritto per viale Como. Giri a sinistra. Il parco è dietro la scuola, di fronte alla stazione ferroviaria.

1. dal parco alla farmacia
2. dalla farmacia al ristorante Lo Scoglio
3. dal ristorante Lo Scoglio al tabaccaio
4. dal tabaccaio all'Hotel Astor

6 | Che cosa hai fatto in vacanza?

A coppie. Studente B: guarda le immagini e chiedi al tuo compagno se durante le vacanze ha fatto queste cose. Segui l'esempio.

A In vacanza hai mangiato in un buon ristorante?

B • Sì, ho mangiato in un buon ristorante nel centro di Firenze.

• No, non ho mangiato in un buon ristorante, ho sempre mangiato al bar.

unità 9, pag. 105

11 | Due vite molto diverse

A coppie. Valentina e Martino sono fidanzati, ma la loro vita è molto diversa. Studente B: tu sei Valentina. Questo è quello che hai fatto ieri. Fai delle domande a Martino per scoprire che cosa avete fatto di simile. Usa questi verbi.

alzarsi • finire di lavorare • tornare a casa • annoiarsi in discoteca • addormentarsi

Conosci l'Italia?

Un test per iniziare

1 | Conosci queste città? Scrivi i nomi sotto le foto.

Roma

Napoli

Venice

Conosci altre due città italiane? Scrivi qui i nomi: Venice, Trieste, Torino, sicily

2 | Chi sono questi personaggi? Scrivi i nomi sotto le foto.

Valentino →

Andrea Bocelli

Sofia Loren

→

Conosci altri due personaggi italiani famosi? Scrivi qui i nomi:

3 | Conosci questi tre piatti tipici italiani?

Scrivi i nomi sotto le foto.

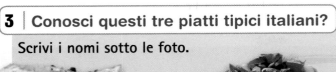

Lasagna

~~brusciotto~~ Bruschetta

Spagetti

Conosci altri due piatti italiani? Scrivi qui i nomi: Pizza, Gelato, Tiramisu

4 | Conosci questi famosi monumenti italiani?   Scrivi i nomi sotto le foto.

Duomo

Colesseum
Colosseo

Leaning Tower of Pisa
La torre pendente

Conosci altri due monumenti italiani famosi? Scrivi qui i nomi: La cappela sista

5 | Conosci queste marche italiane?

Scrivi i nomi sotto le foto.

Fiat

Armani

Ferrari

Conosci altre famose marche italiane? Scrivi qui i nomi: Lamborgini, Gucci, Prada

Ora confronta le risposte con l'insegnante e controlla il tuo punteggio:

- 1 punto per ogni risposta esatta
- 0 punti per ogni risposta sbagliata / non data

0-8 punti: conosci poco dell'Italia. Studiare con noi ti farà bene e sarà divertente!

9-16 punti: conosci l'Italia così così, ma puoi migliorare. Noi ti aiuteremo!

17-25 punti: bravo! Conosci già bene l'Italia. Con noi però imparerai tante altre cose interessanti!

Ciao!

Cominciamo...

> Ciao! Io sono Paolo, sono italiano. Sono di Roma.

PAESE	IO SONO...
Italia	*italiano*
Argentina	*argentino*
Cina	*cinese*
Spagna	*spagnolo*
Portogallo	*portoghese*
India	*indiano*
Grecia	*greco*
Inghilterra	*inglese*
Francia	*francese*

A | Paesi e nazionalità Completa le frasi con i nomi di nazionalità.

> Io sono Stelios, sono _greco_. Sono di Atene.

> Io sono Diego. Sono di Barcellona. Sono ~~espagnolo~~ _spagnolo_

> Io sono Pedro. Sono di Buenos Aires. Sono _argentino_.

> Io sono Sophie, sono _francese_. Sono di Parigi.

> Io sono Wei. Sono di Shanghai. Sono _cinese_.

> Io sono Ana, sono _portoghese_. Sono di Lisbona.

> Io sono Vasanth, sono _indiano_. Sono di Calcutta.

> Io sono Liz. Sono di Londra. Sono _inglese_.

B | I saluti — Scrivi i saluti sotto le foto.

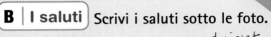

ciao • buongiorno • buona*goodnight* ~~buonanotte~~
buonasera • ~~arrivederci~~

good evening

used when you meet & when you part

19.00 *buonasera*

9.30 *Buongiorno*

21.00 *arrivederci*

10.00 *Ciao*

22.30 *buonanotte*

1 | Ciao, come ti chiami?

1•2 Ascolta i dialoghi e abbinali alle situazioni.

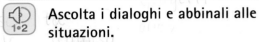

2

3

4

1

*no capital letters w/languages & nationalities

Ciao, come ti chiami?

Claudia	Buonasera, mi chiamo Claudia Sanchez. *I'm called* E Lei, come si chiama?
Luc	Mi chiamo Luc Bertrand.
Claudia	*(me)* Piacere. *(me gusta) pleasure.*
Luc	Piacere.
Claudia	Di dove è, signor Bertrand? *where are you from?*
Luc	Sono francese.
Claudia	Io sono spagnola, di Madrid.
Mario	Ciao, Paola. Come stai? *Hi How are you?*
Paola	Bene, grazie, e tu Mario? *Good, thanks & you?*
Mario	Non c'è male. Questa è Adriana. Lei è *Not so bad. This is she is* portoghese, di Lisbona.
Paola	Ciao Adriana.
Adriana	Ciao Paola.
Maria	Ciao, io sono Maria e sono argentina. *I am* E tu come ti chiami? *whats your name*
Andrew	Ciao! Io sono Andrew.
Maria	Di dove sei? Sei inglese? *where are you from? Are you English?*
Andrew	Sì, sono inglese, e lui si chiama Roberto, è italiano.
Maria	Ciao Roberto.
Sig.ra Nervi	Buongiorno, signor Rossi. *Mr.*
Sig. Rossi	Buongiorno, signora Nervi. Come sta? *Mrs. How are you?*
Sig.ra Nervi	Bene, grazie.
Sig. Rossi	Questo è il signor Visconti.
Sig.ra Nervi	Piacere.
Sig. Visconti	Piacere, signora Nervi. *Pleasure/nice to meet you.*

Ciao, come stai?

Bene!   Non c'è male.   Così così.

---

2 | Mi chiamo Luc e sono... Leggi i dialoghi e inserisci la nazionalità corretta.

1. Mi chiamo Luc e sono ___francese___, di Parigi.
2. Buonasera, sono Adriana. Sono ___portoghese___
3. Ciao! Mi chiamo Andrew. Sono ~~spagnaramappa~~ inglese.
4. Buongiorno! Sono Claudia. Sono di Madrid. Sono ___spagnola___.
5. Ciao, sono Roberto. Sono ___italiano___.
6. Buongiorno. Sono Maria. Sono ___argentina___, di Buenos Aires.

GRAMMATICA FLASH

AGGETTIVI

maschile	femminile
italiano	italiana
inglese	inglese

PRIMI PASSI pag. 130 es. 1 - 2

3 | E tu? Scrivi la tua presentazione nel fumetto.

ce=ch
ch=key

ciao! Mi chiamo Mackenzie. Sono americana, di Wilmington, NC.

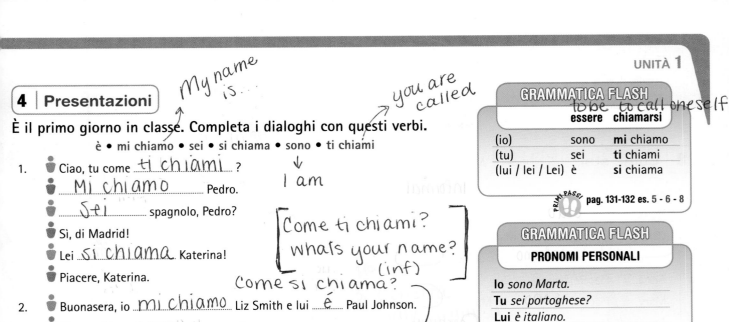

4 | Presentazioni

[handwritten: My name is...]

È il primo giorno in classe. Completa i dialoghi con questi verbi.

è • mi chiamo • sei • si chiama • sono • ti chiami

1. 🧍 Ciao, tu come _ti chiami_ ?
   🧍 _Mi chiamo_ Pedro.
   🧍 _Sei_ spagnolo, Pedro?
   🧍 Sì, di Madrid!
   🧍 Lei _si chiama_ Katerina!
   🧍 Piacere, Katerina.

[handwritten: you are called]

[handwritten: ↓ I am]

[handwritten: Come ti chiami? what's your name? (inf)]

[handwritten: Come si chiama?]

2. 🧍 Buonasera, io _mi chiamo_ Liz Smith e lui _è_ Paul Johnson.
   🧍 Piacere. Vasanth Kumar.

[handwritten: (Sono) Mi chiamo Mackenzie.]

[handwritten: Lei si chiama Megan. ↓ she is called (formal)]

[handwritten: what's his/her name? Megan → Lui is masculine.]

GRAMMATICA FLASH

[handwritten: to be / to call oneself]

	essere	chiamarsi
(io)	sono	mi chiamo
(tu)	sei	ti chiami
(lui / lei / Lei)	è	si chiama

PRIMI PASSI pag. 131-132 es. 5 - 6 - 8

GRAMMATICA FLASH

PRONOMI PERSONALI

Io *sono Marta.*
Tu *sei portoghese?*
Lui *è italiano.*
Lei *è spagnola.*
Come si chiama **Lei?**

[handwritten: formal. capitalize]

PRIMI PASSI pag. 132 es. 12

5 | Lei è spagnola, e tu? Completa i dialoghi con i pronomi personali.

1
_Tu_ ti chiami Luca?
No, _lui_ è Luca, _io_ sono Franco.

2
Lei è Marta, è spagnola.
E _lui_ è Javier, è argentino.

3 
Lei / Lui è italiano?
Sì. E _lei_ di dov'è?

*[handwritten: *you (formal) - doesn't distinguish between masculine & feminie]*

6 | Tu o Lei? Rileggi i dialoghi di pagina 14 e completa la tabella.

situazione informale (tu)	situazione formale (Lei)
Ciao	Buongiorno / Buonasera
Come ti chiami?	Come si chiama?
Di dove sei?	Di dove è?
Come stai?	Come sta?

7 | Nuovi amici 🎧

A gruppi di tre. Lo studente A presenta B allo studente C. Usate le espressioni dell'esercizio 6 e create dialoghi formali e informali, come nell'esempio.

in strada
A Laia
B Eduardo, portoghese
C Monica, argentina

A Ciao Monica, come stai?
C Ciao Laia, bene e tu?
A Non c'è male! Questo è Eduardo.

C Ciao Eduardo, di dove sei?
B Sono portoghese. E tu, di dove sei?
C Sono argentina.

a una festa
A Ivan
B Maria, greca
C Luis, spagnolo

in ufficio
A Ellen Collins
B Gianni Dani, italiano
C Liz Smith, inglese

al bar
A Damian
B Sophie, francese
C Rakesh, indiano

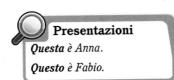

Presentazioni
Questa è Anna.
Questo è Fabio.

8 | Come stai? 🔊 1•3-4 Ascolta e completa i dialoghi.

1

Carlo	Ciao, Anna, come stai?	*Informal*
Anna	Oh, ...ciao... (1) Carlo! Io sto bene, e tu?
Carlo	Bene, grazie! Lei è Mary, un'amica.
	Studia ...italiano... (2) in università qui a Milano.
Anna	Piacere, Anna.
Mary	Piacere, ...sono... (3) Mary. Anna, sei italiana?
Anna	No, non sono italiana. Sono ...portugu-... (4), sono
	di Porto. *(an-Kay)* ...ese...
Mary	Parli italiano molto bene! Anche tu studi?
Anna	No, lavoro in banca. *i work in a bank*
	E tu, Mary, di ...dove... (5) sei?
Mary	...sono... (6) di Manchester
Anna	E dove abiti a Milano?
Mary	Abito in una casa in centro con un amico.

i live in a house in the city center with a friend.

2

Henry	Buongiorno.	*Formal*
segretaria	Buongiorno. Lei è un nuovo studente?
Henry	Sì, sono uno studente ...francese... (7).
segretaria	Come si ...~~nuove~~... (8)? ...chiama...
Henry	Henry Fournier.
segretaria	Come si scrive?
Henry	H-E-N-R-Y F-O-U-R-N-I-E-R
segretaria	E di dove ...è... (9), signor Fournier?
Henry	...sono... (10) di Nancy.
segretaria	Bene. ...Lei... (11) è in classe con Federico
	Gusti, un professore molto bravo.

9 | Chi è? Rileggi i dialoghi e completa le frasi con il nome della persona giusta.

1. .... è un professore molto bravo.
2. .... abita in una casa in centro.
3. .... studia a Milano.
4. .... è uno studente.
5. .... parla italiano molto bene.

Regular verbs that end in ARE

GRAMMATICA FLASH
VERBI IN -ARE

	parlare	abitare	studiare	lavorare
(io)	parlo	abito	studio	lavoro
(tu)	parli	abiti	studi	lavori
(lui/lei/Lei)	parla	abita	studia	lavora

PRIMI PASSI **pag. 133 es. 14 - 15**

10 | Un'e-mail a un amico Completa l'e-mail con i verbi tra parentesi.

Nuovo messaggio

Invia Chat Allega Rubrica Font Colori Registra bozza

Ciao Carlo,

adesso sono a Londra, ~~abitano~~ *abito* (1. *abitare*) in una casa in centro con Liz e Pedro. Liz è inglese, di

Liverpool: ...lavora... (2. *lavorare*) in banca; Pedro è portoghese e ...studia... (3. *studiare*)

inglese: è molto bravo, ...parla... (4. *parlare*) spagnolo, portoghese e un po' italiano.

E tu? ...Lavori... (5. *lavorare*) o ...studi... (6. *studiare*)?

Io ...lavoro... (7. *lavorare*) e ...studio... (8. *studiare*) molto: non ...parlo... (9. *parlare*) molto

bene l'inglese.

E tu, Carlo, ...abiti... *(still)* (10. *abitare*) ancora in centro a Torino?

A presto!
Silvio

11 | Karl non parla greco

does not speak

 A coppie. Usate le parole per costruire frasi, come nell'esempio.

Karl / parlare / greco / francese

👤 Karl parla greco? 👤 No, Karl non parla greco, parla francese.

1. tu / parlare / spagnolo / inglese
2. Lei (*formale*) / essere / cinese / portoghese
3. Maria / abitare / Roma / Milano
4. tu / essere / francese / italiano   *(sei)*
5. Lei (*formale*) / chiamarsi / Barbara / Sofia
6. Marco / lavorare / in università / in banca

> ### La negazione
>
> *Stefania* **non** *è americana, è italiana.*
> **Non** *abito a Milano, abito a Venezia.* *(in)*
>
> La negazione **non** è prima del verbo.

12 | Il mio compagno

A coppie. Intervista il tuo compagno o la tua compagna e poi parla di lui/lei alla classe. Scopri queste informazioni:

- Come si chiama?
- Di dov'è?
- Dove abita?
- Studia o lavora?
- Quale lingua straniera parla?

13 | L'alfabeto

 1•5   **a**   Ascolta l'alfabeto italiano.

A (*a*) (soft)	**F** (*effe*)	**J** (*i lunga*) ᵉ	**N** (*enne*)	**R** (*erre*)	**V** (*vi / vu*)
B (*bi*)	**G** (*gi*)	**K** (*cappa*)	**O** (*o*)	**S** (*esse*)	**W** (*vu doppia*)
C (*ci*) chi	**H** (*acca*)	**L** (*elle*)	**P** (*pi*)	**T** (*ti*)	**X** (*ics*)
D (*di*)	**I** (*i*) e	**M** (*emme*)	**Q** (*cu*)	**U** (*u*)	**Y** (*ipsilon*)
E (*e*) a (hard)					**Z** (*zeta*)

 b   A coppie. A turno leggete l'alfabeto.

14 | Come si scrive

1•6 Ascolta i dialoghi e scrivi le parole.

1. ANGELA
2. MANCHESTER
3. CHRISTINE ~~VENU~~ WELL
4. ~~BORDEAUX~~ BORDEAUX

15 | Presentazioni

 A coppie. Fate dialoghi come nell'esempio.

1. 👤 Come ti chiami?
   👤 Andrew
   👤 Come si scrive?
   👤 A-N-D-R-E-W   *Mackenzie Morgan*

2. 👤 Di dove sei?
   👤 Di York.
   👤 Come si scrive?
   👤 Y-O-R-K   *Wilmington*

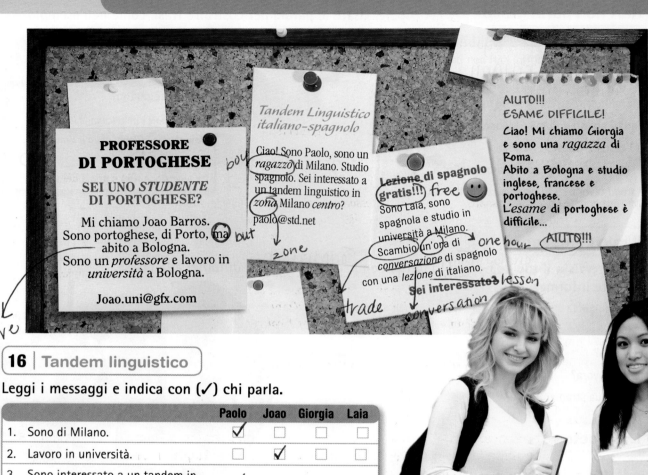

[Annotazioni a mano: boy, but, I live, zone, free, one hour, AIUTO!!!, lesson, trade, conversation]

PROFESSORE DI PORTOGHESE

SEI UNO *STUDENTE* DI PORTOGHESE?

Mi chiamo Joao Barros.
Sono portoghese, di Porto, ma abito a Bologna.
Sono un *professore* e lavoro in *università* a Bologna.

Joao.uni@gfx.com

Tandem Linguistico italiano-spagnolo

Ciao! Sono Paolo, sono un *ragazzo* di Milano. Studio spagnola. Sei interessato a un tandem linguistico in *zona* Milano *centro*?

paolo@std.net

Lezione di spagnolo gratis!!! free

Sono Laia, sono spagnola e studio in università a Milano.
Scambio un'ora di *conversazione* di spagnolo con una *lezione* di italiano.

Sei interessato?

AIUTO!!!
ESAME DIFFICILE!

Ciao! Mi chiamo Giorgia e sono una *ragazza* di Roma.
Abito a Bologna e studio inglese, francese e portoghese.
L'*esame* di portoghese è difficile...
AIUTO!!!

16 | Tandem linguistico

Leggi i messaggi e indica con (✓) chi parla.

		Paolo	Joao	Giorgia	Laia
1.	Sono di Milano.	✓			
2.	Lavoro in università.		✓		
3.	Sono interessato a un tandem in spagnolo.	✓			
4.	Abito a Bologna.		✓	✓	
5.	Sono interessata a un tandem in italiano.				✓
6.	Studio portoghese.			✓	

17 | Io studio con... Rileggi i messaggi e abbina gli studenti.

1. Laia studia con ....

2. Giorgia studia con ....

18 | Maschile o femminile?

Trova nei messaggi le parole scritte in corsivo e completa la tabella.

maschile	femminile
ragazzo	università
centro	zona
professore	ragazza
L'esame	conversazione
studente	lezione

GRAMMATICA FLASH

NOMI

maschile	amico
	centro
	studente
femminile	amica
	banca
	classe

PRIMI PASSI pag. 134 es. 20

19 | Annunci on-line | Completa gli annunci con un, uno, un', una.

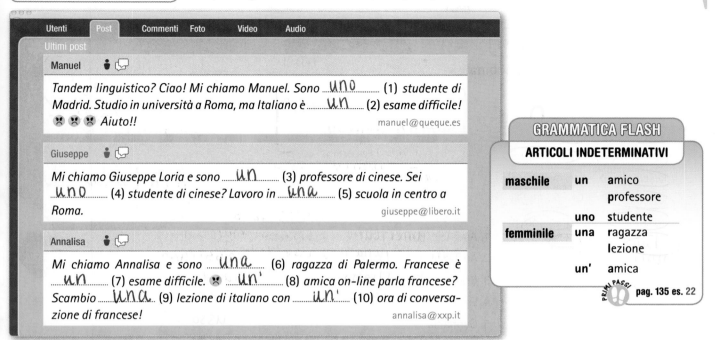

Utenti | Post | Commenti | Foto | Video | Audio

Ultimi post

Manuel

Tandem linguistico? Ciao! Mi chiamo Manuel. Sono ...uno...... (1) studente di Madrid. Studio in università a Roma, ma Italiano è......un..... (2) esame difficile!
😠 😠 😠 *Aiuto!!*

manuel@queque.es

Giuseppe

Mi chiamo Giuseppe Loria e sono .....un........ (3) professore di cinese. Sei ...uno....... (4) studente di cinese? Lavoro in ....una...... (5) scuola in centro a Roma.

giuseppe@libero.it

Annalisa

Mi chiamo Annalisa e sono .....una.... (6) ragazza di Palermo. Francese è ...un...... (7) esame difficile. 😠 ...un'..... (8) amica on-line parla francese? *Scambio .....una.... (9) lezione di italiano con ......un'..... (10) ora di conversazione di francese!*

annalisa@xxp.it

GRAMMATICA FLASH

ARTICOLI INDETERMINATIVI

maschile	un	amico
		professore
	uno	studente
femminile	una	ragazza
		lezione
	un'	amica

PRIMI PASSI | **pag. 135 es. 22**

---

20 | Cerco e offro aiuto |

Scrivi su un foglio un annuncio e chiedi aiuto per studiare una lingua straniera, come nell'esercizio 19. Poi consegna il tuo messaggio all'insegnante. L'insegnante ti consegna il foglio di un tuo compagno. Leggi e rispondi: puoi aiutare il tuo compagno?

---

21 | Trova gli errori | Leggi e correggi i 7 errori nell'e-mail di Jane.

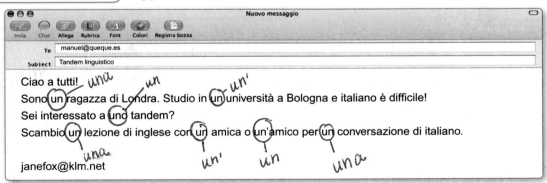

Nuovo messaggio

Invia | Chat | Allega | Rubrica | Font | Colori | Registra bozza

To: manuel@queque.es
Subject: Tandem linguistico

Ciao a tutti! *una*
Sono un ragazza di Londra. Studio in un università a Bologna e italiano è difficile! *un'* *un'*
Sei interessato a uno tandem? *una*
Scambio un lezione di inglese con un amica o un'amico per un conversazione di italiano. *un'* *un* *una*

janefox@klm.net

---

22 | Ora prova tu | Immagina di essere uno studente italiano e rispondi all'e-mail di Jane.

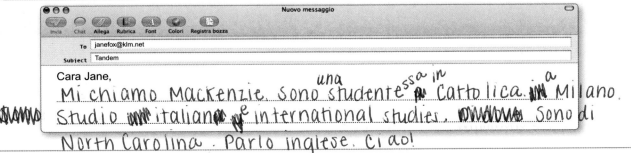

Nuovo messaggio

Invia | Chat | Allega | Rubrica | Font | Colori | Registra bozza

To: janefox@klm.net
Subject: Tandem

Cara Jane,
Mi chiamo Mackenzie. Sono studentessa *una* in Cattolica. in *a* Milano. Studio italiano e international studies. Sono di North Carolina. Parlo inglese. Ciao!

Qualche parola in più

23 | Nazionalità e paesi

Metti in ordine le parole e abbinale al paese corrispondente.

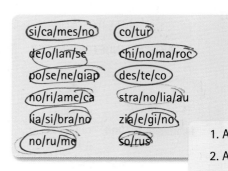

si/ca/mes/no	co/tur
de/o/lan/se	chi/no/ma/roc
po/se/ne/giap	des/te/co
no/ri/ame/ca	stra/no/lia/au
lia/si/bra/no	zia/e/gi/no
no/ru/me	so/rus

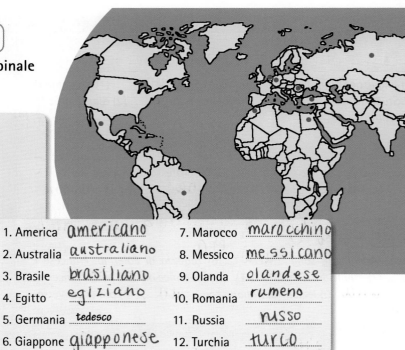

1. America americano
2. Australia australiano
3. Brasile brasiliano
4. Egitto egiziano
5. Germania tedesco
6. Giappone giapponese

7. Marocco marocchino
8. Messico messicano
9. Olanda olandese
10. Romania rumeno
11. Russia russo
12. Turchia turco

24 | Tanti saluti! Abbina i saluti alla situazione corretta.

Salve! • Ciao, a domani • Arrivederla! • A presto!

a presto!

25 | Buongiorno o arrivederci?

A coppie. Indicate con (✓) quando usare questi saluti. Ricordatatevi che in italiano usiamo alcuni saluti quando ci incontriamo ma anche quando andiamo via. Se avete qualche dubbio chiedete all'insegnante.

	Quando ci incontriamo	Quando andiamo via		Quando ci incontriamo	Quando andiamo via
ciao	☐	☐	buongiorno	☐	☐
buonanotte	☐	☐	a presto	☐	☐
salve	☐	☐	a domani	☐	☐
arrivederci	☐	☐	buonasera	☐	☐
a dopo	☐	☐	arrivederla	☐	☐

26 | L'italiano in classe | Con l'aiuto dell'insegnante completa i disegni con queste espressioni.

Che cosa significa «piacere»? • Come si scrive «francese»? • Aprite i libri!
Può ripetere, per favore? • Non ho capito. • Ascoltate la conversazione.
Lavorate a coppie. • Come si dice «pen» in italiano? • Posso uscire?

&Intonazione pronuncia

La domanda
Nelle domande è importante l'intonazione della voce:

27 | È una domanda? | 1•7 Ascolta le frasi e indica con (✓) le domande.

1. ☒ 2. ☐ 3. ☐ 4. ☒ 5. ☐ 6. ☒ 7. ☐ 8. ☒

Che lavoro fai?

Cominciamo...

A | Professioni e luoghi di lavoro Abbina le professioni ai luoghi di lavoro.

teacher /professor
lawyer
journalist
sales person

doctor
secretary
cook

masc. foreign word un bar
un

a insegnante
b dottore
c avvocato
d segretaria
f barista
e giornalista
g commessa
h cuoco

1 f bar
2 h ristorante
3 a scuola
4 g negozio
6 d ufficio
5 b ospedale
7 c studio legale
8 e giornale

Neurologia

B | Dove lavora? A coppie. Dite dove lavorano le persone nell'esercizio A, come nell'esempio.

Un'insegnante lavora in una scuola.

lavora un

C | Un impiegato lavora in un ufficio

A coppie. Usate le informazioni per parlare delle persone nelle foto, come nell'esempio.

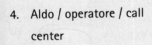

1. Carlo / impiegato / ufficio
   Carlo è un impiegato.
   Lavora in un ufficio.

2. Marta / cassiera / ~cashier~
   supermercato
   Marta é una cassiera.
   Lavora in un supermercato.

3. Paola / cameriera / ~waitress~
   ristorante
   Paola é una cameriera. Lavora in un ristorante.

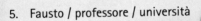

4. Aldo / operatore / call center

5. Fausto / professore / università

6. Camilla / infermiera / ospedale

D | Piacere!

A coppie. Uno studente è A, l'altro è B. Create dialoghi come nell'esempio.

A Piacere, mi chiamo Stefano Carini. Sono un avvocato, lavoro in uno studio legale.

B Piacere! Sono Carlo Cisi, sono un dottore, lavoro in ospedale.

studente A	studente B
Stefano Carini – avvocato	*Carlo Cisi – dottore*
Paolo Benni – cameriere	Luigi Neri – infermiere
Laura Chiesa – commessa	Giorgia De Miti – segretaria
Lisa Caputo – insegnante	Luca Marchi – giornalista

1 | Studiate o lavorate?

Ascolta il dialogo e indica se le affermazioni sono vere (V) o false (F).

		V	F
1.	Marco e Stefano sono di Bologna. *from Bologna*	X	☐
2.	Maria lavora in un negozio. *works shop*	X	☐
3.	Marco è un avvocato. *lawyer*	☐	X
4.	Stefano è un insegnante. *teacher*	☐	X
5.	Davide è un giornalista. *journalist*	X	☐

Studiate o lavorate?

Davide	Ciao Maria! Come stai?
Maria	Bene, Davide, e tu?
Davide	Bene, grazie. Maria, loro sono Marco e Stefano, vivono qui a Roma ma sono di Bologna.
Maria	Piacere, Maria!
Marco e Stefano	Piacere!
Stefano	Maria, studi qui a Roma?
Maria	No, lavoro part-time. Sono una commessa. Lavoro in un negozio in centro. E voi… perché siete qui a Roma? Lavorate o studiate?
Marco	Lavoriamo. Io sono un dottore, lavoro in ospedale.
Stefano	E io sono un avvocato, lavoro in uno studio legale.
Maria	E tu, Davide, lavori sempre in un giornale?
Davide	Sì, scrivo per il sito Internet di romaweb, un giornale on-line. Beh, perché non prendiamo una birra insieme?
Maria	Perché no? Va bene!

(handwritten annotations: they, doctor, write, a filler = umm, together, perché-why, because; sempre-always)

2 | Siamo Marco e Stefano Leggi il dialogo e completa l'esercizio con il verbo essere.

1. Piacere, _siamo_ Marco e Stefano.

   Piacere, _sono_ Maria. Voi _siete_ di Roma?

   No, _siamo_ di Bologna. E tu, di dove _sei_ ?

   sono di Milano.

2. Perché (voi) _siete_ qui a Roma?

   siamo qui per lavoro. Io _sono_ un avvocato e lui _è_ un dottore.

   Tu _sei_ una studentessa?

   No, _sono_ una commessa. Lavoro in un negozio in centro.

GRAMMATICA FLASH

to be **essere**

(io)	sono
(tu)	sei
(lui / lei / Lei)	è
(noi)	siamo
(voi)	siete
(loro)	sono

PRIMI PASSI **pag. 139 es. 1 - 2**

Silvia ,... di Milano? ← comma triggers question
Silvia .... di Milano. ← no comma, statement.

UNITÀ **2**

3 | Siete di Roma?  **A coppie. Usate il verbo essere e create dialoghi come nell'esempio.**

Voi / di Roma? – No / di Bologna   👤 Voi siete di Roma?   👤 No, non siamo di Roma, siamo di Bologna.

1. Silvia e Mauro / di Milano? – No / di Torino
2. Tu / un avvocato? – No / un giornalista
   Tu sei un avvocato? No, non sono un avvocato, sono un giornalista.
3. Voi / di Venezia? – No / di Milano

4. Carla e Francesco / in un ristorante? – No / in un bar
5. Francesco / uno studente – No / un insegnante
   siete   siamo
6. Voi / di Napoli? – No / di Palermo

4 | Un'e-mail Maria scrive un'e-mail a Marta e Luca. Completa con i verbi tra parentesi.

Nuovo messaggio

Invia | Chat | Allega | Rubrica | Font | Colori | Registra bozza

Registra ▾ | Visualizzazione rapida → *Dear,*

Cari Marta e Luca,
Come va? Io sto bene. Oggi vedo Marco e Stefano per una birra.
Vivono (1. *vivere*) a Roma, ma sono di Bologna. Marco è un dottore
e **lavora** (2. *lavorare*) in un ospedale, Stefano è un avvocato e
lavora (3. *lavorare*) in uno studio legale. **Abitano** (4. *loro - abitare*) in un appartamento in centro.
Ah... Davide adesso **scrive** (5. *scrivere*) per un sito Internet!
E voi? **studiate** (6. *studiare*) tanto per l'esame di francese?

Baci, Maria.   *Kisses → news   lavoro*

P.S. Una novità: adesso **lavora** (7. *lavorare*). Sono una commessa: lavoro in un negozio in centro!

Post Scriptum   now

GRAMMATICA FLASH

VERBI IN -ARE E -ERE

		lavorare	vivere
I	(io)	lavoro	vivo
you (tu)		lavori	vivi
ne/she (lui / lei / Lei)		lavora	vive
we (noi)		lavoriamo	viviamo
y'all (voi)		lavorate	vivete
they (loro)		lavorano	vivono

PRIMI PASSI   pag. 139-140 es. 5 - 6

5 | Chi sono?  **Usa le informazioni per parlare delle persone, come nell'esempio.**

1. Pedro e Ana / Madrid / Torino / ufficio / spagnolo e italiano

Pedro e Ana sono di Madrid, ma vivono a Torino. Lavorano in un ufficio. Parlano spagnolo e italiano.

2. Matt e Steven / Londra / Parigi / scuola / inglese e francese

3. Fujiro / Tokio / Milano / ristorante / giapponese e italiano

4. Ana e Clara / *sono di* Lisbona / Firenze / negozio / portoghese e italiano

5. Silvia / Milano / Berlino / giornale / italiano e tedesco

UNITÀ **2**

6 | Lei quanti anni ha? 🔊 1•9-10 Ascolta e completa i dialoghi.

Marco e Maria sono in una scuola di lingue.

Oggi è il primo giorno del corso d'inglese.

ISTITUTO LINGUISTICO
Virginia Woolf
corsi di lingua
inglese • francese
tedesco • spagnolo

1

Marco — Maria! Anche tu qui? *[You're here too?]*

Maria — Sì, sono qui per il corso d'inglese. E tu?

Marco — Anch'io. Faccio il ...dottore... (1): l'inglese è molto importante per il mio lavoro. Maria, questa sera io e Stefano mangiamo una *[this evening] [eat a pizza together]* pizza insieme. Tu cosa fai, mangi con noi?

Maria — Che bello! Va bene, ...perché... (2) no? Marco, qual è il tuo numero di telefono?

Marco — 3286374, e il tuo?

Maria — 3287654, e qual è il tuo indirizzo e-mail?

Marco — marco@mailbox.it.

Maria — Perfetto, e dove ...abiti... *[already]* (3) qui a Roma?

Marco — Io e Stefano abbiamo un appartamento in via Grandi 77.

informal

🔍 Che lavoro fai?
Faccio il dottore.
Sono una commessa.

2

segretaria — Signora De Benedetti!

Maria — Scusa, Marco, è la ...segretaria... (4). A dopo!

segretaria — Buongiorno, Lei è la signora Maria De Benedetti?

Maria — Sì, sono io, ...buongiorno... (5).

segretaria — Bene. È qui per l'iscrizione al corso d'inglese? *[enrollment]* *[here]*

Maria — Sì.

segretaria — Allora, signora De Benedetti, quanti anni ha?

Maria — Ho 24 anni.

segretaria — E che lavoro fa?

Maria — Sono una ...commessa... (6).

segretaria — Dove abita?

Maria — Abito in via Cairoli 31.

segretaria — E qual è il suo ...numero... (7) di telefono?

Maria — 3287654.

segretaria — Qual è il suo indirizzo e-mail?

Maria — maria@boxmail.it. → *enjoy / have a nice*

segretaria — Grazie mille... E buon corso!

Maria — Grazie a Lei, ...arrivederci... (8)!

formal

7 | Qualche domanda a Leggi di nuovo i dialoghi e trova le domande corrette.

a. tu (informale)

1. Che lavoro fai? — Faccio il medico.
2. Quanti anni hai? — Ho 34 anni.
3. E dove abiti qui a Roma? — In via Grandi 77.
4. Qual è il tuo numero di telefono — 3286374.
5. Qual è il tuo indirizzo e-mail? — marco@mailbox.it.

b. Lei (formale)

1. E che lavoro fa? — Sono commessa.
2. Quanti anni ha? — Ho 24 anni.
3. Dove abita? — In via Cairoli 31.
4. Qual è il suo numero di telefono? — 3287654.
5. Qual è il suo indirizzo email? — maria@boxmail.it

b 👥 A coppie. Fai le domande dell'esercizio 7a al tuo compagno.

🔍 L'indirizzo e-mail
In italiano:
@ si dice **chiocciola**
. si dice **punto**
_ si dice **trattino basso**

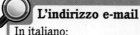

8 | Fare o avere? Completa le frasi con i verbi avere e fare.

1. 👤 Che lavoro _fa_, signora Prati? 👤 Sono un'insegnante.
2. 👤 Quanti anni _hai_ Roberto? 👤 Ho 32 anni.
3. Paolo e Carlo _fanno_ il cuoco e il barista: _hanno_ un ristorante in centro.
4. Patrizia _ha_ un appartamento in via Verdi.
5. 👤 [Che lavoro] _fai_, Sara? 👤 _faccio_ la commessa.

what job

IRREGULAR

GRAMMATICA FLASH

to have   to do/make

	avere	fare
(io)	ho	faccio
(tu)	hai	fai
(lui / lei / Lei)	ha	fa
(noi)	abbiamo	facciamo
(voi)	avete	fate
(loro)	hanno	fanno

PRIMI PASSI pag. 141-142 es. 11 - 12 - 15 - 16

9 | I numeri 🔊 1•11

Completa la tabella con i numeri. Poi ascolta e controlla.

~~ventinove~~ • ~~diciassette~~ • ~~cinquanta~~ • ~~cinque~~ • ~~venticinque~~ • ~~dieci~~ • ~~dodici~~

1 uno	6 sei	11 undici	16 sedici	21 ventuno	26 ventisei	40 quaranta	90 novanta
2 due	7 sette	12 _dodici_	17 _diciassette_	22 ventidue	27 ventisette	50 _cinquanta_	100 cento
3 tre	8 otto	13 tredici	18 diciotto	23 ventitré	28 ventotto	60 sessanta	
4 quattro	9 nove	14 quattordici	19 diciannove	24 ventiquattro	29 _ventinove_	70 settanta	
5 _cinque_	10 _dieci_	15 quindici	20 venti	25 _venticinque_	30 trenta	80 ottanta	

10 | La rubrica telefonica 👥

Intervista quattro compagni e completa la tua rubrica telefonica con queste informazioni.

nome Andrew
Via Mozart 3, Milano
📱 425 78695432
@ andrew.scott@boxmail.it

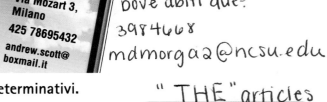

Keyochola = @
Come ti chami?
Dove abiti que?
3984668
mdmorga2@ncsu.edu

11 | il, lo l' o la? Completa le frasi con gli articoli determinativi.

1. Marta fa _l'_ infermiera e Paolo fa _l'_ avvocato.
2. _La_ scuola e _l'_ università sono in centro.
3. _Lo_ studio è in via Manzoni.
4. _L'_ *masculine* esame è difficile.
5. _Il_ professore è bravo.
6. _Lo_ studente è di Parigi.

"THE" articles

GRAMMATICA FLASH

ARTICOLI DETERMINATIVI SINGOLARI

maschile		femminile	
il	dottore	**la**	segretaria
lo	studente	**l'**	amica
l'	avvocato		

PRIMI PASSI pag. 143 es. 19 - 20 - 21

12 | Le professioni 👥

A coppie. Studente A: fai al tuo compagno le domande per completare i biglietti da visita.
Studente B: vai a pag. 8.

CAP = zipcode

Che lavoro fa? • Dove lavora? • Qual è il suo numero di telefono? • Qual è la sua e-mail?

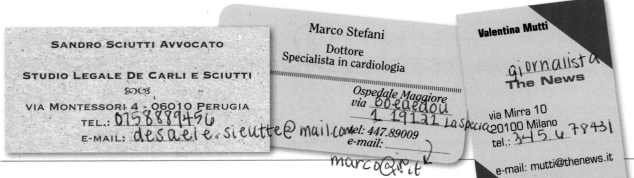

SANDRO SCIUTTI AVVOCATO

STUDIO LEGALE DE CARLI E SCIUTTI

VIA MONTESSORI 4 - 06010 PERUGIA
TEL.: 0158889456
E-MAIL: desaele.sieutte@mail.com

Marco Stefani
Dottore
Specialista in cardiologia

Ospedale Maggiore
via _80eaeaou_
1 19121 La Specia
tel: 447.89009
e-mail: marco@i.it

Valentina Mutti
giornalista
The News

via Mirra 10
20100 Milano
tel.: 345 678431

e-mail: mutti@thenews.it

a 2   b 4   c 1   d 3

Mohamed Alsyed ha 43 anni, è egiziano e vive a Torino con la (moglie) Aya e il (figlio) Omar. «Al Cairo faccio il tassista, ma adesso è molto difficile vivere in Egitto e sono qui in Italia per lavoro. Io faccio il pizzaiolo, Aya è casalinga e Omar studia.» **1**

wife ← → son

per = to

Tatiana Belojevik ha 26 anni ed è russa, ma adesso abita e studia in università a Palermo. «Ho una laurea in economia, ma sono qui per imparare l'italiano: amo l'Italia!» **2**

Robert Leery ha 50 anni ed è inglese. Vive in Italia con la moglie Sarah. «Sono in Italia per lavorare: ho una pensione in Toscana, una regione molto bella. Io e Sarah abitiamo in una grande villa a Siena!» **4**

Stefan Nica ha 37 anni ed è rumeno. È in Italia per amore. La moglie Gabriella è di Milano e fa l'insegnante di francese. (Al momento) Stefan è disoccupato. «In Romania faccio il meccanico, ma non ho un lavoro in Italia.» **3**

at the moment

13 | Nuovi italiani Abbina i testi alle foto.

14 | Che cosa vuol dire? Abbina le parole alle spiegazioni.

1. [f] Il pizzaiolo
2. [c] La casalinga *housewife*
3. [a] La laurea
4. [b] Il disoccupato
5. [e] Il tassista
6. [h] Il meccanico
7. [d] La pensione
8. [g] La villa

a. è il diploma dopo l'università
b. non ha un lavoro
c. lavora in casa
d. è un hotel economico
e. guida il taxi
f. fa la pizza
g. è una grande casa
h. ripara le macchine

15 | Perché è in Italia? Leggi i testi e completa la tabella.

	Mohamed	Tatiana	Stefan	Robert
Di dov'è?	Italiano Egitto	Russa	Romania	Inglese
Perché è in Italia?	per lavoro	per studia	per amore	per lavorare
Che lavoro fa?	pizzaiolo	una studentessa	disoccupato	ho una pensione

16 | Perché studi italiano?

Fai a tre compagni le domande dell'esercizio 15 e scrivi le risposte.

nome	

why do work + study...

Studio italiano...
- ... per amore love
- ... per lavoro work
- ... per studiare in Italia study
- ... per lavorare in Italia work in Italy

divertimento -fun
viaggiare -travel

17 | Mi chiamo... Metti in ordine le parole e scrivi il testo completo.

il pizzaiolo ✓   25 anni. ✓
Ho ✓   per lavoro. ✓   abito a Roma ✓
sono di Tunisi, ma ✓   Faccio ✓   in Italia ✓   describes what we do.
in un ristorante. ✓   Sono ✓   Mi chiamo Maged, ✓

Sono italiana, ✓   Studio tedesco ✓
la segretaria.   Laura Pochetti. ✓
Faccio   per lavorare qui in Germania. ✓
abito a Bonn.
Mi chiamo ✓   di Bari, ma ✓   but

Mi chiamo Maged, sono di Tunisi, ma...
abito a Roma. Ho 25 anni.
Sono in Italia per lavoro. Faccio il pizzaiolo in un rest ristorante.

Mi chiamo Laura Pochetti. Sono italiana,...
di Bari, ma abito a Bonn. Studio tedesco per lavorare qui in Germania. Faccio la segretaria.

18 | Ora prova tu Adesso scrivi la tua presentazione.

Mi chiamo Mackenzie Morgan. Sono di North Carolina, ma abito a Milano. Sono in Italia per studio. Sono una studentessa. a un'università.

19 | Altre professioni — Scrivi le parole nel posto giusto.

parrucchiera • officina • posta • architetto • farmacia • programmatore • agenzia di viaggi
fotografa • dentista • libreria

IL LAVORO

la professione → ← il luogo di lavoro

....
....
....
....
....

20 | Un annuncio — Completa questa pagina di annunci. Usa le parole dell'esercizio 19.

.... **BOSSI**
di dr. Ermanno Bossi

aperto h. 24
corso Sempione 16
10121 - Torino
0110536781

**Problemi con
la macchina?**

" .... Testa"
di Angelo Testa, meccanico.

corso Giulio Cesare 98
10155 - Torino
0110562310

Studio di architettura
"Cremonesi"
di Mario Cremonesi,
" .... ".
Progettazione di interni.

via Pallanza 48
10153 - Torino
011.68920

Dott. Carlo Brunetti,
" .... "
Studio dentistico "Salus"

via Bardonecchia 97
10139 - Torino

Per appuntamento:
4342345231

"New Style"

Margherita Balcet,

" .... "

piazza Rivoli 16
10123 - Torino
01170125

Il vecchio e il nuovo mondo
di Giorgio Stefani

.... specializzata in letteratura inglese e americana.
vicolo Callusto 4
01204574
10059 - Susa (TO)

Il C.A.P.
(codice di avviamento postal
In un indirizzo, prima del nome della
località scriviamo il C.A.P., il codice di
avviamento postale.

21 | La carta d'identità | a | Leggi la carta d'identità di Chiara.

Cognome Piantoni
Nome Chiara
nato il 25/03/1986
(atto n. .... P. .... S. ....)
a Bologna (.........)
Cittadinanza italiana
Residenza Bologna
Via Respighi n. 34
Stato civile ....
Professione infermiera

CONNOTATI E CONTRASSEGNI SALIENTI

Statura ....
Capelli ....
Occhi ....
Segni particolari ....

Firma del titolare Chiara Piantoni
lì
Impronta del dito indice sinistro
IL SINDACO

b | Inserisci i dati personali nel posto giusto.

avvocato • Napoli • 20/09/1963 • italiana • ~~Genova~~ • Grandi 13 • ~~Lemani~~ • ~~Marco~~

1. nome _Marco_
2. professione ....
3. residenza ....
4. nato il ....

5. via ....
6. cognome ....
7. cittadinanza ....
8. a _Genova_

c | Ora scrivi i tuoi dati.

cognome ....
nome ....
nato/a il ....
a ....

cittadinanza ....
residenza ....
via ....
professione ....

&Intonazione &pronuncia

22 | Le doppie

◁) 1•12 | a

Ascolta queste coppie di parole. Fai attenzione alla pronuncia delle consonanti doppie. In italiano le consonanti doppie sono più lunghe e più forti di quelle singole.

SINGOLA	casa	note	cane	pala	caro	geme
DOPPIA	cassa	notte	canne	palla	carro	gemme

◁) 1•13 | b | Ascolta queste parole e indica se senti una consonante doppia o no.

1. ☐ v ☐ vv
2. ☐ f ☐ ff
3. ☐ l ☐ ll
4. ☐ f ☐ ff
5. ☐ s ☐ ss
6. ☐ s ☐ ss
7. ☐ z ☐ zz
8. ☐ t ☐ tt
9. ☐ c ☐ cc
10. ☐ l ☐ ll

Italiani famosi

Nome: *Monica Bellucci*
Professione: atrice
Luogo di origine: *Città di Cast* *(Perugia),* Umbria

try Focaccia

Nome: 2
Roberto Saviano
Professione:
scrittore
Luogo di origine:
Napoli,
Campania

try Chanti

Nome: 3
Federica Pellegrini
Professione:
nuotatrice
Luogo di origine:
Mirano (Venezia),
Veneto

4
Nome: *Valentino Rossi*
Professione: motociclista
Luogo di origine: *Urbino,* marche

Nome: *Domenico Dolce* 5
Professione: stilista
Luogo di origine: *Palermo,* Sicilia

Nome: *Stefano Gabbana*
Professione: stilista
Luogo di origine: Milano,
Lombardia

Map labels:
VALLE D'AOSTA — Aosta
PIEMONTE — Torino
LOMBARDIA — Milano
TRENTINO ALTO-ADIGE — Trento
FRIULI VENEZIA GIULIA — Trieste
VENETO — Venezia
LIGURIA — Genova
EMILIA-ROMAGNA — Bologna
TOSCANA — Firenze
REP.DI S.MARINO
MARCHE
UMBRIA — Perugia
ABRUZZO — L'Aquila
LAZIO — ROMA
MOLISE — Campobasso
Napoli
CAMPANIA
SARDEGNA — Cagliari
Palermo
SICILIA

soprannome- nickname   bravissima-excellent

6

Nome: *Laura Pausini*
Professione: *cantante*
Luogo di origine: *Faenza (Ravenna),*
Emilia-Romagna

famoso/a - famous

1 👥 **A coppie. Conoscete i personaggi nelle foto? In quale campo sono famosi?**

- [ ] la cucina
- [ ] il nuoto *swim*
- [ ] l'architettura
- [ ] la danza

- [4] il motociclismo *racing*
- [ ] la musica
- [8] il cinema
- [ ] la letteratura

- [ ] la scienza
- [5] la moda *fashion*
- [ ] l'arte
- [ ] la natura

2 **Qual è la professione di questi personaggi? Scegli tra questi lavori.**

feminine *stylist*
nuotatrice • cantante • motociclista • architetto • stilista
male swimmer *swimmer* scrittore • attrice • attore
nuotatore *scrittrice attore*

3 🔊 1•14 **Ascolta la registrazione e controlla le tue risposte.**

4 🔊 1•14 **Ascolta di nuovo la registrazione e completa le informazioni con il luogo o la regione di origine di questi personaggi.**

5 **Conosci altri personaggi italiani famosi in qualche campo dell'esercizio 1?**

6 **Completa le frasi. Leggi i testi e guarda la cartina.**

7

ome: *Renzo Piano*
rofessione: *architetto*
ogo di origine: *Genova,*
Liguria

tutto il mondo in airof the world

R........................
è la capitale d'Italia

Milano è in
L........................

Valentino Rossi è di
U........................

Genova è in
L........................

Roberto Saviano è di
N........................

Perugia è in
U........................

8

e:
erto Benigni
essione: *attore*
o di origine: *Castiglion*
Fiorentino (Arezzo),
Toscana

la vita è bella
life is beautiful

 7 **Prepara un breve testo su tre personaggi famosi del tuo paese. Segui l'esempio.**

Laura Pausini è italiana. È di Faenza.
Fa la cantante. Ha 36 anni.

Buon appetito!

Cominciamo...

A | **Cibi e bevande** A coppie. Quali bevande o cibi italiani conoscete?

What Italian drinks & food do you know?

BEVANDE *drinks*

caffè, birra, vino, cappuchino,
~~cacao~~, latte, acqua, té, ciccolata
limoncello, aranciata, spritz, succo

CIBI *food*

panino, gelato, pizza, rizo, mela, pollo

B | **Al bar** Abbina le parole alle foto.

① g *un'/l'* acqua minerale
f ② ~~m~~ *un/l'* aperitivo
③ g *un/l'* bicchiere di vino rosso
④ c *una/a* birra
⑤ b *un/il* cappuccino

⑥ l *una/la* cioccolata
⑦ h cornetto
⑧ n *un'/l'* aranciata
⑨ p *il/un* toast
⑩ e *lo/uno* spumante (champagne)

⑪ i *una/la (little pizza)* pizzetta
⑫ a *la/una* spremuta
⑬ ~~m~~ *d il/un* succo di frutta
⑭ o tè *il/un*
⑮ m tramezzino

Completa il menu con queste parole.

affetati misti • bistecca alla griglia
spaghetti al pomodoro • gelato • patatine fritte
prosciutto e melone • fritto misto di pesce • tiramisù
tortellini con la panna e il prosciutto • verdure miste

[handwritten annotation: slices of cold meat → affettati misti]
[handwritten annotation: fried potatoe chips → patatine fritte]

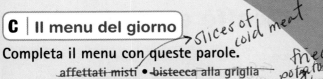

Menu del Giorno

starters
antipasti
bruschetta
prosciutto e melone
affettati misti

1st course
primi → *pasta w/veg.*
penne all'ortolana
spaghetti al pomodore
tortellini con la panna
e il prosciutto

contorni *side dish*
insalata mista
verdure miste
patatine fritte

2nd course (main)
secondi
pollo ai funghi
fritto misto di pesce
bistecca alla griglia

dolci *dessert*
macedonia di frutta
tiramisù
gelato

[left margin handwritten: pasta / rice / soup / fish / meat]

D | Altri piatti?

A coppie. Conoscete altri piatti italiani? Trovate
due esempi per ogni sezione del menu.

antipasti: ....

primi: ....

secondi: ....

contorni: ....

dolci: ....

---

1 | Un caffè e un cornetto

🔊 **1•15** Ascolta i dialoghi e indica con (✓)
che cosa ordinano i clienti.

1. Due caffè macchiati e un cornetto. ☑
2. Una cioccolata e un cornetto. ☐
3. Una birra grande, due birre piccole, due toast. ☑
   [handwritten: big / small]
4. Una spremuta e un tramezzino. ☐
5. Due bicchieri di vino rosso e due
   aperitivi analcolici. ☑
   [handwritten: glass / nonalcoholic]
6. Due caffè freddi. ☐
   [handwritten: iced]
7. Due tè freddi. ☐
   [handwritten: iced]
8. Due acque minerali naturali. ☐
9. Un'acqua minerale gassata e una naturale. ☑
   [handwritten: sparkling]

Ho fame!

Un caffè e un cornetto

Marco	Che cosa prendi, Anna?
Anna	*For me* [Per me] un caffè macchiato, grazie.
Marco	Allora due caffè macchiati e un cornetto.
cameriere	Prego signori.
Paolo	Io ho fame. Prendo una birra piccola e un toast.
Carla	Anche per me, ho fame anch'io. E tu, Federico?
Federico	Io ho sete. Per me una birra grande.
Paolo	Bene. Un birra grande, due birre piccole e due toast, [per favore.] *please*
Fabio	Che cosa prendete?
Chiara	Un bicchiere di vino rosso.
Stefano	Anche per me.
Luigi	Io invece prendo un aperitivo analcolico.
Fabio	*Good idea* [Buona idea.] Due aperitivi analcolici e due bicchieri di vino rosso.
cameriere	Subito signore.
Sara	*I would like* [Vorrei] due caffè freddi e due acque minerali.
cameriere	Gassate o naturali?
Sara	Una gassata e una naturale.

Ho sete!

2 | Che cosa prendono?

Che cosa ordinano i clienti? Leggi i dialoghi e completa le frasi.

1. Marco e Anna prendono due _caffè macchiati_ e un _cornetto_ .
2. Paolo e Carla prendono due _birre piccole_ e due _toast_ .
3. Chiara e Stefano prendono due _bicchiere_ di vino rosso.
4. Luigi e Fabio prendono due _aperitivi_ analcolici.
5. Sara prende due _acque_ minerali.

GRAMMATICA FLASH

PLURALE DEI NOMI

singolare	plurale
un aperitivo	due aperitivi
una birra	due birre
un bicchiere	due bicchieri
un caffè	due caffè
un toast	due toast

PRIMI PASSI pag. 148 es. 1

3 | Fare un'ordinazione

Leggi di nuovo i dialoghi e sottolinea le espressioni per fare un'ordinazione.

4 | Desidera?

A coppie. A turno uno di voi fa il cameriere, l'altro il cliente. Create brevi dialoghi come nell'esempio.

1. 🍴 Due caffè e due cornetti, per favore.
   🍴 Subito signore.

5 | Prendere le ordinazioni | Completa le ordinazioni.

2 cappuccin...i
2 spremut.e
1 cornetto

2 spumant.e
2 aranciat.i
2 pizzett.e

2 gelat.i.
1 succ.o
di frutta
2 panin.i.

2 cioccolat.e.
3 tramezzin..i
2 birr.e.

6 | Un bicchiere di vino | Che cosa ordinano questi clienti? Abbina gli aggettivi alle parole.

1. [f] Un bicchiere di vino
2. [e] Due caffè
3. [d] Tre birre
4. [a] Due acque
5. [c] Un'acqua
6. [b] Un caffè

a. minerali
b. freddo
c. gassata
d. grandi
e. macchiati
f. rosso

GRAMMATICA FLASH

ACCORDO DI NOMI E AGGETTIVI

	singolare	plurale
maschile	aperitivo analcolico	aperitivi analcolici
	vino rosso	vini rossi
femminile	birra piccola	birre piccole
	birra grande	birre grandi

PRIMI PASSI **pag. 149 es. 5 - 6**

7 | Grande o piccolo? A coppie. Descrivete le immagini. Usate i seguenti aggettivi.

caldo • freddo • grande • inglese • italiano • piccolo • rosso • tedesco

8 | Al ristorante 🔊 1•16 Ascolta e completa il dialogo.

[handwritten: Do you have a table for 2?]

Luca   Buongiorno, avete un tavolo per .... (1)?

[handwritten: certainly]

cameriere Certo, prego.

[handwritten: due]
[handwritten: what do you have for appitizers.]

Luca   Che cosa avete di antipasto? Avete prosciutto e melone?

cameriere Certo. Abbiamo anche la ...bruschetta (2) e gli affettati misti.

Paola   Un piatto di prosciutto e melone per me.

Luca   Io prendo gli affettati misti.

cameriere Bene. Di primo abbiamo gli ...spaghetti (3) al pomodoro, le

          penne all'ortolana e i tortellini con la panna e il prosciutto.

Luca   Come ...sono (4) le penne all'ortolana?

cameriere Con le verdure.

[handwritten: with / how a dish is cooked]

Luca   Per me penne, allora.

Paola   Io invece ...prendo (5) i tortellini. Che cosa avete di secondo?

cameriere Fritto misto di pesce, pollo ai funghi o bistecca alla griglia.

Paola   Io vorrei la bistecca alla griglia con le patatine fritte.

Luca   Per me il fritto misto e un contorno.

[handwritten: what would you prefer?]

cameriere Che cosa preferisce?

[handwritten: verdure]

Luca   Le ...verdure (6) miste.

[handwritten: what should I bring you to drink]

cameriere E che cosa porto da bere?

Luca   Prendiamo una bottiglia di ...vino (7)?

Paola   No, io preferisco la ...birra (8) a pranzo.

[handwritten: medium]

Luca   Va bene. Allora due birre ...media (9), per favore.

[handwritten: today i'll buy you. Today i'll pay for it.]

Paola   Oggi offro io, Luca. Paghi sempre tu!

[handwritten: just this time]

Luca   Va bene, ma solo per questa volta.

[handwritten: Il conto, per favore. - Can we have the check? Possiamo avere conti seperati? - Seperate checks]

9 | Che cosa prendono Luca e Paola?

Completa le ordinazioni di Luca e Paola con gli articoli determinativi.

Di antipasto Luca prende ...gli (1) affettati misti e di primo
...le (2) penne all'ortolana. Di secondo prende il fritto misto di
pesce e ...le (3) verdure miste. Da bere prende la birra.

Paola prende prosciutto e melone di antipasto. Di primo prende
...i (4) tortellini e di secondo la bistecca alla griglia con
...le (5) patatine fritte. Da bere prende anche lei la birra.

10 | I, gli o le? | Completa i dialoghi con gli articoli plurali.

1. 🧑 _Le_ *fem. plural* birre sono fredde?

    👤 Certo, signore.

2. 🧑 Io prendo _gli_ *mas. plural* affettati misti.

    👤 Io invece _le_ *fem. plural* verdure miste.

3. 🧑 _I_ *mas.* caffè sono macchiati?

    👤 Sì, certo.

4. 🧑 Che cosa prendi?

    👤 _gli_ *mas. plural* spaghetti al pomodoro.

11 | Preferiamo un piatto vegetariano | Completa il dialogo con questi verbi.

~~preferite~~ • ~~offri~~ • ~~offriamo~~ • ~~preferisci~~ • ~~preferisco~~ • ~~servono~~

Silvia In questo ristorante _servono_(1) piatti vegetariani?

Sandro Certo. Hanno le penne all'ortolana e gli spaghetti al pomodoro.
Che cosa _preferisci_(2), Silvia?

Silvia Gli spaghetti. E tu, Cristina?

Cristina Io prendo le penne.

Sandro Prendo le penne anch'io. E da bere? Che cosa _preferite_(3)?
Vino o birra?

Cristina Io una birra.

Silvia Io _preferisco_(4) un bicchiere di vino bianco. Però oggi
offriamo(5) io e Cristina. _Offri_(6) sempre tu, Sandro!

GRAMMATICA FLASH

VERBI IN –*IRE* (3ª coniugazione)

	offrire	preferire
(io)	offro	prefer*isco*
(tu)	offri	prefer*isci*
(lui / lei / Lei)	offre	prefer*isce*
(noi)	offriamo	preferiamo
(voi)	offrite	preferite
(loro)	offrono	prefer*iscono*

 pag. 151 es. 14 - 15

12 | Ecco il conto | 👥

KENZIE ♥

A gruppi di tre. Uno studente fa il cameriere, gli altri due i clienti al ristorante.
Usate le informazioni nel conto e create un dialogo simile a quello dell'esercizio 8.

🔍 **Il coperto** — *cost for bread & the table set*
Nei ristoranti italiani il coperto è un
costo fisso per la tavola apparecchiata
e il pane.

Ristorante IL NODO

Via Nazario Sauro 65
40100 Bologna
Telefono: +39 051 986361

quantità	descrizione		importo
2	coperti		3.60
1	vino	bottiglia di rosso	14.90
1	antipasti	bruschetta	5.50
2	primi piatti	lasagne	8.50
		spaghetti al pomodoro	8.50
2	secondi piatti	pollo ai funghi	15.00
		fritto misto di pesce	16.50
2	contorni	verdure alla griglia	3.80
		insalata mista	3.80
1	dolci	tiramisù	6.00
2	caffè		2.60
		Totale €	88.70

Cerchi un locale per la sera, ma non hai le idee chiare?

2spaghi.it è il sito perfetto. Funziona così: mangi in un locale veramente buono, trovi un locale diverso, scrivi a 2spaghi.it e indichi i piatti e l'indirizzo. Trovi soluzioni per tutti i gusti e i portafogli. ;-)
Ecco le segnalazioni di questa settimana.

a Ciao a tutti! Segnalo l'apertura del Panama Café. È un posto veramente speciale, soprattutto per gli appassionati di finger food. Il cibo è eccezionale: trovi piatti molto particolari, come il salmone marinato sotto sale, i mini couscous con zucchine e basilico e le tradizionali minipiadine romagnole.
Indirizzo: via della Polveriera – Civitavecchia
Ornella

b Il Bibliocaffè Letterario è un misto tra lo Starbucks americano e una sala da tè in stile vecchia Inghilterra. È possibile acquistare o leggere libri, navigare su Internet o bere una buona tazza di caffè. E i dolci sono eccezionali. È possibile consultare o prendere a prestito circa 6.500 tra libri e giornali (soprattutto su cinema, musica e su Roma), oltre 3.000 DVD e 700 CD musicali.
Indirizzo: via Ostiense, 95 - Roma
Stefano

c Conto fai-da-te
Ecco un ristorante veramente diverso. Da Dorilio e Capitones il menù è a prezzo libero. Il locale è moderno, i camerieri sono gentili e il conto è «fai-da-te». Ordini, mangi e paghi: decidi tu il costo della cena.
Specialità di pesce.
Indirizzo: via Jacopo Palma Il Vecchio, 41 - Bergamo
Luca e Claudia

adattato da: www.2spaghi.it

13 | Consigli sul blog Leggi le informazioni sul blog. Quale locale consigli a queste tre persone?

1. ☐ Carla ama il cinema, i libri e i dolci.
2. ☐ Paolo è appassionato di piatti particolari.
3. ☐ Susanna è una studentessa. Ama il pesce, ma ha problemi di soldi.

14 | Che cosa vuol dire? Abbina a ogni frase la sua spiegazione.

1. ☐ È un locale per tutti i portafogli.
2. ☐ Il libro è in consultazione.
3. ☐ Il DVD è in prestito.
4. ☐ Il conto è «fai-da-te».
5. ☐ Consumazione

a. Il cliente decide il prezzo del pasto.
b. Leggi il libro sul posto.
c. Hanno piatti cari e a buon prezzo.
d. Cibi o bevande.
e. Porti il DVD a casa per un certo periodo.

15 | Una chat — Completa la chat con i verbi tra parentesi.

Ciao Mara,
questa sera porto fuori a cena Manuela. Che locale
.... (1. tu – *consigliare*)?
Carlo

Ciao Carlo!
.... tu (2. *pagare*) o dividete?

.... (3. *pagare*) io!

Che cosa .... (4. tu – *cercare*)? Tradizionale, etnico,
di lusso?

Di lusso? .... (5. tu – *dimenticare*) i miei problemi di
budget! Una trattoria tipica, forse?

Ma tu .... (6. *odiare*) le trattorie!

Non è vero. .... (7. tu – *mangiare*) bene e spendi poco.

Allora la trattoria Il Portico è perfetta. In due ....
(8. noi – *pagare*) trenta euro per primo, secondo, dolce e caffè.

Grazie! ;-)

GRAMMATICA FLASH

VERBI IN -*CARE*, -*GARE*, -*IARE*

	indicare	pagare	mangiare
(io)	indico	pago	mangio
(tu)	indichi	paghi	mangi
(lui / lei / Lei)	indica	paga	mangia
(noi)	indichiamo	paghiamo	mangiamo
(voi)	indicate	pagate	mangiate
(loro)	indicano	pagano	mangiano

PRIMI PASSI **pag. 152 es. 18**

16 | Locali speciali

A coppie. Descrivete a turno un locale speciale della vostra città. Spiegate dov'è, che cosa mangiate lì e perché è speciale.

17 | Scrivi sul blog — Scrivi un breve testo su un locale speciale da mettere sul blog.

Profilo	Blog	Video	Sito	Foto	Amici

Qualche parola in più

18 | **Idee per il pranzo**

A coppie. Completate l'indice di questa rivista di cucina inserendo i piatti al posto giusto. Se avete problemi, chiedete all'insegnante.

spinach w/butter

braciola di maiale • spinaci al burro • peperoni al forno • cotoletta alla milanese • creme caramel
gamberoni al brandy • lasagne • pesce alla griglia • insalata di mare • torta di pere e cioccolato
paté di salmone • gnocchi al pesto

Sommario

Antipasti: 6
caprese
insalata di mare
paté di salmone

Secondi - pesce: **15**
calamari fritti *(fried squid)*
~~paté di salmone~~ *gamberoni*
pesce alla griglia al
(grilled fish) *brandy*

9 Primi:
risotto alla pescatora
gnocchi al pesto
lasagne

Contorni: 18
patate arrosto
spinaci al burro
~~………………~~
peperoni al forno

Secondi - carne: **12**
arrosto di vitello
cotoletta alla milanese
braciola di maiale
(pork rib)

Dolci: 21
torta di mele
torta di pere e cioccolato
creme caramel

19 | **Tutti a tavola** Osserva il disegno e scrivi le parole mancanti al posto giusto.

la tovaglia • il piatto • la forchetta • il cucchiaino • l'oliera • il pepe

1. ………………
2. **il bicchiere**
3. ………………
6. ………………
7. **il tovagliolo**
5. **il sale**
8. ………………
4. ………………
9. ………………
11. **il cucchiaio**
10. **il coltello**

20 | Dove andiamo a mangiare? Abbina a ogni locale la sua descrizione.

1. ⬭ mensa   a. locale con cibi caratteristici di un paese straniero
2. ⬭ ristorante etnico   b. locale specializzato in pizza
3. ⬭ trattoria   c. locale informale specializzato in birra e piatti semplici
4. ⬭ self-service   d. locale specializzato in vini
5. ⬭ birreria   e. locale senza servizio ai tavoli: il cliente prende i piatti
6. ⬭ pizzeria   f. locale specializzato in panini e toast
7. ⬭ paninoteca   g. locale caratteristico con cibi tipici
8. ⬭ enoteca   h. locale vicino a una scuola, università o un posto di lavoro

21 | Qual è il locale giusto?

A piccoli gruppi. Decidete quali locali dell'esercizio 20 sono adatti alle seguenti situazioni.

1. una cena romantica con una persona speciale ....
2. una festa di compleanno con un gruppo di amici ....
3. un pranzo con i colleghi di lavoro ....
4. una cena con amici in visita al tuo paese ....
5. una cena veloce prima del cinema ....
6. un aperitivo con amici appassionati di vino ....
7. un pranzo con piatti molto particolari ....
8. una cena con amici con problemi di budget ....

TRATTORIA ALLE 2 TORF

&Intonazione &pronuncia

22 | I suoni /tʃ/ e /k/, /dʒ/ e /g/

🔊 1•17 **a** Ascolta con attenzione le parole.

| macedonia | forchetta | gelato | spaghetti |
| aranciata | bicchiere | mangiare | funghi |

Che suono senti? 🔊 1•18 **b** Ascolta le parole e indica con (✓) il suono che senti.

	ce ch	che Kay	ge j	ghe ge	ci chi	chi Key	gi G	ghi gee
✓1.	☐	☐	☐	☐	☐	☒	☐	☐ cucchiano
✓2.	☐	☐	☐	☐	☒	☐	☐	☐ spinaci
✓3.	☐	☐	☐	☐	☐	☐	☐	☒ paghi (pay)
✓4.	☒	☐	☐	☐	☐	☐	☐	☐ francese
✓5.	☐	☐	☒	☐	☐	☐	☐	☐ Germania
✓6.	☐	☐	☐	☐	☐	☐	☒	☐ Buongiorno
✓7.	☐	☒	☐	☐	☐	☐	☐	☐ paninoteche
✓8.	☐	☐	☐	☒	☐	☐	☐	☐ portoghese

Il mattino ha l'oro in bocca

Cominciamo...

A | Una giornata tipo Abbina le attività alle immagini.

pranzare • andare a letto • arrivare al lavoro • cenare • vestirsi • fare colazione • farsi la doccia
guardare la televisione • alzarsi • prendere l'autobus • uscire di casa • cucinare

   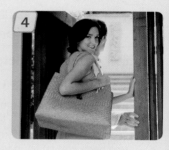

.... vestirsi ....

.... arrivare al lavoro ....

.... cenare ....

B | Che cosa fanno? Completa le frasi con la descrizione delle foto indicate.

1. foto 5: Anna e Mario .... al bar.
2. foto 6: Paolo ....
3. foto 9: Daniela ....
4. foto 8: Giovanna .... al ristorante.
5. foto 10: Marta e Vittorio .... a casa.
6. foto 11: Adriana e Alberto .... la televisione.

C | Attività quotidiane

Abbina i verbi alle parole / espressioni corrispondenti.

1. ⬜	prendere		a.	gli amici
2. ⬜	mangiare		b.	italiano
3. ⬜	fare		c.	l'autobus
4. ⬜	scrivere		d.	colazione
5. ⬜	guardare		e.	un panino
6. ⬜	navigare		f.	la televisione
7. ⬜	studiare		g.	su internet
8. ⬜	vedere		h.	un'e-mail

D | Quando prendi l'autobus?

A coppie. A turno chiedete al compagno quando fa le attività dell'esercizio C e rispondete, come nell'esempio.

🗣 Quando prendi l'autobus?

🗣 Prendo l'autobus la mattina.

la mattina

il pomeriggio

la sera

la notte

1 | Vita da pendolare

🔊 1•19 Ascolta la conversazione tra Monica e Aldo e indica con (✓) l'alternativa corretta.

Monica...

1. a. ⬜ abita a Milano.
   b. ⬜ lavora a Milano.
2. a. ⬜ fa colazione a casa.
   b. ⬜ fa colazione al bar.
3. a. ⬜ pranza al bar.
   b. ⬜ pranza al ristorante.
4. a. ⬜ lavora la mattina.
   b. ⬜ lavora la mattina e il pomeriggio.
5. a. ⬜ vede gli amici la sera.
   b. ⬜ guarda la TV la sera.

Vita da pendolare

Monica	Che ora è?
Aldo	Sono le dieci e mezza.
Monica	È tardi per me!
Aldo	Tardi?
Monica	Certo. Io mi alzo presto la mattina.
Aldo	Perché?
Monica	Perché abito a Piacenza, ma lavoro a Milano.
Aldo	A Milano? E a che ora ti alzi la mattina?
Monica	Alle sei e un quarto. Mi faccio la doccia, mi vesto, faccio colazione, mi metto la giacca e poi corro a prendere il treno: parte alle sette e mezza.
Aldo	E quando arrivi a Milano?
Monica	Alle otto e venti. Poi prendo l'autobus e arrivo al lavoro alle nove. All'una mangio un panino in un bar e poi ritorno in ufficio.
Aldo	A che ora finisci di lavorare?
Monica	Alle cinque e mezza. Ho un treno alle sei e venti e arrivo a Piacenza alle sette e dieci.
Aldo	E la sera che cosa fai?
Monica	Arrivo a casa, mi riposo un po' e poi cucino. Guardo la televisione, poi mi metto il pigiama e... a letto!
Aldo	Che vita!

2 | La giornata di Monica | Leggi il dialogo e completa il testo.

Monica .... (1) a Piacenza, ma ....

(2) a Milano. La mattina .... (3) alle sei e un

quarto, ... (4) la doccia, ... (5)

e poi .... (6) colazione. .... (7)

il treno alle sette e mezzo e .... (8) a Milano

alle otto e venti. All'una .... (9) un panino con

i colleghi e poi .... (10) al lavoro.

.... (11) di lavorare alle cinque e mezza.

La sera .... (12) un po', ... (13),

e poi .... (14) la televisione.

GRAMMATICA FLASH

VERBI RIFLESSIVI

	alzarsi	vestirsi	mettersi
(io)	**mi** alzo	**mi** vesto	**mi** metto
(tu)	**ti** alzi	**ti** vesti	**ti** metti
(lui / lei / Lei)	**si** alza	**si** veste	**si** mette
(noi)	**ci** alziamo	**ci** vestiamo	**ci** mettiamo
(voi)	**vi** alzate	**vi** vestite	**vi** mettete
(loro)	**si** alzano	**si** vestono	**si** mettono

PRIMI PASSI pag. 157 es. 1 - 2

3 | La giornata di Aldo e Mara | Completa il testo con i verbi tra parentesi.

Aldo e Mara .... (1. *alzarsi*) alle sette e mezza, ... (2. *vestirsi*) e .... (3. *fare*) colazione.

Alle otto e mezza .... (4. *prendere*) l'autobus: .... (5. *arrivare*) in uffico alle nove. ....

(6. *pranzare*) con i colleghi e poi .... (7. *ritornare*) in ufficio. .... (8. *finire*) di lavorare alle sei e

.... (9. *arrivare*) a casa alle sei e mezza, ... (10. *riposarsi*) un po' e poi .... (11. *cenare*) alle otto.

pg. 36 wkbk

4 | **Che ora è?** | Scrivi l'ora.

For the 2ⁿᵈ half-hour countback-wards

For the first ½ hour use hour+minutes

What time is it?

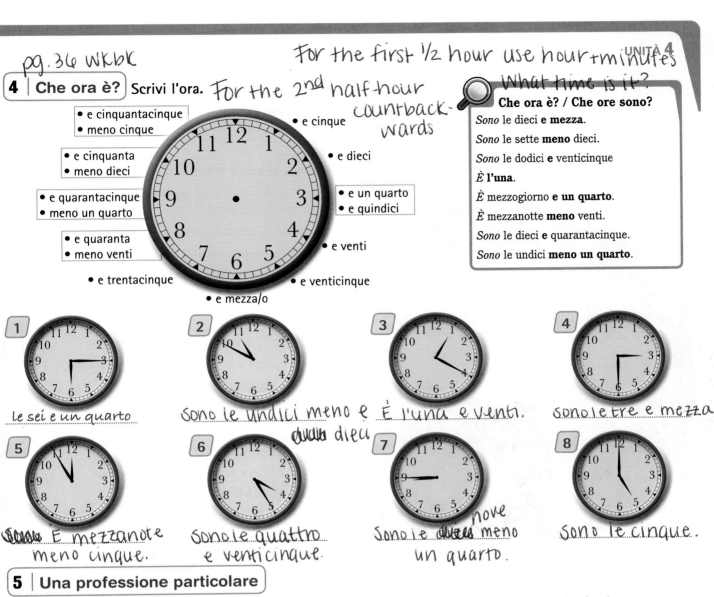

Che ora è? / Che ore sono?

Sono le dieci **e mezza**.
Sono le sette **meno** dieci.
Sono le dodici **e** venticinque
È l'una.
È mezzogiorno **e un quarto**.
È mezzanotte **meno** venti.
Sono le dieci **e** quarantacinque.
Sono le undici **meno un quarto**.

Clock labels:
- e cinquantacinque / meno cinque
- e cinquanta / meno dieci
- e quarantacinque / meno un quarto
- e quaranta / meno venti
- e trentacinque
- e mezza/o
- e venticinque
- e venti
- e un quarto / e quindici
- e dieci
- e cinque

1. le sei e un quarto

2. Sono le undici meno e quasi dieci

3. È l'una e venti.

4. sono le tre e mezza

5. Sono È mezzanotte meno cinque.

6. Sono le quattro e venticinque.

7. Sono le dieci nove meno un quarto.

8. Sono le cinque.

5 | **Una professione particolare**

Marco fa il DJ e lavora la notte. La sua giornata tipo è diversa dalla nostra. Completa le frasi.

1. Marco si alza .... undici e mezza.
2. Si fa la doccia .... mezzogiorno e un quarto.
3. Fa colazione .... una e venti.
4. Pranza .... tre.
5. Cena .... dieci e mezza.
6. Comincia a lavorare .... mezzanotte.

A che ora...?
Alle sei e mezzo.
Alle 5 in punto.
*All'*una.
A mezzogiorno / mezzanotte.

6 | **E tu a che ora ti alzi?**

A coppie. A turno fate domande e date risposte sulla vostra giornata tipo, come nell'esempio. Usate questi verbi.

alzarsi • farsi la doccia • vestirsi • fare colazione • cominciare il lavoro / le lezioni • pranzare • prendere un caffè
finire il lavoro / le lezioni • arrivare a casa • riposarsi • cenare • guardare la televisione • andare a letto

🧍 A che ora ti alzi la mattina?   🧍 Mi alzo alle sette e mezza.

7 | **Una giornata tipo**

Scrivi due brevi testi, uno sulla tua giornata tipo e uno su quella del tuo compagno.

La mattina mi alzo alle...   Marco / Marta si alza alle..

8 | Tu esci la sera? 1•20

Monica è sul treno con la sua amica Laura. Ascolta la conversazione e trova le sei differenze tra il dialogo e la sua trascrizione.

Monica	Questa sera sono proprio stanca.
Laura	È normale. Ci svegliamo sempre così presto!
Monica	Eh sì, le nostre giornate sono così lunghe! Tu che cosa fai il pomeriggio quando arrivi a Piacenza?
Laura	Di solito vado in piazza a prendere un caffè con i miei amici. Tu esci la sera?
Monica	Raramente. Preferisco stare a casa. Però esco nel fine settimana. Vedo la mia famiglia, vado in ufficio, faccio shopping con le mie amiche. E tu?
Laura	Io di solito passo il fine settimana con Stefano, il mio ragazzo. Andiamo spesso a Padova perché la sua famiglia vive là.
Monica	Quindi viaggi anche nel fine settimana!?
Laura	Sì, ma è diverso, è per piacere, non per vacanza.
Monica	Ma non vedi mai la tua famiglia?
Laura	Certo. Pranziamo spesso insieme durante la settimana.
Monica	Ecco, siamo a Milano!
Laura	Un'altra lunga giornata al lavoro...

9 | La vita di Monica e Laura

Rileggi il dialogo e completa con la forma corretta dei verbi.

Monica .... (1) raramente la sera, però .... (2) nel fine settimana. .... (3) in centro e incontra le amiche: .... (4) shopping insieme.

Laura .... (5) presto la mattina. Quando torna a Piacenza .... (6) in piazza a prendere un aperitivo con gli amici.

Nel fine settimana Laura e Stefano .... (7) spesso a Padova.

GRAMMATICA FLASH

	andare	uscire
(io)	vado	esco
(tu)	vai	esci
(lui / lei / Lei)	va	esce
(noi)	andiamo	usciamo
(voi)	andate	uscite
(loro)	vanno	escono

PRIMI PASSI pag. 158 es. 7

10 | Che cosa fate? Abbina le domande alle risposte.

1. ☐ Esci la sera?
2. ☐ Che cosa fate il fine settimana?
3. ☐ Laura cena a casa la sera?
4. ☐ Che cosa fanno Laura e Stefano il fine settimana?
5. ☐ Passate la sera a casa?
6. ☐ Quando esci dal lavoro?

a. Andiamo al cinema o al ristorante.
b. Esco alla sei e mezza.
c. No, usciamo con gli amici.
d. No, va spesso a cena in pizzeria.
e. Sì, esco con il mio ragazzo.
f. Vanno a Padova.

11 | Vado spesso al ristorante | Scrivi con che frequenza fai queste cose.

andare al ristorante
Vado spesso al ristorante.

prendere il treno
Non prendo mai il treno.

1. farsi la doccia la mattina
2. uscire con gli amici
3. cenare con la famiglia
4. fare colazione al bar
5. andare a letto a mezzanotte
6. prendere l'autobus
7. cucinare
8. andare al cinema / a teatro

AVVERBI DI FREQUENZA

sempre — di solito — spesso — qualche volta — raramente — mai
100% — 0%

12 | E tu?

A coppie. A turno, chiedete al compagno la frequenza con cui compie le azioni dell'esercizio 11 e rispondete, come nell'esempio.

Vai spesso al ristorante?

Sì, vado *spesso* al ristorante. / No, non vado *mai* al ristorante.

13 | Tuo o tua? | Sottolinea l'alternativa corretta.

1. Quando esci con *le tue | i tuoi* amiche?
2. Silvio e Marta abitano in centro: *la loro | il loro* appartamento è in Piazza dei Mercanti.
3. Carlo e *la sua | il suo* ragazza vanno spesso al cinema.
4. A che ora cominciano *le vostre | i vostri* lezioni?
5. Vedo spesso *i miei | il mio* amici.
6. È questa *la nostra | il nostro* classe?

GRAMMATICA FLASH

AGGETTIVI POSSESSIVI

	maschile		femminile	
	singolare	plurale	singolare	plurale
(io)	il **mio** libro	i **miei** libri	la **mia** penna	le **mie** penne
(tu)	il **tuo** libro	i **tuoi** libri	la **tua** penna	le **tue** penne
(lui / lei / Lei)	il **suo** libro	i **suoi** libri	la **sua** penna	le **sue** penne
(noi)	il **nostro** libro	i **nostri** libri	la **nostra** penna	le **nostre** penne
(voi)	il **vostro** libro	i **vostri** libri	la **vostra** penna	le **vostre** penne
(loro)	il **loro** libro	i **loro** libri	la **loro** penna	le **loro** penne

PRIMI PASSI pag. 159 es. 11 - 12

14 | La mia vita a Torino | Completa l'e-mail con questi aggettivi possessivi.

loro • mia • miei • mio • nostro • suo • tua • tuoi • mie

Nuovo messaggio
Invia Chat Allega Rubrica Font Colori Registra bozza

Cara Beatrice,
come stai? Io sono molto contenta qui a Torino. Il _____ (1) nuovo lavoro è interessante e i _____ (2) colleghi sono molto simpatici. Abito con la _____ (3) amica Susanna: il _____ (4) appartamento è piccolo, ma carino. Susanna e il _____ (5) ragazzo Giacomo vanno spesso a Genova il fine settimana perché le _____ (6) famiglie abitano lì. Io di solito vedo le _____ (7) amiche: andiamo spesso al cinema o a teatro insieme. E tu? Studi sempre molto per i _____ (8) esami? E la _____ (9) famiglia come sta?
Scrivi presto.
Alessandra

Il lavoro da pendolare: una scelta per milioni di lavoratori

Quasi un milione di italiani lavorano a casa, ma per altri 13 milioni di lavoratori (il 22% della popolazione) la storia è un'altra. I pendolari abitano in una città, ma lavorano in un'altra città e ogni giorno viaggiano, spesso per molte ore. I pendolari sono soprattutto impiegati e insegnanti (43%), studenti (23%) e operai (17,5%).

Il 15% dei pendolari si sposta in treno, un mezzo di trasporto economico, comodo e abbastanza veloce. Molti sono però i problemi: i treni sono spesso in ritardo e sono sempre molto affollati. Molti altri (il 70%), usano la macchina. Di recente molti pendolari usano il car sharing o car pooling: più persone condividono la

stessa macchina per andare al lavoro e così risparmiano e aiutano l'ambiente.

La vita del pendolare è difficile e stressante. I pendolari passano molte ore in viaggio e quindi le loro giornate lavorative sono molto lunghe. Ma molti pendolari usano bene il loro tempo: leggono libri, lavorano al computer, ascoltano musica e parlano con gli altri pendolari. Molte

amicizie e amori cominciano così.

Ma perché molte persone fanno i pendolari? Le ragioni sono molte. Innanzitutto il costo delle case: nelle grandi città è più facile trovare lavoro, ma i prezzi delle case sono molto alti. Molte persone poi amano la loro città e preferiscono abitare vicino alla famiglia e agli amici.

La vita da pendolare è uno stile di vita. È possibile trovare su Internet molti blog di pendolari, con le avventure di questo particolare tipo di viaggiatori.

Viva i pendolari, allora!

(adattato da: www.cerco-lavoro.info/lavoro/pendolare.html)

---

15 | **La vita dei pendolari** Leggi l'articolo e completa la scheda.

IDENTIKIT DEL PENDOLARE				
Professione	**Mezzi di trasporto**		**Attività in viaggio**	**Perché fare il pendolare?**
43%	15% treno perché? 1. .... 2. .... 3.		1. .... 2.	1. ....
.... studenti	.... macchina		3.	2. ....
.... operai	car sharing perché? 1. .... 2.		4.	3. ....

16 | **Che cosa vuol dire?** Abbina a ogni parola la sua definizione.

1. ☐ affollato
2. ☐ condividere
3. ☐ spostarsi
4. ☐ in ritardo
5. ☐ risparmiare

a. andare da un posto a un altro
b. con molte persone
c. non puntuale
d. spendere meno
e. usare insieme

17 | **Trova le informazioni** Rileggi l'articolo e rispondi alle domande.

1. Quanti italiani lavorano a casa?
2. Chi sono i pendolari?
3. Molti pendolari usano il treno: che problemi hanno?

4. Perché la vita da pendolare è stressante?
5. Che cosa è possibile trovare su Internet?

18 | **Una vita in treno** 🔊 1•21 Ascolta le interviste a questi pendolari e completa la tabella.

	A che ora si sveglia?	Che cosa fa in treno?	A che ora torna a casa?	Perché fa il pendolare?
Giovanni abita a Bergamo lavora a Milano				
Alessandra abita a Biella lavora a Torino				
Francesco abita a Latina lavora a Roma				

19 | **E nel vostro paese?** 👥 In gruppo. A turno, fate ai compagni le seguenti domande.

1. Molte persone fanno i pendolari nel tuo paese?
2. Che tipo di lavoro fanno?
3. Perché fanno i pendolari?

4. Che mezzo di trasporto usano?
5. Che problemi hanno i pendolari nel tuo paese?
6. Tu lavori / studi e abiti nella stessa città?

20 | **Scrivi sul blog**

Scrivi un breve testo da mettere su uno dei blog dei pendolari. Descrivi la situazione dei pendolari nel tuo paese e poi dai la tua opinione su questo tipo di vita.

Qualche parola in più

21 | Che cosa fa di solito Giorgio? | Scrivi che cosa fa Giorgio.

controllare la posta elettronica • andare in palestra • svegliarsi • farsi la barba • mandare un SMS • lavare i piatti
pettinarsi • fare la spesa • fare una passeggiata • fare le pulizie

1. Giorgio si sveglia.
2. _____
3. _____
4. _____
5. _____
6. _____
7. _____
8. _____
9. _____
10. _____

22 | I giorni della settimana

Completa l'agenda con i giorni della settimana. Poi scrivi un'attività che fai di solito in questi giorni.

domenica • giovedì • lunedì • martedì • mercoledì • sabato • venerdì

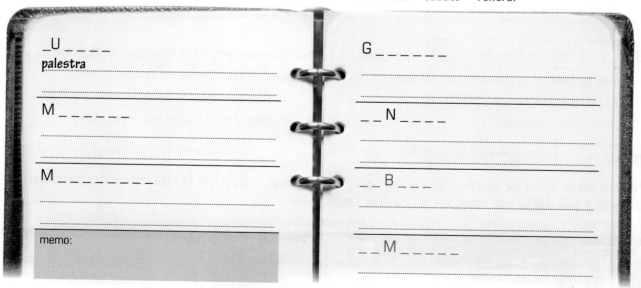

_U _ _ _ _ _
palestra
_____

M _ _ _ _ _ _
_____

M _ _ _ _ _ _ _ _
_____

memo:

G _ _ _ _ _ _
_____

_ _ N _ _ _ _
_____

_ _ B _ _ _ _
_____

_ _ M _ _ _ _ _
_____

23 | Che cosa fai il lunedì? A coppie. Create brevi dialoghi, come nell'esempio.

 Che cosa fai il lunedì?

Il lunedì di solito vado in palestra.

> *Il lunedì vado in palestra.* = **tutti** i lunedì
>
> *Lunedì vado in palestra.* = **questo** lunedì

24 | **Quando vai in palestra?**

A coppie. Usate le espressioni di tempo nella tabella per descrivere con che frequenza fate le seguenti cose, come nell'esempio. Prendete nota delle informazioni del compagno.

🧍 Sandro, quante volte alla settimana / quando vai in palestra?

🧍 Vado in palestra tre volte alla settimana.

ogni...	tutti / tutte...	una volta / due, tre... volte...
• giorno / mattina / pomeriggio / sera	• i giorni / le mattine / i pomeriggi / le sere	• al giorno
• sabato / domenica	• i sabati / le domeniche	• al mese
• settimana	• le settimane	• alla settimana
• mese	• i mesi	• all'anno
• anno	• gli anni	

25 | **Sandro va in palestra...**

A coppie. Lavora con un nuovo compagno. A turno riferite le informazioni dell'es. 24, come nell'esempio.

Sandro va in palestra tre volte alla settimana.

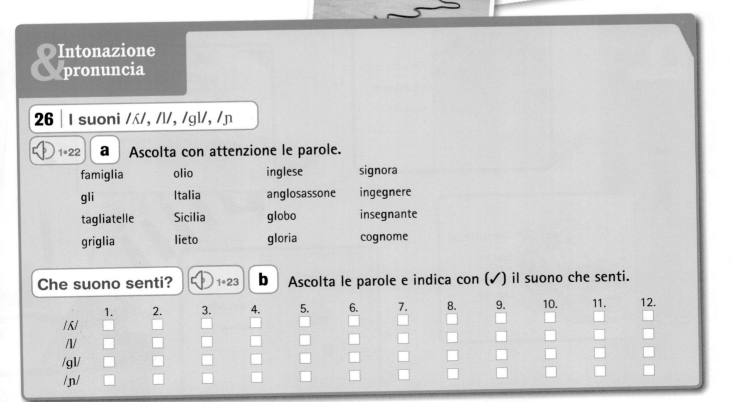

&Intonazione &pronuncia

26 | **I suoni /ʎ/, /l/, /gl/, /ɲ/**

🔊 1•22 **a** Ascolta con attenzione le parole.

famiglia	olio	inglese	signora
gli	Italia	anglosassone	ingegnere
tagliatelle	Sicilia	globo	insegnante
griglia	lieto	gloria	cognome

Che suono senti? 🔊 1•23 **b** Ascolta le parole e indica con (✓) il suono che senti.

	1.	2.	3.	4.	5.	6.	7.	8.	9.	10.	11.	12.
/ʎ/	☐	☐	☐	☐	☐	☐	☐	☐	☐	☐	☐	☐
/l/	☐	☐	☐	☐	☐	☐	☐	☐	☐	☐	☐	☐
/gl/	☐	☐	☐	☐	☐	☐	☐	☐	☐	☐	☐	☐
/ɲ/	☐	☐	☐	☐	☐	☐	☐	☐	☐	☐	☐	☐

L'Italia a tavola

Ricette di cucina italiana ed etnica – Cucina e Ricette

.cucinaericette.it/

di cucina italiana ed etn... +

La cucina italiana

Gli italiani mangiano solo pasta? Stereotipo assolutamente falso. Non c'è solo la pasta al pomodoro o la pasta al ragù (la pasta alla bolognese per molti stranieri), ma tantissime altre ricette. Per descrivere la cucina italiana è necessario infatti considerare tutte le ricette regionali del paese, le loro differenze e i loro piatti unici e particolari: la pasta e la pizza sono solo un piccolo esempio della grande varietà del cibo iltaliano. Sulle tavole italiane troviamo tanti tipi di pesce, carne, piatti a base di verdura e molti dolci diversi. Ma non è solo il cibo a fare la differenza: abitudini e orari cambiano da regione a regione, in particolare da nord a sud. Il modo di mangiare degli italiani riflette le grandi differenze di cultura e tradizione nel paese. Anche il clima (freddo al nord e caldo al sud) influisce sull'agricoltura e sui prodotti del territorio. Infine le differenze storiche: al sud sentiamo ancora l'influenza araba, infatti troviamo piatti come il cous cous; al nord la vicinanza con la Francia e l'Austria arricchisce il menù degli italiani con fondue e gulasch. Ecco perché un viaggio in Italia è sempre anche un viaggio alla scoperta di nuovi sapori.

(adattato da: www.cucinaericette.it)

Risotto alla milanese

regione:

....

Spaghetti alla carbonara

regione:
Lazio

Trenette al pesto

regione:
Liguria

Cassata

regione:

....

Pizza

regione:

....

Lasagne

regione:
Emilia
Romagna

Canederli

regione:
Trentino
Alto Adige

Baccalà
alla
vicentina

regione:

....

Fiorentina

regione:
Toscana

1 A coppie o in gruppo. Parla con i tuoi compagni e rispondi a queste domande.

1. Secondo te è vero che gli italiani mangiano solo pasta?
2. Conosci altri piatti tipici italiani?
3. Quali piatti italiani mangi o cucini?
4. Quali sono i piatti italiani più famosi nel tuo paese?

2 Leggi il testo e indica con (✓) se le affermazioni sono vere (V) o false (F).

	V	F
1. La pasta alla bolognese è la pasta al pomodoro.	☐	☐
2. Tutte le regioni italiane hanno piatti particolari.	☐	☐
3. Gli italiani del nord e del sud mangiano alla stessa ora.	☐	☐
4. In Italia non troviamo grandi differenze culturali.	☐	☐
5. La cultura araba ha un'influenza sul cibo del sud Italia.	☐	☐
6. La fondue è un piatto tipico del sud Italia.	☐	☐

3 1•24 Ascolta le interviste con Paolo e Carmela. Di dove sono i piatti tipici delle foto? Inserisci i nomi delle regioni sotto le foto.

Lombardia • Campania • Sicilia • Veneto

4 1•24 Ascolta ancora una volta le interviste e completa le frasi con le ore.

In Lombardia la sera mangiamo presto: .... (1) siamo a tavola.

Invece in Sicilia mangiano molto più tardi. I ristoranti aprono .... (2), ma le persone arrivano .... (3), o anche .... (4).

A Venezia, a pranzo mangiano .... (5) o .... (6), ma a Napoli pranziamo .... (7). E la cena a Venezia è di solito .... (8). A Napoli invece .... (9) prendiamo l'aperitivo e poi ceniamo .... (10).

5 A coppie. Parla con un tuo compagno e descrivi le differenze fra l'Italia e i vostri paesi.

A che ora pranzate? • A che ora cenate? • Quali sono i piatti tipici del vostro paese?

6 Scrivi un breve testo sulla cucina del tuo paese come nell'articolo *La cucina italiana*. Segui i seguenti punti:

- piatti tipici
- differenze fra le regioni del paese
- differenze fra gli orari dei pasti
- piatti tipici del vostro paese famosi all'estero

In giro per la città

Cominciamo...

A | Luoghi della città Scrivi il nome del luogo sotto ogni cartello.

albergo • chiesa • distributore di benzina • stazione ferroviaria • farmacia • museo
ufficio postale • parcheggio • tabaccaio • fermata dell'autobus • ufficio informazioni • ospedale

1

....

2

....

3

....

4

....

5

....

6

....

7

....

8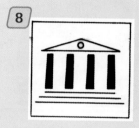

....

9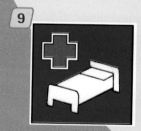

....

10

....

11

....

12

....

B | Dove compri il giornale? A coppie. Vi ricordate i nomi dei luoghi dove comprate...

1. ... i libri?   L.............................
2. ... un cornetto e un cappuccino?   B.............................
3. ... un CD?   N............................. di m.............................

C | Altri luoghi In gruppo. Vi ricordate altri luoghi in città?

D | Muoversi in città

Abbina i disegni alle indicazioni.

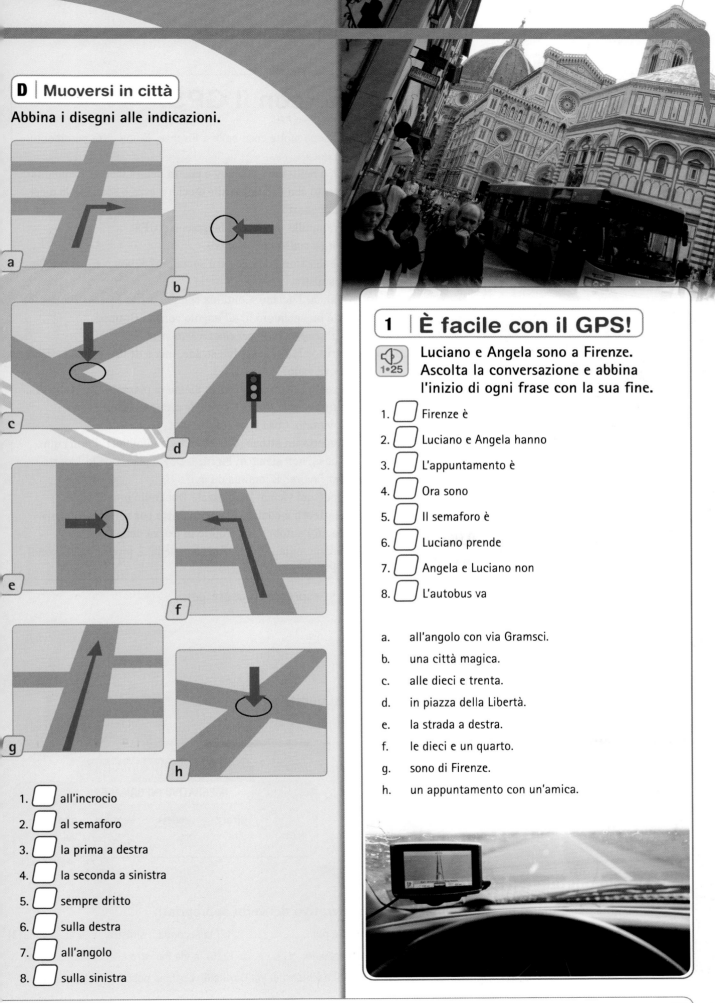

1 | **È facile con il GPS!**

Luciano e Angela sono a Firenze.
Ascolta la conversazione e abbina
l'inizio di ogni frase con la sua fine.
1•25

1. ☐ Firenze è

2. ☐ Luciano e Angela hanno

3. ☐ L'appuntamento è

4. ☐ Ora sono

5. ☐ Il semaforo è

6. ☐ Luciano prende

7. ☐ Angela e Luciano non

8. ☐ L'autobus va

a. all'angolo con via Gramsci.

b. una città magica.

c. alle dieci e trenta.

d. in piazza della Libertà.

e. la strada a destra.

f. le dieci e un quarto.

g. sono di Firenze.

h. un appuntamento con un'amica.

1. ☐ all'incrocio

2. ☐ al semaforo

3. ☐ la prima a destra

4. ☐ la seconda a sinistra

5. ☐ sempre dritto

6. ☐ sulla destra

7. ☐ all'angolo

8. ☐ sulla sinistra

È facile con il GPS!

Luciano Ci sono molte cose belle a Firenze. È una città veramente magica!

Angela Sì, è bellissima. Ma dov'è piazza della Libertà? L'appuntamento con Cristina è alle dieci e mezza e sono già le dieci e un quarto.

Luciano Tranquilla, Angela. È facile con il GPS.

GPS *Gira a sinistra al semaforo.*

Luciano Al semaforo? Ma dov'è il semaforo? E non c'è una strada a sinistra.

Angela Calma, Luciano. Continua sempre dritto e passa l'incrocio. C'è un semaforo lì, all'angolo con via Gramsci.

GPS *Vai sempre dritto per cinquecento metri.*

Luciano Dritto? Ma ci sono due strade, una a destra e una a sinistra. Dove vado?

Angela Prendi la strada a destra. Siamo in piazzale Donatello ora.

GPS *Attraversa la piazza e prendi la prima a destra.*

Luciano È vietato. Cosa facciamo?

Angela Aspetta un attimo. C'è un metodo infallibile. Ferma qui... Scusa, non siamo di Firenze. Dov'è piazza della Libertà, per favore? È lontana da qui?

passante No, è qui vicino. Da piazzale Donatello prendi viale Matteotti e continua sempre dritto per settecento metri. Segui l'autobus: va proprio in piazza della Libertà.

Angela Grazie mille... Eh, sì, Luciano, vedi? È proprio facile con il GPS!

2 | Che cosa dici per...? Leggi il dialogo e scrivi le espressioni usate per...

1. attirare l'attenzione di una persona. ....

2. chiedere dov'è un luogo. ....

3 | Gira a destra! Trova nel dialogo l'imperativo di questi verbi.

1. girare ....   7. aspettare ....

2. continuare ....   8. fermare ....

3. passare ....   9. seguire ....

4. andare ....

5. prendere ....

6. attraversare ....

GRAMMATICA FLASH

IMPERATIVO INFORMALE

	girare	vedere	seguire	andare
(tu)	gira	vedi	segui	vai / va'

PRIMI PASSI   **pag. 166 es. 4**

4 | L'ufficio postale è in via Garibaldi

Dai indicazioni per andare all'ufficio postale. Usa l'imperativo dei verbi appropriati.

L'ufficio postale è in via Garibaldi. .... (1) sempre dritto e poi .... (2) la seconda a sinistra. .... (3)

piazza degli Ottaviani e .... (4) sempre dritto in via Palazzuolo. .... (5) in via Palestro e .... (6)

la prima a destra. .... (7) il semaforo e .... (8) a sinistra in via Garibaldi. L'ufficio postale è sulla destra.

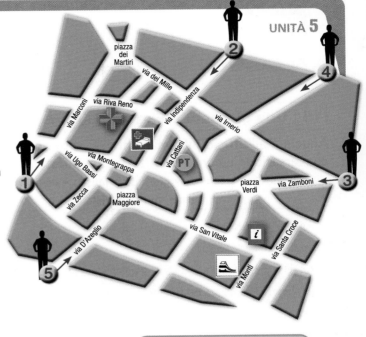

5 | Scusa, dov'è la farmacia?

A coppie. Guardate la cartina e leggete le destinazioni dei passanti (1–5). Poi a turno chiedete le indicazioni di percorso e rispondete, come nell'esempio.

1. 🧑 Scusa, dov'è la *farmacia*?

   🧑 È in via Riva Reno. Vai sempre dritto, poi prendi la seconda a destra. La farmacia è sulla destra.

1. farmacia
2. ufficio postale
3. ufficio informazioni
4. ospedale
5. stazione ferroviaria

6 | C'è, ci sono o dov'è? | Completa le frasi.

1. .... un ufficio informazioni in centro?
2. Scusa, ... la fermata dell'autobus 35?
3. A Milano .... molti negozi eleganti.
4. 🧑 .... la biblioteca? 🧑 È in via dei Mercanti.
5. Non .... molti ristoranti etnici in questa città.
6. Scusa, ... un autobus per la stazione?

GRAMMATICA FLASH

c'è, ci sono, dov'è

C'è un semaforo lì.
Non c'è una strada a sinistra.
Ci sono due strade.
Dov'è il semaforo?

PRIMI PASSI pag. 167 es. 8 - 9

7 | C'è una banca qui vicino?

A coppie. Formulate domande con c'è o dov'è, come negli esempi.

Scusa, c'è una banca qui vicino?

1. una fermata dell'autobus
2. l'Hotel Arno
3. il Museo Archeologico
4. un parcheggio

Scusa, dov'è il Teatro della Pergola?

5. una farmacia
6. l'Ospedale Santa Maria Nuova
7. il ristorante K2
8. un tabaccaio

8 | Scusa, c'è... ?

A coppie. A turno chiedete se ci sono questi posti vicino alla vostra scuola e date indicazioni sul percorso, come nell'esempio.

~~bar~~ • banca • ufficio postale • farmacia • libreria • edicola

🧑 Scusa, c'è un bar qui vicino?

🧑 Sì, è in via Marconi. Vai sempre dritto e poi prendi la seconda a sinistra.

9 | A, in, di o da? | Sottolinea l'alternativa corretta.

1. Cristina è *di* | *in* Venezia, ma abita *a* | *in* Firenze.
2. Parigi è *da* | *in* Francia.
3. C'è un autobus *da* | *in* qui *a* | *di* piazzale Donatello.
4. C'è una farmacia *a* | *in* via Montebello.
5. Vai sempre dritto e poi gira *a* | *da* destra.
6. Ci sono 600 chilometri *in* | *da* Roma *in* | *a* Milano.

GRAMMATICA FLASH

PREPOSIZIONI SEMPLICI

Ci sono molte cose belle **a** Firenze.
L'autobus va **in** via Gramsci.
Non siamo **di** Firenze.
Da piazzale Donatello prendi viale Matteotti.
C'è un autobus **da** piazza del Duomo **a** via Verdi.

PRIMI PASSI pag. 169 es. 14

10 | Una giornata a Firenze 🔊 1•26

Angela è all'ufficio informazioni di Firenze. Ascolta la conversazione e completa il testo con queste parole.

autobus • famoso • giornata • museo • piantina
piazza • storico • vista

Angela   Scusi, ha una .... (1) di Firenze?

impiegato Certo, ecco.

Angela   Grazie. Dov'è la Cattedrale di Santa Maria del Fiore?

impiegato È in piazza del Duomo, nel centro della città. Accanto alla Cattedrale c'è il .... (2) campanile di Giotto.

Angela   E il Battistero è lontano?

impiegato No, è proprio di fronte alla Cattedrale.

Angela   Bene. E dov'è il .... (3) dell'Opera?

impiegato È dietro alla Cattedrale.

Angela   C'è un .... (4) da piazza del Duomo agli Uffizi?

impiegato Sì, ma la galleria degli Uffizi è vicina. Guardi qui. Vada sempre dritto per via dei Calzaiuoli e giri a sinistra in
.... (5) della Signoria. Attraversi la piazza e poi prenda piazzale degli Uffizi. Continui sempre dritto:
l'entrata della galleria è sulla sinistra.

Angela   Grazie. Un'ultima cosa... In piazza della Signoria c'è un famoso caffè?

impiegato Sì, il caffè Rivoire. È all'angolo tra via dei Calzaiuoli e via Vaccchereccia, proprio davanti a Palazzo Vecchio. È un
caffè .... (6) di Firenze: l'ideale per riposarsi un momento. La .... (7) è molto bella.

Angela   Grazie mille.

impiegato Di niente. Buona .... (8)!

11 | Guardi qui | Rileggi il dialogo e completa con l'imperativo formale.

	(tu)	(Lei)		(tu)	(Lei)
1.	scusa	....	5.	attraversa	....
2.	guarda	....	6.	prendi	....
3.	vai	....	7.	continua	....
4.	gira	....			

GRAMMATICA FLASH

IMPERATIVO FORMALE

	guardare	prendere	seguire	andare
(Lei)	guardi	prenda	segua	vada

PRIMI PASSI **pag. 166 es. 4**

12 | Tu o Lei? | Completa i dialoghi con questi verbi.

gira • vai • prenda • scusi • giri • prendi • scusa • vada

1. Scusi, dov'è Il Teatro dell'Opera?
    .... sempre dritto e poi .... la
    seconda a sinistra.

2. .... , c'è un'edicola qui vicino?
    Sì, attraversa la piazza e poi .... la prima
    a destra.

3. .... , dov'è l'ufficio informazioni?
    Attraversi l'incrocio e .... a sinistra.

4. Scusa, dov'è Palazzo Vecchio, per favore?
    .... sempre dritto e poi .... a
    sinistra in via dei Georgofili.

Preposizioni ed espressioni di luogo

sulla sedia · di fronte al computer · vicino alla sedia · tra il tavolo e la sedia · sotto la sedia · davanti alla sedia · dietro il computer · accanto alla sedia

13 | Il cinema è vicino alla chiesa Abbina l'inizio di ogni frase con la sua fine.

1. ☐ C'è un grande negozio accanto alla
2. ☐ Questo è il numero di telefono dell'
3. ☐ Gira a destra all'
4. ☐ Il ristorante Maruzzella è in piazza del
5. ☐ C'è una vecchia chiesa nel centro della
6. ☐ L'Hotel Stella è vicino al

a. incrocio
b. scuola
c. bar
d. città
e. Duomo
f. ospedale

GRAMMATICA FLASH

LE PREPOSIZIONI ARTICOLATE

di	+	il	→	del
di	+	l'	→	dell'
di	+	la	→	della
a	+	il	→	al
a	+	l'	→	all'
a	+	la	→	alla

PRIMI PASSI pag. 169 es. 17

14 | Dov'è la stazione ferroviaria?

A coppie. Tu sei lo studente A, il tuo compagno lo studente B. Chiedi a B indicazioni sui percorsi elencati qui sotto. Ascolta le indicazioni del compagno e scrivi il nome dei luoghi al posto giusto. Segui l'esempio. Studente B: vai a pag. 8.

dall'ospedale alla fermata dell'autobus

- Scusi, dov'è la fermata dell'autobus?
- La fermata dell'autobus è in via Dante. Giri a sinistra e vada sempre dritto per Viale Como. Prenda la prima a destra. La fermata dell'autobus è sulla sinistra davanti all'ufficio informazioni.

1. dalla fermata dell'autobus al parcheggio
2. dal parcheggio all'ufficio postale
3. dall'ufficio postale al museo
4. dal museo alla palestra

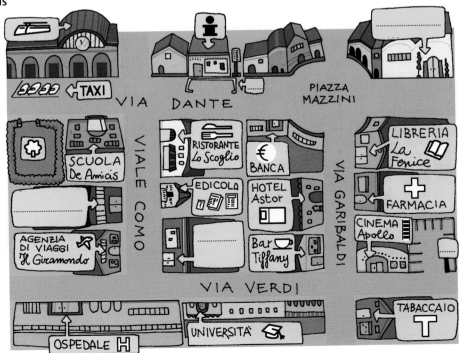

NONSOLOAUTOMOBILE

Muoversi in città

BIKE SHARING

In oltre 120 città italiane è possibile noleggiare biciclette per brevi spostamenti in città. I cittadini prendono la bicicletta in un parcheggio, fanno il loro percorso e lasciano il mezzo in un altro parcheggio. È possibile fare un abbonamento annuale, settimanale o prendere la bici anche per un giorno solo. Nelle piccole città i cittadini ricevono una chiave personalizzata, mentre nelle grandi città come Milano ci sono tessere elettroniche. Il bike sharing costa poco: a Milano e a Genova la prima mezz'ora è gratuita, poi comincia la tariffa di 50 centesimi ogni mezz'ora. Milano è la capitale italiana del bike sharing con 100 parcheggi, 1.400 mezzi e ben 12.000 abbonamenti.

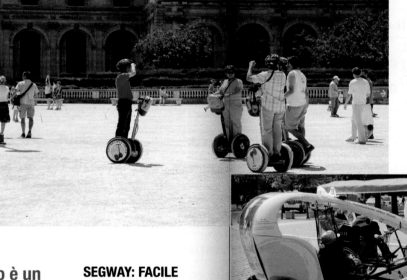

"Il traffico è un problema serio nelle grandi città. Quali sono le forme di trasporto alternativo?"

SEGWAY: FACILE E NATURALE!

Il Segway è un mezzo di trasporto elettrico: ha due ruote ma sta in equilibrio da solo. È facile da guidare: parte, si ferma e gira con semplici movimenti del corpo. Ha una velocità di 20 chilometri all'ora e un'autonomia di 40 chilometri. La Polizia di Stato di molte città italiane usa questo mezzo per spostarsi velocemente in città. Molte città italiane come Firenze, Pisa, Milano e Roma organizzano visite guidate con il Segway perché è semplice, sicuro e divertente.

RISCIÒ: PERCHÉ NO?

È un mezzo popolare in molte capitali europee come Londra e Berlino e ora è possibile trovare questo taxi-bici anche a Roma e a Milano. A Roma al momento c'è un servizio pubblico gratuito di circa venti taxi-bici. C'è anche un servizio privato per turisti: il taxi-bici arriva all'albergo, porta i turisti a fare il giro della città e poi di nuovo all'albergo. Però non costa poco: 35 euro all'ora solo il risciò o 75 euro per risciò e guida in inglese.

15 | Che cosa vuol dire? | Abbina parole ed espressioni alla loro spiegazione.

1. ☐ noleggiare   a. documento per usare un servizio

2. ☐ abbonamento   b. stare diritto

3. ☐ tessera   c. le persone non pagano

4. ☐ stare in equilibrio   d. prendere per un periodo di tempo

5. ☐ gratuito   e. pagamento di un servizio per un certo periodo di tempo

16 | Bike sharing, segway o risciò?

Leggi l'articolo e decidi se le affermazioni sono vere (V) o false (F).

		V	F
1.	Con il bike sharing i cittadini prendono e lasciano la bicicletta nello stesso parcheggio.	☐	☐
2.	È possibile usare la bicicletta anche per un solo giorno.	☐	☐
3.	Il segway ha una velocità di 40 chilometri all'ora.	☐	☐
4.	Ci sono visite guidate con il segway a Firenze e a Pisa.	☐	☐
5.	È possibile trovare il risciò o taxi-bici a Roma e a Milano.	☐	☐
6.	Il servizio privato di taxi-bici costa 75 euro per un giorno.	☐	☐

17 | Quanti numeri! | Rileggi il brano: a che cosa si riferiscono questi numeri?

1. 120 ....

2. 1400 ....

3. 12.000 ....

4. 20 ....

5. 35 ....

18 | Come si muovono in città? | 🔊 1•27 Ascolta queste persone e completa la tabella.

	città	mezzo	perché
Stefano			
Diana			
Fabrizio			

19 | E nel tuo paese? | 👥 Discuti con i compagni.

1. Ci sono questi mezzi di trasporto nella tua città / nel tuo paese?

2. Quali altri mezzi di trasporto alternativo ci sono?

3. Come ti sposti in città?

20 | Io scelgo il...

Scrivi un breve testo: scegli uno dei tre mezzi di trasporto e spiega perché è una buona o una cattiva idea.

....

....

....

21 | Indovina i posti! Scrivi il nome di questi luoghi.

1. Qui vai per pranzare o cenare. ....
2. In questo posto vai a vedere un film. ....
3. È un luogo sacro. ....
4. Qui cambi i soldi. ....

5. In questo posto chiedi informazioni. ....
6. Qui arrivano o partono i treni. ....
7. In questo posto compri le medicine. ....
8. In questo posto lasci l'automobile. ....

22 | In città Completa lo schema con queste parole.

biblioteca • garage • piscina • ponte • questura • stadio • strisce pedonali • teatro

VERTICALI

ORIZZONTALI

23 | Attenzione ai segnali!

Sei in macchina e vedi questi segnali: che cosa fai? Scrivi le frasi sotto il segnale giusto.

Vai dritto o giri a destra. • Giri a destra o a sinistra. • Parcheggi e continui a piedi.
Guidi a trenta chilometri all'ora. • Guidi con attenzione: c'è una scuola vicino. • Ti fermi.

....
....
....
....
....
....

24 | Dove abitano? Leggi le informazioni e scrivi i nomi giusti delle famiglie sotto le case.

1. ....   2. ....

3. ....   4. ....   5. ....   6. ....

7. ....   8. ....   9. _Rossi_   10. ....

- La famiglia Carmassi abita dietro alla famiglia Brunetti.
- La famiglia Pizzola abita davanti alla famiglia Locatelli.
- La famiglia Caselli abita davanti alla famiglia Pizzola, a sinistra.
- La famiglia Brunetti abita dietro alla famiglia Rossi.

- La famiglia Brioni abita tra la famiglia Caselli e la famiglia Rossi.
- La famiglia Mattei abita accanto alla famiglia Pizzola.
- La famiglia Cappelluti abita a destra della famiglia Brunetti.
- La famiglia Basso abita a destra della famiglia Rossi.

&Intonazione &pronuncia

25 | I suoni /ʃ/ e /sk/ 🔊 1•28 **a** Ascolta con attenzione le parole.

/ʃ/	/sk/
pesce	pesche
scena	schiena
sciarpa	scarpa
finisce	finisco
esci	esco

Che suono senti? 🔊 1•29 **b** Ora ascolta le parole e indica il suono che senti.

	/ʃ/	/sk/			/ʃ/	/sk/
1.	☐	☐		6.	☐	☐
2.	☐	☐		7.	☐	☐
3.	☐	☐		8.	☐	☐
4.	☐	☐		9.	☐	☐
5.	☐	☐		10.	☐	☐

Ma com'è Giulia?

Cominciamo...

A | **Alto, magro...** Trova i dettagli per descrivere ogni persona.

Carlotta

Serena

Stefano

Mauro

Alex

Valentina

capelli neri e corti • occhi azzurri • occhiali • capelli biondi lunghi e lisci
occhi neri • capelli neri corti e ricci • occhi castani • capelli biondi corti e lisci
barba nera • occhi verdi • capelli biondi corti e ricci • capelli castani corti e lisci • baffi neri

B | Chi sono queste persone?

Osserva le foto e leggi le descrizioni.
Poi scrivi il nome giusto sotto ogni foto.

1. Lui è ....

2. Lei è ....

3. Lei è ....

4. Lui è ....

Davide è basso e magro. Ha
i capelli corti e neri, non ha i
baffi e non porta gli occhiali.

Stella ha i capelli castani e
lisci. Ha gli occhi neri. È alta
ed è molto magra.

Aldo è un ragazzo alto e robusto.
Ha gli occhi castani e i
capelli corti e biondi.

Lucia è bassa. Ha i capelli neri,
lunghi e ricci. Ha gli occhi
castani e porta gli occhiali.

1 | Ma chi è Konrad?

 1•30 Carlo ed Elena sono alla festa di
Luca. Ascolta il dialogo e indica con
(✓) l'alternativa corretta.

1. Perché Luca organizza la festa?
   a. ☐ Per il suo compleanno.
   b. ☐ Per salutare gli amici.

2. Luca...
   a. ☐ è uno studente.
   b. ☐ lavora.

3. Konrad...
   a. ☐ ha i capelli neri e gli occhi azzurri.
   b. ☐ porta gli occhiali.

4. Carlo...
   a. ☐ è un collega di Konrad.
   b. ☐ è un collega di Luca.

5. Giulia...
   a. ☐ lavora a Roma.
   b. ☐ lavora con Carlo e Konrad.

C | Ecco come sono...

In chat conosci un ragazzo simpatico della
tua stessa città e per tanto tempo vi scrivete
messaggi. Questa sera tu e lui vi incontrate
per la prima volta. Prepara una tua descrizione
fisica da mandare prima dell'appuntamento.

D | Indovinate chi è!

A coppie o in gruppo. Descrivete a turno un
compagno di classe, ma non dite il suo nome.
Gli altri devono indovinare chi è.

Ma chi è Konrad?

Elena   Quanta gente! Ma... è il compleanno di Luca?

Carlo   No, no. Luca fa questa festa per salutare i suoi amici. Domenica parte per il Brasile e deve rimanere lì un anno per lavoro. Guarda, c'è anche Konrad con lui! Vieni, Elena, devi assolutamente conoscere Konrad! È un ragazzo molto simpatico.

Elena   Konrad?! Ma chi è? Il ragazzo con la barba?

Carlo   No, no. Quello è Luca, il padrone di casa. Konrad è il ragazzo con i capelli neri e gli occhi azzurri vicino a lui. È tedesco, viene da Berlino.

Elena   Ah sì! Ma... è un tuo collega?

Carlo   Sì, lavora nel mio ufficio.

Elena   E la ragazza vicino a lui? Quella magra con i capelli lunghi, chi è?

Carlo   È Giulia, la sua fidanzata. Anche lei lavora con noi. Dai, vieni, così parliamo un po' con loro. Dobbiamo organizzare una cena assieme.

Elena   Certo, andiamo!

Carlo   Ciao, Konrad. Questa è Elena, una mia amica.

Konrad   Piacere, Konrad.

Carlo   E lei è Giulia.

Giulia   Ciao, piacere!

Carlo   Ragazzi, dobbiamo uscire insieme qualche volta! Questo sabato sera organizziamo una cena a casa mia... dovete assolutamente venire!

Konrad   Sì, va bene, perché no?

Dai!

Dai! è un'esclamazione molto comune.

Gli italiani dicono *dai!*:

• per convincere una persona:
   *Vieni alla festa, **dai!***

• per dire a una persona di fare in fretta:
   ***Dai**, corriamo! Fra cinque minuti parte il treno!*

---

2 | **Carlo, Elena, Konrad e Giulia**) Leggi il dialogo e completa il testo con il verbo dovere.

Luca, un amico di Carlo, ... (1) partire per il Brasile e così fa una festa

per salutare i suoi amici. Carlo ed Elena vanno insieme alla festa. Secondo Carlo,

Elena .... (2) conoscere Konrad, un ragazzo tedesco molto simpatico.

Con Konrad c'è Giulia, la sua fidanzata.

«Ragazzi, ... (3) uscire insieme qualche volta! Questo sabato sera

organizziamo una cena a casa mia... .... (4) assolutamente venire!»

GRAMMATICA FLASH

dovere	
(io)	devo
(tu)	devi
(lui / lei / Lei)	deve
(noi)	dobbiamo
(voi)	dovete
(loro)	devono

PRIMI PASSI pag. 175 es. 1 - 2

3 | Che cosa devono fare?

Guarda gli impegni di Federico e Giulia e descrivi che cosa devono (+) o non devono (–) fare questo fine settimana, come negli esempi.

Federico deve lavare la macchina.   *Federico e Giulia devono fare la spesa.*

	Federico	Giulia
lavare la macchina	+	-
fare la spesa	+	+
andare in palestra	-	+
cucinare / pulire la casa	-	+
studiare per un esame	+	-
stare con i genitori	-	-

4 | I tuoi impegni

A coppie. A turno usate queste parole per chiedere al compagno che cosa deve o non deve fare questo fine settimana, come nell'esempio.

Devi studiare italiano questo fine settimana?   No, ma devo fare le pulizie.

studiare italiano • fare le pulizie • andare in piscina • lavorare
andare in biblioteca • incontrare la famiglia

5 | Venite al cinema? | Abbina l'inizio di ogni frase alla sua fine.

1. [ ] Io sono di Milano e tu da dove
2. [ ] Io e Marco siamo piemontesi:
3. [ ] Ragazzi,
4. [ ] Signor Rossi, da dove
5. [ ] Sono italiano,
6. [ ] Queste arance sono buonissime,

a. viene?
b. vengo da Palermo.
c. vengono dalla Sicilia.
d. veniamo da Torino.
e. venite alla festa, domani?
f. vieni?

GRAMMATICA FLASH

venire	
(io)	vengo
(tu)	vieni
(lui / lei / Lei)	viene
(noi)	veniamo
(voi)	venite
(loro)	vengono

PRIMI PASSI **pag. 176 es. 5 - 6**

6 | Da dove viene...?

A coppie. Da dove vengono i giochi olimpici, il flamenco e le crêpes? Parla con un compagno e poi confronta le idee con la classe.

I giochi olimpici ....

Le crêpes ....

Gli spaghetti ....

Il flamenco ....

La matrioska ....

Il caffè ....

7 | Un invito 🔊 1•31

Elena incontra il suo amico Sandro alla festa. Ascolta e completa il dialogo con le frasi nel riquadro.

1. Beh, possiamo organizzare qualcosa per sabato.
2. Sì, sì... non c'è problema, va bene.
3. Ok, buona serata!
4. Oh, ciao Elena, come stai?
5. Mi dispiace ma non posso, ho il corso d'inglese.
6. Alle nove va bene? Prima non posso: dalle sette alle otto e mezza purtroppo ho già un impegno.
7. Perché no? Possono venire anche i miei amici Giulio e Cristina?

Elena	Ah, ma guarda un po'! Sandro... anche tu alla festa?
Sandro	....
Elena	Bene, grazie. Senti... venerdì faccio una cena per il mio compleanno. Vuoi venire?
Sandro	....
Elena	E allora... quando ci vediamo?
Sandro	....
Elena	Certo, perché non mangiamo insieme? Voglio provare il nuovo ristorante giapponese in piazza Carducci.
Sandro	....
Elena	Ah, certo! Sono molto simpatici. Se vogliono venire, possiamo cenare e poi andare in discoteca... Dai, che bello!! E a che ora ci vediamo?
Sandro	....
Elena	Va benissimo! Sabato pomeriggio sono dai miei genitori almeno fino alle otto. Puoi passare tu in macchina? Non voglio prendere l'autobus.
Sandro	.... Elena, ora devo andare... A sabato, allora!
Elena	....
Sandro	Ciao, buona festa!

8 | Trova chi...

Trova chi vuole / può oppure chi non vuole / non può fare queste cose.

1. .... vuole provare il nuovo ristorante giapponese.
2. .... non può andare alla cena di Elena venerdì sera.
3. .... può incontrare Sandro dopo le otto, perché prima ha un impegno.
4. .... non vuole prendere l'autobus.

GRAMMATICA FLASH

	potere	volere
(io)	posso	voglio
(tu)	puoi	vuoi
(lui / lei / Lei)	può	vuole
(noi)	possiamo	vogliamo
(voi)	potete	volete
(loro)	possono	vogliono

PRIMI PASSI 🔊 pag. 177 es. 9

9 | Un messaggio da...

Completa questi messaggi con i verbi potere e volere.

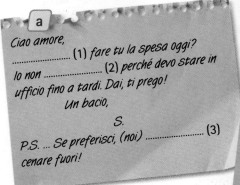

a

Ciao amore,
.... (1) fare tu la spesa oggi? Io non .... (2) perché devo stare in ufficio fino a tardi. Dai, ti prego!
Un bacio,
S.
P.S. ... Se preferisci, (noi) .... (3) cenare fuori!

b

Ragazzi,
questa sera torno tardi dall'ufficio e non .... (1) cenare con voi. Mi dispiace! Se .... (2) mangiare, c'è la pasta in frigo. Quando torno .... (3) vedere le vostre camere in ordine!
A stasera,
la mamma

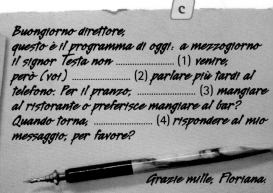

c

Buongiorno direttore,
questo è il programma di oggi: a mezzogiorno il signor Testa non .... (1) venire; però (voi) .... (2) parlare più tardi al telefono. Per il pranzo, ... (3) mangiare al ristorante o preferisce mangiare al bar? Quando torna, ... (4) rispondere al mio messaggio, per favore?

Grazie mille, Floriana.

10 | Che cosa fai stasera? A coppie. A turno create brevi dialoghi come nell'esempio.

A   Che cosa fai stasera? Vuoi venire al cinema? C'è un film di Nanni Moretti alle nove...

B   No, stasera non posso. Devo studiare. Però possiamo andare in pizzeria domenica. Dai, vuoi venire?

A   Va bene!

A propone

lunedì sera – ore 20.30

questa sera – ore 21.00

sabato

B risponde

No, perché...

Sì,...

No, perché...

B fa un'altra proposta

Mercoledì?

Dopo...

Domenica?

11 | A che ora aprono le banche? a

Completa la tabella con gli orari di questi servizi in Italia e nel tuo paese.

	in Italia		nel tuo paese	
	apertura	chiusura	apertura	chiusura
banche				
supermercati				
scuole				
bar				
discoteche				
uffici				

GRAMMATICA FLASH

a, da, fino a...

Alle nove va bene?
A mezzogiorno pranzo con Carla.
La lezione finisce **all'**una.
Sono dai miei genitori fino **alle** otto.
Lavoro **dalle** nove **alle** cinque.

PRIMI PASSI **pag. 179 es. 15**

b A coppie. Guardate la tabella sopra e create a turno brevi dialoghi, come nell'esempio.

🗣 Quando / A che ora aprono le banche in Italia e nel tuo paese?

🗣 In Italia la mattina aprono alle otto e mezza e chiudono all'una. Il pomeriggio aprono dalle tre alle quattro. Nel mio paese

invece...

12 | E ora controlla 👥

A coppie o in piccoli gruppi. Controllate le informazioni sugli orari italiani. Se avete problemi chiedete all'insegnante. Confrontate poi le differenze e le somiglianze con i compagni.

13 | Indovina la nazionalità

Osserva le foto. Secondo te, da dove vengono queste persone? Perché? Discuti con i compagni.

14 | Da dove vengono veramente? Leggi l'articolo e scopri da dove vengono le persone delle foto.

Stereotipi europei

Una ricerca dell'università di Pavia spiega come percepiamo la relazione fra aspetto fisico e nazionalità.

Il professor De Antonis, sociologo all'università di Pavia, parla dei risultati della sua ricerca. «Quella è sicuramente una ragazza irlandese» dice Paola al professor De Antonis. «Questo è un ragazzo turco, o forse italiano», commenta Stefano quando guarda la fotografia numero due. «E secondo te» chiede De Antonis «quello alto e con gli occhi azzurri da dove viene?» «Quello può essere svedese, o forse inglese...» «Quelli della fotografia numero quattro invece possono essere francesi o... non

so, forse spagnoli.» Tutti pensiamo che è facile riconoscere la nazionalità di una persona dalla sua faccia. Lo stereotipo basato sull'aspetto fisico è molto forte e diffuso. Ma la realtà è molto diversa: italiani biondi e alti come svedesi, tedeschi con i capelli neri e gli occhi scuri, greci con i capelli rossi e gli occhi azzurri. Il professor De Antonis spiega che ci sono anche stereotipi basati sul comportamento: gli italiani sono di solito molto socievoli, eleganti e qualche volta un po' pigri. I nordeuropei normal-

mente sono puntuali e ordinati, gli spagnoli orgogliosi e aperti, come in genere le persone dei paesi mediterranei. «Volete sapere da dove vengono in realtà le persone delle fotografie?» dice il professore. «Questa è una ragazza portoghese, ma sembra irlandese, con i capelli rossi e gli occhi azzurri! Nella fotografia 2 c'è Jurgen, un danese, e nella 3 uno spagnolo.» Poi, quando guarda la fotografia 4, dice: «questi sono due inglesi. Non sembra, vero? »

15 | Per capire... Leggi di nuovo il testo e indica l'alternativa corretta.

1. I sociologi dell'università di Pavia fanno una ricerca su:
   a. ☐ aspetto fisico e nazionalità.
   b. ☐ cinque persone europee.
   c. ☐ lo stereotipo sull'aspetto fisico e la nazionalità.

2. Lo stereotipo sull'aspetto fisico delle altre persone...
   a. ☐ è utile per capire da dove vengono.
   b. ☐ è sempre sbagliato.
   c. ☐ è molto comune in Europa.

3. Gli italiani...
   a. ☐ sono sempre alti e biondi.
   b. ☐ possono avere capelli biondi o scuri.
   c. ☐ hanno sempre occhi e capelli scuri.

4. La frase «i nordeuropei sono precisi e organizzati» è...
   a. ☐ vera.
   b. ☐ uno stereotipo.
   c. ☐ falsa.

5. Secondo lo stereotipo gli italiani sono...
   a. ☐ molto socievoli e organizzati.
   b. ☐ molto socievoli e a volte pigri.
   c. ☐ molto socievoli e orgogliosi.

GRAMMATICA FLASH

I PRONOMI DIMOSTRATIVI *QUESTO* E *QUELLO*

Questo è un ragazzo turco.	**Quello** è un ragazzo inglese.
Questa è una ragazza irlandese.	**Quella** è una ragazza australiana.
Questi sono due ragazzi portoghesi.	**Quelli** sono due ragazzi greci.
Queste sono due ragazze italiane.	**Quelle** sono due ragazze cinesi.

PRIMI PASSI **pag. 179 es. 18**

---

16 | Gli amici di Sarah

Sarah e Pablo sono a una festa. Sarah presenta a Pablo i suoi amici. Completa i fumetti con i pronomi corretti.

.... con i capelli biondi è Miriam e .... con gli occhiali è Luca.

1

2

.... sono i miei amici Giorgio e Fabio. Lavorano con me.

.... è Irina, una ragazza russa.

3

E .... è Sandro, un collega di Irina.

4

.... sono Maria e Laura. E .... insieme a loro sono i loro fidanzati.

5

6

E .... sono Sofia e Teresa. Bene, ora conosci tutti i miei amici!

---

17 | Lo stereotipo nel tuo paese

A coppie. Qual è lo stereotipo degli italiani nei vostri paesi? E come vedono il vostro paese gli stranieri? Discuti con un compagno e riferisci poi al resto della classe.

18 | Per descrivere le persone

Inserisci queste parole nel posto giusto. Qualche parola può comparire in due riquadri.

robusto • bianchi • lentiggini • pelato / calvo • brizzolati • muscoloso • neri • barba • verdi
azzurri • di peso medio • pizzetto • castani • di statura media • rossi • occhiali

capelli

ha _____

_____

è _____

corporatura

è _____

_____

_____

COM'È?

occhi

ha _____

_____

_____

altre caratteristiche

ha _____

_____

_____

19 | In italiano diciamo così

A coppie. In italiano usiamo alcune parole della descrizione fisica anche con altri significati. Indovinate che cosa significano queste espressioni.

1 — Costa un *occhio* della testa!

a. ☐ È caro.
b. ☐ È brutto.
c. ☐ Non è alla moda.

2 — Che barba!

a. ☐ Sono stanco.
b. ☐ La lezione è noiosa.
c. ☐ Non capisco il professore.

3 — Occhio!

a. ☐ Ciao!
b. ☐ Attenzione!
c. ☐ Stai fermo!

4 — Ho un diavolo per capello!

a. ☐ Sono ammalata!
b. ☐ Sono stanca!
c. ☐ Sono arrabbiata.

5 — Ma secondo te, quanti anni ha il signor Perri? — A *occhio e croce* settanta.

a. ☐ Più o meno settanta.
b. ☐ Precisamente settanta.
c. ☐ Più di settanta.

20 | Ora prova tu Leggi e completa questi dialoghi con le espressioni dell'esercizio 19.

Anna   È impossibile vivere qui! Milano è una città veramente cara.

Stefano Perché?

Anna   Vedi quel vestito nero in vetrina? Secondo te quanto costa?

Stefano Mah... .... (1) può costare 80 €.

Anna   E invece no, costa 250 €!

Stefano Ma .... (2)!

Silvia Carlo, vuoi venire al cinema, questa sera?

Carlo   Non posso. Domani ho l'esame di letteratura e
        devo studiare. Devo ancora leggere tante pagine.
        .... (3)! Sono già stanco!

Silvia Letteratura? Il professore è molto severo e l'esame è
        difficile, ... (4)! Studia bene!

Carlo   Sì, sì! Lo so che è severo! Il professore è sempre nervoso
        e a lezione ha sempre .... (5)!

21 | Pregi e difetti Inserisci questi aggettivi nella colonna giusta.

PREGI 😊	DIFETTI ☹

ordinato • pigro • noioso • rumoroso
chiuso • ritardatario • allegro • disordinato
socievole • aperto • silenzioso • puntuale
serio • divertente • attivo • orgoglioso

22 | Il partner ideale Quali sono le caratteristiche del tuo uomo o della tua donna ideale?

caratteristiche fisiche: ....

....

personalità: ....

....

23 | Quali sono i vostri gusti?

A coppie. Confronta le caratteristiche scritte nell'esercizio 22 con quelle del compagno. Avete gusti simili o diversi?

&Intonazione & pronuncia

24 | Dov'è l'accento? 1•32

Ascolta con attenzione le parole e sottolinea la sillaba con l'accento, come nell'esempio:

stu-<u>den</u>-te

1. Pa-pa	3. man-gia-mo	5. se-gre-te-ri-a	7. ca-do-no	9. Si-ci-lia	11. or-di-na
2. pa-pà	4. man-gia-no	6. se-gre-ta-ria	8. ca-dia-mo	10. si-ci-lia-no	12. or-di-nia-mo

Italiani brava gente

Quando chiediamo a uno straniero che cos'è secondo lui l'Italia, molto spesso la risposta include parole come «arte», «cibo», «calcio», «mafia». L'Italia ha una reputazione spesso legata a luoghi comuni e miti a volte veri, altre volte un po' esagerati o a volte sbagliati. Proviamo a riflettere su alcuni punti.

Gli italiani vivono di arte

Non solo! Gli italiani sono orgogliosi della loro storia, in particolare delle opere artistiche dell'antica Roma e del Rinascimento, famose in tutto il mondo. L'Italia, però, non è solo un paese di artisti. Il turismo d'arte è un'importante fonte di lavoro, ma non dobbiamo dimenticare l'importanza dell'industria, dei servizi e dell'agricoltura. L'Italia è un paese industrializzato con una forte economia di esportazione (pensiamo al cibo o ai marchi di moda e design), non solo un grande museo!

Gli italiani sono appassionati di calcio

Vero! Il calcio è lo sport nazionale, ma soprattutto è un argomento di discussione molto comune. Gli italiani, in particolare gli uomini, parlano sempre di calcio. Durante i Mondiali la Nazionale degli «Azzurri» è il centro dell'attenzione e tutti diventano tifosi: in questa occasione gli italiani riscoprono un vero e proprio sentimento di orgoglio e di unità nazionale.

L'Italia è il paese della mafia

Vero e falso! Il problema della mafia esiste ed è un problema antico presente al sud, al nord e anche all'estero. La mafia è un'organizzazione criminale molto potente e difficile da eliminare, ma lo Stato cerca di diminuire il suo potere. La mafia è presente anche nel cinema: in molti film la figura del mafioso è quasi positiva, ricca di potere e fascino... ma la realtà è molto differente.

Gli italiani bevono il caffè

È uno stereotipo falso: gli italiani non bevono il caffè, ma bevono i caffè: il «classico» *espresso*, il *caffè macchiato*, con un po' di latte, il *cappuccino,* con molto latte e a volte un po' di cacao, il *caffè corretto*, con un po' d'alcol, e ancora *doppio, lungo, freddo, all'americana*... Il rito del caffè fa parte della vita quotidiana: a colazione, dopo pranzo, dopo cena, durante le brevi pause di lavoro, a casa o al bar.

(adattato da: www.italica.rai.it)

1 Prima di leggere il testo, guarda le foto e leggi le affermazioni sugli italiani. Secondo te sono vere o false? Discuti con i compagni.

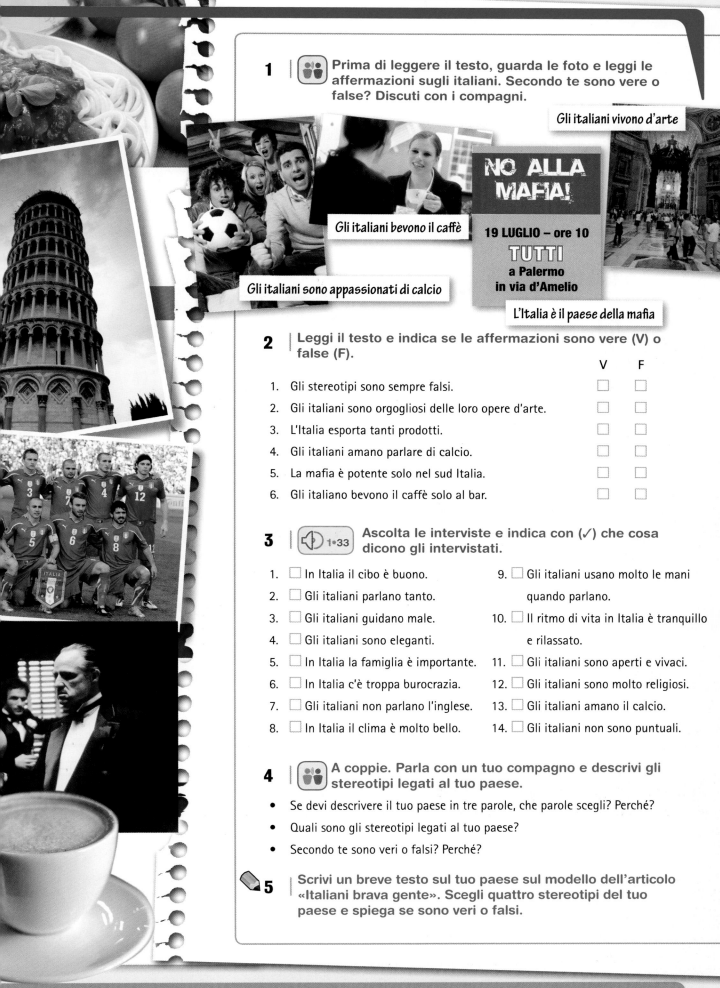

Gli italiani vivono d'arte

Gli italiani bevono il caffè

Gli italiani sono appassionati di calcio

NO ALLA MAFIA!

19 LUGLIO – ore 10
TUTTI
a Palermo
in via d'Amelio

L'Italia è il paese della mafia

2 Leggi il testo e indica se le affermazioni sono vere (V) o false (F).

	V	F
1. Gli stereotipi sono sempre falsi.	☐	☐
2. Gli italiani sono orgogliosi delle loro opere d'arte.	☐	☐
3. L'Italia esporta tanti prodotti.	☐	☐
4. Gli italiani amano parlare di calcio.	☐	☐
5. La mafia è potente solo nel sud Italia.	☐	☐
6. Gli italiano bevono il caffè solo al bar.	☐	☐

3 🔊 1•33 Ascolta le interviste e indica con (✓) che cosa dicono gli intervistati.

1. ☐ In Italia il cibo è buono.
2. ☐ Gli italiani parlano tanto.
3. ☐ Gli italiani guidano male.
4. ☐ Gli italiani sono eleganti.
5. ☐ In Italia la famiglia è importante.
6. ☐ In Italia c'è troppa burocrazia.
7. ☐ Gli italiani non parlano l'inglese.
8. ☐ In Italia il clima è molto bello.
9. ☐ Gli italiani usano molto le mani quando parlano.
10. ☐ Il ritmo di vita in Italia è tranquillo e rilassato.
11. ☐ Gli italiani sono aperti e vivaci.
12. ☐ Gli italiani sono molto religiosi.
13. ☐ Gli italiani amano il calcio.
14. ☐ Gli italiani non sono puntuali.

4 A coppie. Parla con un tuo compagno e descrivi gli stereotipi legati al tuo paese.

• Se devi descrivere il tuo paese in tre parole, che parole scegli? Perché?

• Quali sono gli stereotipi legati al tuo paese?

• Secondo te sono veri o falsi? Perché?

5 Scrivi un breve testo sul tuo paese sul modello dell'articolo «Italiani brava gente». Scegli quattro stereotipi del tuo paese e spiega se sono veri o falsi.

Facciamo la spesa insieme!

Cominciamo...

A | Al supermercato In che reparto vanno questi prodotti?

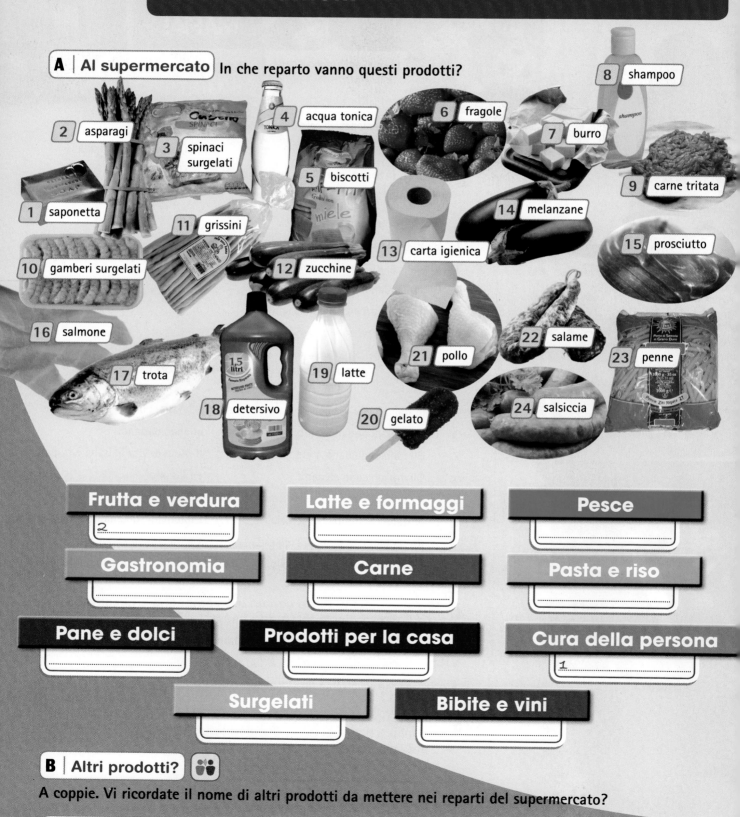

8 shampoo
2 asparagi
3 spinaci surgelati
4 acqua tonica
6 fragole
7 burro
9 carne tritata
1 saponetta
5 biscotti
11 grissini
14 melanzane
15 prosciutto
10 gamberi surgelati
12 zucchine
13 carta igienica
16 salmone
22 salame
23 penne
17 trota
21 pollo
19 latte
18 detersivo
20 gelato
24 salsiccia

Frutta e verdura	Latte e formaggi	Pesce
2		

Gastronomia	Carne	Pasta e riso

Pane e dolci	Prodotti per la casa	Cura della persona
		1

Surgelati	Bibite e vini

B | Altri prodotti?

A coppie. Vi ricordate il nome di altri prodotti da mettere nei reparti del supermercato?

C | Io preferisco i negozi

Quali prodotti dell'esercizio A puoi comprare in questi negozi?

Posso comprare le saponette in profumeria.
Posso comprare gli asparagi dal fruttivendolo.

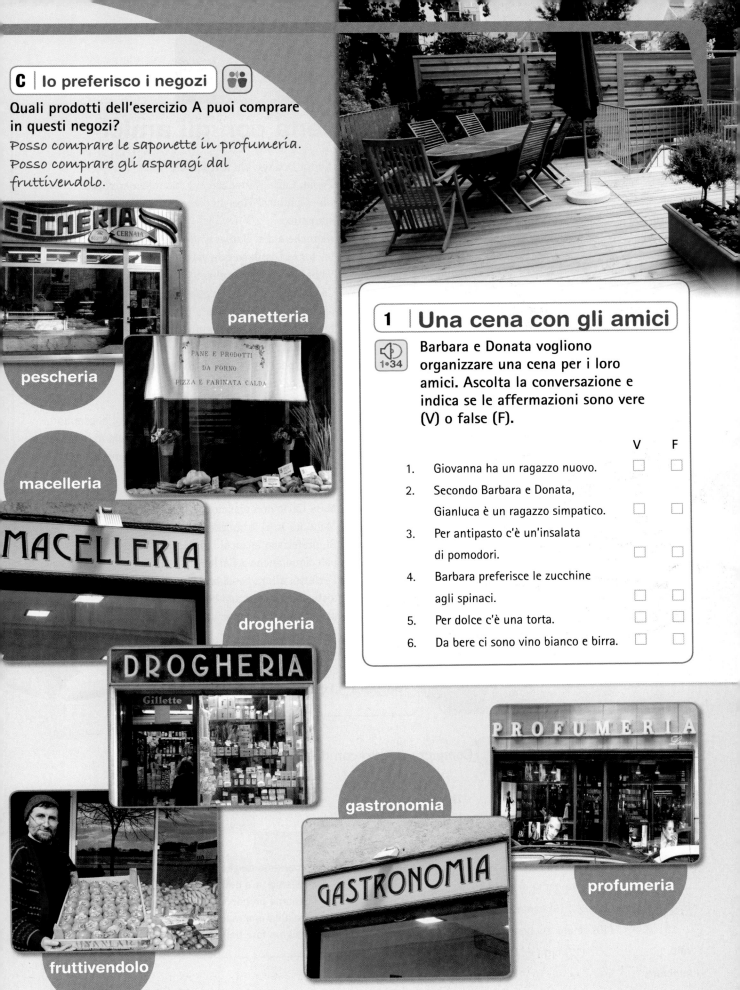

panetteria

pescheria

macelleria

drogheria

gastronomia

fruttivendolo

profumeria

---

1 | Una cena con gli amici

1•34 Barbara e Donata vogliono organizzare una cena per i loro amici. Ascolta la conversazione e indica se le affermazioni sono vere (V) o false (F).

		V	F
1.	Giovanna ha un ragazzo nuovo.	☐	☐
2.	Secondo Barbara e Donata, Gianluca è un ragazzo simpatico.	☐	☐
3.	Per antipasto c'è un'insalata di pomodori.	☐	☐
4.	Barbara preferisce le zucchine agli spinaci.	☐	☐
5.	Per dolce c'è una torta.	☐	☐
6.	Da bere ci sono vino bianco e birra.	☐	☐

Una cena con gli amici

Barbara	Allora Donata, chi invitiamo?
Donata	Paola, Carlo, Giovanna e il suo nuovo ragazzo.
Barbara	Chi, Gianluca? Non mi piace molto. Non è molto simpatico.
Donata	Neanche a me, Barbara, ma voglio invitare Giovanna e lei senza Gianluca non viene.
Barbara	Va bene, e poi naturalmente Sandro e Giancarlo.
Donata	Certo. Quindi siamo in otto. Possiamo cenare in terrazza, così c'è posto per tutti.
Barbara	Buona idea! Mi piace tanto mangiare all'aperto. Che cosa cuciniamo?
Donata	Allora, per cominciare degli antipasti. Possiamo fare dell'insalata di riso. Ti piace?
Barbara	Certo, mi piace moltissimo.
Donata	Anche a me ed è l'ideale per l'estate. Poi possiamo prendere degli affettati e della mozzarella di bufala con dei pomodorini. Mi piace tanto la mozzarella!
Barbara	Perfetto. E poi che cosa facciamo?
Donata	Possiamo fare una torta salata con gli spinaci.
Barbara	Ma a Carlo non piacciono gli spinaci.
Donata	Ma a me sì. E le zucchine?
Barbara	Sì, preferisco le zucchine. Mi piacciono molto e piacciono anche a Carlo.
Donata	Perfetto, allora possiamo fare due torte salate e poi una bella macedonia con del gelato.
Barbara	E da bere?
Donata	Del vino bianco, della birra e dell'acqua minerale.
Barbara	Dai, andiamo a fare la spesa!

2 | Che cosa compriamo? Completa il testo con del, dell', della, degli o delle.

Barbara e Donata vogliono invitare .... (1) amici per cena. Devono comprare .... (2) riso per l'insalata e .... (3) affettati. Preparano anche .... (4) torte salate, quindi devono comprare .... (5) zucchine e .... (6) spinaci. E poi .... (7) frutta per la macedonia: .... (8) fragole e .... (9) banane, e naturalmente .... (10) gelato. Da bere c'è .... (11) vino, ... (12) birra e .... (13) acqua minerale.

GRAMMATICA FLASH

ARTICOLI PARTITIVI

Prepariamo **degli** antipasti.
Possiamo fare **dell'**insalata di riso.
Possiamo prendere **della** mozzarella con **dei** pomodorini.
Facciamo una macedonia con **del** gelato.
Possiamo fare **delle** lasagne.

 pag. 184-185 es. 1 - 2

3 | Che cosa c'è nel frigorifero di Donata?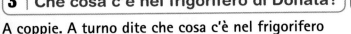

A coppie. A turno dite che cosa c'è nel frigorifero di Donata, come negli esempi.

Nel frigorifero di Donata...

... c'è del burro, ci sono delle arance...

4 | Che gusti hanno Donata e Barbara?

Rileggi il dialogo. Che cosa piace o non piace a Donata e Barbara?

A Barbara piace mangiare all'aperto.
A Donata piacciono gli spinaci.

GRAMMATICA FLASH

piacere

Mi piace l'insalata di riso.
Mi piacciono gli asparagi.
Non mi piace il prosciutto cotto.
Ti piace il vino rosso?
Ti piacciono i vini italiani?
Non mi piace cucinare
A Donata piace cucinare.
A Carlo **non piacciono** gli spinaci.

pag. 186 es. 5 - 6

5 | Mi piace il cinema francese

Barbara e Donata sono molto amiche e hanno molti interessi in comune. Completa i testi con piace o piacciono.

Mi _____ (1) molto ballare. Mi _____ (2) soprattutto i balli latino americani, la salsa e il merengue. Sono molto socievole: mi _____ (3) uscire con i miei amici. Mi _____ (4) le persone aperte e allegre, ma non mi _____ (5) le persone rumorose. E non mi _____ (6) aspettare: odio i ritardatari.
Barbara

Mi _____ (1) molto andare al cinema. Mi _____ (2) i film francesi, sono la mia passione. Sono sportiva: mi _____ (3) giocare a tennis e andare in palestra. Amo gli animali: mi _____ (4) molto i gatti. Non mi _____ (5) molto guardare la televisione, soprattutto non mi _____ (6) i reality show. Sono veramente orribili.
Donata

6 | Ti piace andare al cinema?

A coppie. Create dialoghi come negli esempi per scoprire che cosa avete in comune.

 Ti piace cucinare?
Sì, mi piace molto.
Anche a me! / A me no!

Ti piacciono i vini francesi?
No, non molto.
Neanche a me. / A me sì!

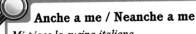 **Anche a me / Neanche a me**
Mi piace la cucina italiana.
Anche a me. */ A me no.*

Non mi piacciono i reality show.
Neanche a me. */ A me sì.*

andare in discoteca • cioccolata • cucina giapponese • dormire
fare i lavori di casa • feste • film italiani • gatti
guardare la televisione • gelato • spaghetti alla carbonara • musica italiana

7 | Andiamo a fare la spesa! 1•35-37

Ascolta i dialoghi e indica l'ordine dei negozi dove avvengono.

☐ panetteria ☐ salumeria ☐ fruttivendolo

1

salumiere	Buongiorno. Desidera?
Donata	Buongiorno. Vorrei tre mozzarelle.
salumiere	Come le vuole?
Donata	Di bufala, per favore.
Barbara	Ma è buona la mozzarella qui?
Donata	Sì, molto buona.
Barbara	Allora la compro anch'io... Una mozzarella di bufala anche per me.
salumiere	Va bene. Altro?
Donata	Sì, un litro di latte, un salame e poi del prosciutto.
salumiere	Lo vuole cotto o crudo?
Donata	Tre etti di crudo e due etti di cotto, per favore.
salumiere	Ecco.
Donata	Grazie. Quant'é?
salumiere	Sono 35 euro. Paga alla cassa.

2

fruttivendolo	Buongiorno. Dica.
Donata	Vorrei mezzo chilo di pomodorini.
fruttivendolo	Sì, quando li mangia?
Donata	Questa sera.
fruttivendolo	Allora vanno bene questi. Altro?
Donata	Sì, quattro o cinque banane e un chilo di mele.
fruttivendolo	Prende Lei le banane? Sono sul banco a destra.
Barbara	Le prendo io, Donata.
Donata	Grazie, Barbara.
fruttivendolo	È tutto?
Donata	Quanto costano le fragole?
fruttivendolo	2,50 euro al cestino.
Donata	Allora cinque cestini.
fruttivendolo	Altro?
Donata	Basta così, grazie.

3

Barbara	Dobbiamo prendere anche il pane.
Donata	Sì, io lo compro sempre qui. È molto buono.
panettiere	83!
Donata	È il nostro numero! Buongiorno. Vorrei un pane toscano.
panettiere	Altro?
Barbara	Prendiamo anche una torta al cioccolato?
Donata	Ma c'è già la macedonia con il gelato, Barbara.
Barbara	Dai, Donata. La prendiamo e la mangiamo a merenda con una bella tazza di
Donata	Va bene. Allora, anche una torta piccola al cioccolato.
panettiere	Altro?
Donata	No, è tutto. Grazie.

🔍 Etto e chilo

un etto	=	100 grammi
due etti	=	200 grammi
mezzo chilo	=	500 grammi
un chilo	=	1000 grammi

8 | Che cosa dicono per...? Leggi i dialoghi. Che cosa dicono il negoziante e il cliente per...

A. negoziante

1. chiedere che cosa vuole il cliente.
   ....

2. dire quanto costa qualcosa.
   ....

3. indicare dove pagare.
   ....

B. cliente

1. dire che cosa vuole.
   ....

2. chiedere quanto costa qualcosa.
   ....

3. dire che non vuole altro.
   ....

- ***Quanto costano** le fragole?*
  Due euro e cinquanta al cestino.
- ***Quanto costa** un chilo di pane?*
  Tre euro e ottanta.
- ***Quanto costa** una bottiglia d'acqua?*
  Quaranta centesimi.
- ***Quant'è?***
  Quarantacinque euro in tutto.

9 | In un negozio

A coppie. A turno, uno di voi fa il negoziante e l'altro il cliente. Guardate gli scontrini e usate le espressioni dell'esercizio 8 per creare dei dialoghi.

Salumeria Gastronomia
ALBERTI
Via Angeloni, 96 PERUGIA
P. IVA 0010641999

mozzarelle 2	5,00
crudo di Parma 200 gr	4,50
latte 1 litro	1,10
salame	6.20
TOTALE EURO	16,80

24/06/2011 17:32
SC. FISC. N. 75

ORTOFRUTTA G.85.
V.LE AMENDOLA, 16 MODENA
P. IVA 002404 1962

MELE 1 CHILO	1,20
FUNGHI 1/2 CHILO	4,20
PATATE 2 CHILI	1,80
ARANCE 3 CHILI	3,00
TOTALE EURO	10,20

02/07/2011 18:11
SC. FISC. N. 68

10 | La compro anch'io! Completa le frasi con la, lo, li e le.

1. Vuole le mele verdi o gialle?
   .... preferisco gialle.

2. Mangi spesso la carne?
   No, ... mangio raramente.

3. Di solito compri il pane al supermercato?
   No, ... compro in panetteria.

4. Dobbiamo comprare i pomodorini.
   .... prendiamo qui o al mercato?

5. Bevi il caffè?
   No, non .... bevo mai.

6. Dove compri la frutta?
   Di solito .... compro al mercato.

GRAMMATICA FLASH

PRONOMI DIRETTI

- Vorrei del **prosciutto**.
  Lo vuole cotto o crudo?
- La **mozzarella** è molto buona.
  Allora **la** compro anch'io.
- Mezzo chilo di **pomodorini**
  Quando **li** mangia?
- Vorrei tre **mozzarelle**.
  Come **le** vuole?

PRIMI PASSI **pag. 187-188 es. 12 - 13**

11 | Il caffè? Non lo bevo spesso

A coppie. A turno rispondete alle domande. Usate i pronomi diretti, come nell'esempio.

Bevi spesso il caffè?   No, non lo bevo spesso.

1. Mangi spesso le lasagne?

2. Dove fai la spesa?

3. Quando vedi gli amici?

4. Prendi spesso l'autobus?

5. Quando fai la doccia?

6. Preferisci il vino rosso o bianco?

7. Quando vedi la tua famiglia?

8. Quando fai i compiti di italiano?

12 | Che cosa vuol dire?

Prima di leggere il testo, abbina ogni espressione alla sua definizione.

1. ☐ acquistare all'ingrosso
2. ☐ prodotti alimentari
3. ☐ solidarietà
4. ☐ ambiente
5. ☐ l'alternativa
6. ☐ biologico

a. cibo
b. comprare in grande quantità
c. aiuto, assistenza
d. la natura
e. senza sostanze chimiche
f. un modo diverso

13 | A tutto G.A.S.!

Completa il testo con le domande corrette.

COME SI ORGANIZZANO I G.A.S. TRA DI LORO?

PERCHÉ NASCE UN G.A.S.?   **COME NASCE UN G.A.S.?**

SÌ, MA... PERCHÉ SI CHIAMA SOLIDALE? CHE COSA SONO I GRUPPI DI ACQUISTO SOLIDALE (G.A.S.)?

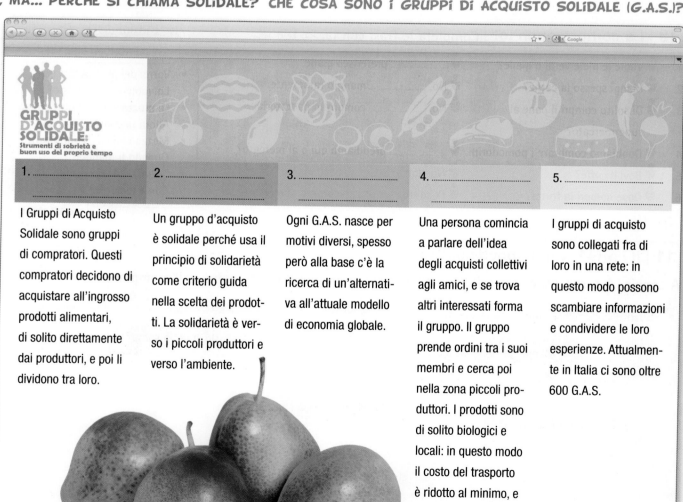

GRUPPI D'ACQUISTO SOLIDALE:
Strumenti di sobrietà e buon uso del proprio tempo

1. ....

2. ....

3. ....

4. ....

5. ....

I Gruppi di Acquisto Solidale sono gruppi di compratori. Questi compratori decidono di acquistare all'ingrosso prodotti alimentari, di solito direttamente dai produttori, e poi li dividono tra loro.

Un gruppo d'acquisto è solidale perché usa il principio di solidarietà come criterio guida nella scelta dei prodotti. La solidarietà è verso i piccoli produttori e verso l'ambiente.

Ogni G.A.S. nasce per motivi diversi, spesso però alla base c'è la ricerca di un'alternativa all'attuale modello di economia globale.

Una persona comincia a parlare dell'idea degli acquisti collettivi agli amici, e se trova altri interessati forma il gruppo. Il gruppo prende ordini tra i suoi membri e cerca poi nella zona piccoli produttori. I prodotti sono di solito biologici e locali: in questo modo il costo del trasporto è ridotto al minimo, e così l'inquinamento.

I gruppi di acquisto sono collegati fra di loro in una rete: in questo modo possono scambiare informazioni e condividere le loro esperienze. Attualmente in Italia ci sono oltre 600 G.A.S.

(adattato da: www.retegas.org/I G.A.S. si presentano)

14 | Perché sei membro di un G.A.S.? 1•38

Ascolta l'intervista con Stefano, l'organizzatore di un gruppo G.A.S, e completa la scheda del gruppo.

Gruppo G.A.S. «Il Melograno» – Novara

Organizzatore: Stefano Pirisi

Numero membri: ....

Il gruppo compra ....

....

Il gruppo manda gli ordini il ....

Il gruppo riceve i prodotti il ....

Costo di un chilo di frutta e verdura con il G.A.S.:

....

Costo di un chilo di frutta e verdura in supermercati / negozi:

....

15 | Hai le informazioni giuste?

A coppie. A turno fate domande per controllare se le vostre informazioni sul G.A.S. «Il Melograno» sono corrette, come nell'esempio.

- Quanti membri ha il Gruppo G.A.S. «Il Melograno»?
- Ha .... membri.

16 | E tu, come fai la spesa?

In piccoli gruppi. Discutete i seguenti punti.

- Dove fai la spesa di solito? Al supermercato, al mercato, nei negozi vicino a casa?
- Quante volte alla settimana fai la spesa?
- Compri prodotti freschi o surgelati?
- Nel tuo paese ci sono gruppi come i G.A.S.?
- Secondo te i G.A.S. sono una buona idea? Perché?
- È facile trovare prodotti biologici nel tuo paese?
- I prodotti biologici sono molto costosi? Tu li compri?

17 | Scrivi sul blog

Scrivi un breve testo per uno dei blog dei gruppi G.A.S. Descrivi come fanno la spesa le persone del tuo paese e dai la tua opinione sui G.A.S.

Qualche parola in più

18 | La spesa on-line — Inserisci i nomi di questi prodotti nel posto giusto.

passata di pomodoro • albicocche • bresaola • crackers
dentifricio • deodorante • fette biscottate • gnocchi • maionese
mandarini • orecchiette • parmigiano

SUPERMARKET On-line

ORTOFRUTTA	CONSERVE E CONDIMENTI	FORMAGGI E SALUMI	PANE E PASTICCERIA	PASTA FRESCA	CURA DELLA PERSONA
ananas	aceto	speck	ciabatta	ravioli	balsamo

19 | I contenitori — Abbina ogni prodotto al suo contenitore.

succo di frutta • marmellata • olio • tonno • pasta • gelato
maionese • fragole • patatine • birra

1 una bottiglia di ....

2 un pacchetto di ....

3 una scatoletta di ....

4 una vaschetta di ....

5 una lattina di ....

6 un cartone di ....

7 un cestino di ....

8 un vasetto di ....

9 un tubetto di ....

10 un pacco di ....

20 | Dove compro...?

A coppie. Fate domande per controllare se vi ricordate il nome dei negozi dove potete comprare questi prodotti, come nell'esempio.

~~pane~~ • affettati • profumo • fragole
pasta • insalata • carne • salmone

● Dove compro il pane?
● In panetteria.

andare...	/ comprare...
in tabaccheria	*dal* tabaccaio
in cartoleria	*dal* cartolaio
in panetteria	*dal* panettiere
in macelleria	*dal* macellaio
in erboristeria	*dall'* erborista
in drogheria	*dal* droghiere

21 | Qui posso comprare anche...

A coppie. Trovate almeno altri due prodotti che potete comprare in ogni negozio dell'esercizio 20.

22 | Altri negozi | Abbina ogni prodotto al negozio.

1 ☐ 2 ☐ 3 ☐ TO 4 ☐

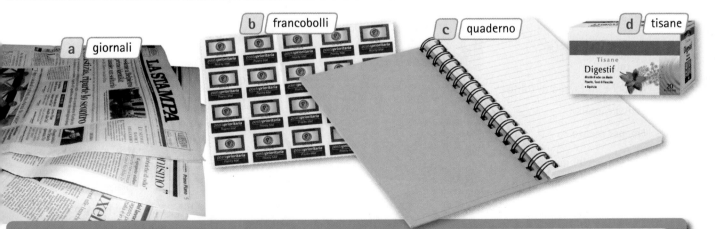

a giornali   b francobolli   c quaderno   d tisane

&Intonazione pronuncia

23 | I suoni /p/ e /b/ 1•39 Ascolta con attenzione le parole e ripeti.

/p/	panetteria - pomodori - pane – supermercato - piazza – giapponese
/b/	tabaccheria – abitare – orribile – bello – bottiglia - tubetto

Che cosa hai fatto in vacanza?

Cominciamo...

A | **Il test delle vacanze: che viaggiatore sei?**

Leggi le domande e indica con (✓) le tue risposte. Poi controlla se ci sono più risposte a., b., o c. e leggi il tuo profilo a pag. 89.

DURANTE LE VACANZE TI PIACE...

1. ... prendere il sole?
   a. ☐ Sì, molto.
   b. ☐ Sì, ma solo qualche volta.
   c. ☐ No, odio il sole!

2. ... sciare?
   a. ☐ Sì, molto.
   b ☐ Sì, ma solo qualche volta.
   c. ☐ No, non sono molto sportivo.

3. ... conoscere nuove persone?
   a. ☐ Sì, molto.
   b. ☐ Non molto. Sono timido/a.
   c. ☐ No, preferisco stare da solo.

4. ... scrivere cartoline?
   a. ☐ Sì, molto.
   b. ☐ Qualche volta, ma di solito scrivo e-mail.
   c. ☐ No, per niente.

5. ... assaggiare cibi nuovi?
   a. ☐ Sì, amo scoprire gusti nuovi.
   b. ☐ Qualche volta, ma dipende dal cibo.
   c. ☐ No, preferisco la cucina del mio paese.

6. ... fare fotografie?
   a. ☐ Sì, in vacanza porto sempre la macchina fotografica.
   b. ☐ Sì, ma solo qualche volta.
   c. ☐ No, per niente.

7. ... andare in bicicletta?
   a. ☐ Sì, amo andare in bicicletta.
   b. ☐ Sì, ma solo qualche volta.
   c. ☐ No, per niente.

8. ... fare trekking?
   a. ☐ Sì, amo camminare in mezzo alla natura.
   b. ☐ Sì, ma solo qualche volta.
   c. ☐ No, preferisco altre attività.

9. ... dormire in tenda?
   a. ☐ Sì, molto.
   b. ☐ Sì, ma solo qualche volta.
   c. ☐ No, è scomodo.

10. ... nuotare?
    a. ☐ Sì, il nuoto è la mia passione.
    b. ☐ Sì, ma solo qualche volta.
    c. ☐ No, non amo molto l'acqua.

11. ... visitare un museo?
    a. ☐ Sì, mi piace l'arte.
    b. ☐ Sì, ma solo qualche volta.
    c. ☐ No, preferisco visitare la città.

12. ... ballare in discoteca?
    a. ☐ Sì, mi piace ballare.
    b. ☐ Sì, ma solo qualche volta.
    c. ☐ No, preferisco andare al ristorante o a bere qualcosa.

IL TEST DELLE VACANZE

LEGGI IL TUO PROFILO

più risposte a: sei un viaggiatore avventuroso.

Quando viaggi, il tuo unico pensiero è l'avventura. Ti piace visitare musei e monumenti, ma solo per poche ore. Preferisci nuotare, sciare e scoprire il paese dove sei.

più risposte b: sei un viaggiatore preciso e organizzato.

Ti piace conoscere persone nuove e scoprire le culture, ma ami anche riposare. La vacanza è prima di tutto un momento di relax.

più risposte c: sei un viaggiatore tranquillo.

Ami organizzare bene il tuo viaggio e per la tua vacanza vuoi tutti i comfort. Ti piace passare il tempo con i tuoi compagni di viaggio e il posto dove vai non è molto importante.

B | E tu, che cosa fai in vacanza?

A coppie. Che tipo di viaggiatori siete? Quali attività fate con piacere? Ci sono differenze fra te e il tuo compagno?

C | Saluti dalla Sardegna!

Inserisci la forma corretta di queste espressioni nel testo della lettera.

assaggiare cibi nuovi • fare trekking • prendere il sole
ballare in discoteca • dormire in tenda • andare in bicicletta

Cara Anna,

la Sardegna è bellissima! Io e Marco non abbiamo la macchina, così _____ (1) in spiaggia e rimaniamo lì tutto il giorno: _____ (2) e leggiamo molti libri.

La sera _____ (3) al ristorante e dopo usciamo con i nostri nuovi amici e andiamo a _____ (4).

E tu e Stefano? Siete in vacanza in montagna? _____ (5) o siete in un albergo?

La prossima estate veniamo anche io e Marco. Amiamo camminare: possiamo _____ (6) tutti i giorni!

Marina

Baci.

1 | La vacanza di Luca

 Luca torna da una brutta vacanza. Ascolta il dialogo e indica con (✓) l'alternativa corretta.

1. La vacanza di Luca dura...
   - a. ☐ una settimana.
   - b. ☐ un fine settimana.
   - c. ☐ due settimane.

2. Elisa, la collega di Luca,...
   - a. ☐ vuole andare in vacanza in Egitto.
   - b. ☐ ama l'Egitto.
   - c. ☐ non conosce l'Egitto.

3. Luca parte da Roma...
   - a. ☐ la sera tardi.
   - b. ☐ la mattina presto.
   - c. ☐ il pomeriggio.

4. Luca...
   - a. ☐ non ama assaggiare cibi nuovi.
   - b. ☐ preferisce la cucina italiana.
   - c. ☐ ama assaggiare cibi nuovi.

5. Durante la vacanza Luca incontra...
   - a. ☐ pochi italiani.
   - b. ☐ tanti turisti stranieri.
   - c. ☐ molti italiani.

6. Durante la vacanza Luca e sua moglie...
   - a. ☐ visitano le piramidi e vanno al mare.
   - b. ☐ vanno solo al mare.
   - c. ☐ visitano solo le piramidi.

La vacanza di Luca

Luca Pronto, Elisa...

Elisa Pronto, Luca... ciao! Ma scusa, non sei in vacanza?

Luca Eh... purtroppo no! Io e mia moglie <u>abbiamo fatto</u> solo una settimana di vacanza quest'anno.

Elisa Dai, racconta! Ho saputo che hai fatto un viaggio in Egitto...

Luca Eh, sì. Ma non abbiamo passato una settimana molto bella.

Elisa Ma no, perché? L'Egitto è così bello! Il mare, il sole... Io ho visitato il Cairo, ho visto le piramidi, il deserto... Una vacanza davvero interessante!

Luca Sì, sì, forse noi abbiamo avuto soltanto sfortuna. All'andata abbiamo perso l'aereo a Roma, così abbiamo passato la notte in aeroporto e abbiamo dormito pochissimo. Il giorno dopo abbiamo preso l'aereo molto presto... Davvero un brutto inizio!

Elisa No, ma che sfortuna! Beh, però il cibo... Io in Egitto <u>ho mangiato</u> benissimo. Avete assaggiato i piatti tipici egiziani?

Luca Eh, no. Nel nostro hotel abbiamo mangiato solo cibo italiano. Un vero peccato, perché ci piace assaggiare piatti nuovi... Però abbiamo bevuto il tè arabo: buonissimo!

Elisa E le persone? Io ho incontrato molti egiziani, e anche tanti inglesi, francesi...

Luca Mah, guarda... Abbiamo incontrato solo tantissimi italiani.

Elisa E non hai parlato con qualche egiziano?

Luca No. Solo una volta ho parlato un po' con la guida, ma...

Elisa Luca, ma che vacanza noiosa! Ma almeno avete visitato i monumenti, avete fatto un po' di foto?

Luca Ah sì, abbiamo visitato le piramidi... Bellissime! E poi abbiamo anche passato un giorno al mare: abbiamo preso il sole, abbiamo nuotato...

2 | Il passato prossimo

Sottolinea nel dialogo tutti i verbi al passato prossimo.
Alcuni sono già sottolineati.

3 | Il participio passato regolare

Completa la tabella con i verbi sottolineati nel dialogo.

verbi in -*are*		verbi in -*ere*	
visitare	....	sapere	....
passare	....	avere	....
mangiare	....		
assaggiare	....	**verbi in -*ire***	
incontrare	....	dormire	....
parlare	....		
nuotare	....		

GRAMMATICA FLASH

PASSATO PROSSIMO CON *AVERE*

Avete assaggiato i piatti tipici?
Ho saputo del tuo viaggio in Egitto.
Abbiamo dormito pochissimo.

PRIMI PASSI **pag. 194 es. 6 - 7**

GRAMMATICA FLASH

PARTICIPIO PASSATO

parl**are**	→	parl**ato**
av**ere**	→	av**uto**
dorm**ire**	→	dorm**ito**

PRIMI PASSI **pag. 193 es. 1 - 2**

4 | Il participio passato irregolare | Trova nel dialogo il passato prossimo di questi verbi.

fare   _abbiamo fatto, hai fatto_ ....

vedere   ....

perdere   ....

prendere   ....

bere   ....

5 | Le vacanze di Elisa e Luca

Leggi ancora il dialogo. Che cosa hanno fatto Luca e sua moglie durante la vacanza in Egitto? Ed Elisa?
Scrivi due brevi testi.

Luca e sua moglie hanno fatto una settimana di vacanza in Egitto e...
Elisa ha visitato il Cairo e...

6 | Che cosa hai fatto in vacanza?

A coppie. Guarda le immagini e chiedi al tuo compagno se durante le vacanze ha fatto queste cose.
Segui l'esempio. Studente B: vai a pag. 9.

A In vacanza hai mangiato in un buon ristorante?

B • Sì, ho mangiato in un buon ristorante nel centro di Firenze.

   • No, non ho mangiato in un buon ristorante, ho sempre mangiato al bar.

7 | Un viaggio indimenticabile. 1•41-42

Stefania e Giancarlo parlano di un viaggio indimenticabile. Ascolta i loro racconti e inserisci nel testo le parole mancanti.

Stefania

arrivati • venuti • andata
stato • ritornate • stata

1

Beh, allora... Un viaggio indimenticabile è .... (1) quando sono .... (2) in Marocco da sola con il mio gruppo di amici, 15 anni fa. Io, Marco, Marta e Lorenzo abbiamo messo poche cose in valigia e siamo partiti tutti insieme da Torino. Abbiamo viaggiato in macchina e siamo .... (3) a Marrakech due giorni dopo. Il giorno più bello è stato quando io e Marta siamo andate da sole al mercato. Abbiamo parlato con la gente del luogo, abbiamo mangiato con loro: è .... (4) un'esperienza veramente unica! Lorenzo e Marco non sono .... (5), sono andati a fare un'escursione nel deserto. L'estate scorsa, dopo 15 anni, io e Marta siamo .... (6) in Marocco: adesso siamo cresciute, tante cose sono diverse, ma Marrakech è rimasta magica.

2

Il mio viaggio più bello è stato quando sono .... (1) in Sardegna con il mio amico Lucio. Siamo .... (2) da soli, ma durante il viaggio siamo .... (3) in tante città diverse e abbiamo conosciuto tantissime persone. Abbiamo mangiato le specialità sarde e abbiamo bevuto il Cannonau, un vino molto buono!
Ho anche .... (4) molti libri e tutti i giorni ho .... (5) un diario per ricordare la bellezza di tutti questi posti.
Quando siamo .... (6) a Parma, siamo partiti subito per un altro viaggio!

partiti • ritornati • andato
stati • letto • scritto

Giancarlo

Altri participi irregolari
- essere → stato
- rimanere → rimasto
- venire → venuto
- mettere → messo
- leggere → letto
- scrivere → scritto

8 | Essere o avere?

Leggi i due testi con attenzione e inserisci i verbi al posto giusto. Quali verbi usiamo con avere e quali con essere? Che cosa noti di particolare nei verbi con essere? Confronta le tue idee con la classe.

verbi con *avere*	verbi con *essere*

GRAMMATICA FLASH
LA CONCORDANZA CON IL VERBO *ESSERE*

	maschile	femminile
singolare	Leo è andato.	Lea è andata.
plurale	Leo e Pino sono andati.	Lea e Pina sono andate.

PRIMI PASSI pag. 195 es. 13 - 14

9 | Due cartoline Completa le cartoline con i verbi al passato prossimo.

Ciao Sara,
Marrakech è fantastica! Io e i miei amici .... (1. partire) la settimana scorsa e finalmente ieri .... (2. arrivare) in Marocco! Ieri i ragazzi .... (3. fare) un'escursione nel deserto, ma io .... (4. rimanere) in città e ho visto il mercato. .... (5. essere) una giornata davvero indimenticabile! La sera io e Marta .... (6. andare) a bere il tè in un bar tradizionale. Splendido! Quando torno dobbiamo vederci. Ho tante cose da raccontarti.
Un bacio, Stefania

Per
Sara Baicchi

via Cairoli

20127 Mil

Ciao papà,
.... (1. arrivare) quattro giorni fa a Cagliari. Che relax! .... (2. leggere) tanti libri, ho dormito molto e .... (3. andare) in bicicletta. Ieri io e Lucio .... (4. rimanere) tutto il giorno in spiaggia, dopo .... (5. andare) a una festa bellissima in riva al mare e abbiamo bevuto il vino locale... buonissimo! .... (6. tornare) a casa alle 5 del mattino! Torno fra una settimana, un bacio alla mamma! Giancarlo

Per
Dario Grande

via della Viola, 8

06100 Perugia

10 | Quando è stata l'ultima volta che...?

A coppie. A turno intervistate il vostro compagno e chiedete quando è stata l'ultima volta che ha fatto queste cose. Per rispondere usate le espressioni di tempo indicate nel box.

- andare in discoteca
- prendere un aereo
- rimanere a casa tutto il fine settimana
- partire per una vacanza
- assaggiare un cibo esotico
- tornare a casa alle 5 del mattino
- scrivere un'e-mail
- essere a cena in un ristorante elegante

Espressioni di tempo
- *ieri*
- *l'altro ieri*
- *giovedì scorso*
- *la settimana scorsa*
- *dieci giorni fa*
- *tre anni fa*

11 | Vacanze al mare o in una città d'arte?

A coppie. Queste persone sono in vacanza. Guardate le immagini e raccontate che cosa hanno fatto ieri. Usate queste espressioni e i verbi sotto ai disegni.

prima... e dopo • poi • e poi

a Marta e Lucia

1. andare

2. leggere

3. prendere

4. andare

b Greta e Michele

1. pranzare

2. essere

3. fare

4. rimanere

12 | La nostra vacanza Ora immagina di essere una delle due coppie e di scrivere una cartolina per raccontare che cosa avete fatto in vacanza.

a

Un week-end per due persone nel Friuli Venezia Giulia

viaggio in bus privato

UNA MONTAGNA DI GUSTI
Cimolais
17 e 18 settembre

partenza:
venerdì 16/9

rientro previsto:
domenica sera

sistemazione:
in hotel tre stelle

SOLO 300 EURO

«Una montagna di gusti» attira ogni anno migliaia di persone. I «turisti del gusto» vengono qui non solo per lo splendido paesaggio montano, ma anche per assaggiare i prodotti tipici della gastronomia locale, come il formaggio fritto, la pasta con salsiccia e funghi, il salame e la carne affumicata.
I turisti mangiano e bevono nei cortili e nelle piazze del paese e possono comprare i prodotti locali al grande mercato organizzato dalla Pro Loco di Cimolais.

Per informazioni:
www.comune.cimolais.pn.it

b

La via Francigena
Viaggio a piedi in Italia

sistemazione: in ostello o B&B
costo: 300-400 euro a settimana

Dalla Valle d'Aosta al Lazio, attraverso il Piemonte, la Lombardia, la Liguria, l'Emilia Romagna e la Toscana. La Via Francigena parte dall'Inghilterra e, nel Medioevo, migliaia di pellegrini hanno percorso questa strada per raggiungere Roma.
Oggi lungo la Via Francigena ci sono 139 comuni italiani. Molti di questi sono mete ricche di risorse culturali e naturalistiche.
In questo viaggio il turista diventa viaggiatore e, a piedi, percorre in diverse tappe l'Italia, dalle Alpi a Roma.
E, per le persone molto golose, tutte le sere cena tipica locale!

Per ulteriori informazioni: www.viafrancigena.com

c

Week-end nella VALLE DEI TEMPLI: un tuffo nella storia

OFFE SPECIA

viaggio in aereo + bus privato
sistemazione in albergo o B&B ad Agrigento

solo 300-400 € a persona

Per informazioni:
www.lavalledeitempli.it

Dal 1998 la Valle dei Templi fa parte del Patrimonio Mondiale dell'UNESCO. È una magnifica valle, dove è possibile visitare i res di sette maestosi templi greci, ricchi di fasci e storia. I turisti possono organizzare il loro fine settimana in diversi modi:
• per gli sportivi, ogni giorno possibilità di escursioni e itinerari di trekking nella zona
• per i curiosi, visite al sito archeologico insieme a guide locali
• per i romantici, tutte le notti possibilità di visita della valle al chiaro di luna.
A qualche chilometro dal sito c'è la bella città di Agrigento, tappa interessante per concludere il week-end.

13 | Quale vacanza?

Leggi le tre brochure turistiche e indica con (✓) quale vacanza descrivono le seguenti frasi.

		a	b	c
1.	Questo luogo è vicino a una città molto bella da visitare.	☐	☐	☐
2.	La gente locale vende i prodotti tipici del territorio.	☐	☐	☐
3.	È una vacanza itinerante.	☐	☐	☐
4.	I turisti possono visitare rovine di costruzioni classiche.	☐	☐	☐
5.	Per questa vacanza i turisti non usano nessun mezzo di trasporto.	☐	☐	☐
6.	In questa vacanza è possibile visitare tanti piccoli paesi.	☐	☐	☐
7.	Alcune persone della zona spiegano la storia del luogo.	☐	☐	☐
8.	In questa vacanza i turisti sono in montagna.	☐	☐	☐

14 | Vorrei prenotare un viaggio... 1•43-45

Giulio, Cristiano e Lara vogliono andare in vacanza. Ascolta i dialoghi nell'agenzia di viaggi.
Quale proposta di vacanza scelgono fra quelle a pag. 94?

Lara sceglie .... Giulio sceglie .... Cristiano sceglie ....

15 | E tu, che viaggio preferisci?

In gruppo. Dite ai compagni quale vacanza preferite fra le tre opzioni e perché.

16 | Il blog delle vacanze

Completa il messaggio con questi verbi al passato prossimo.

ho parlato • ha spiegato • è andata • siamo tornati • ho letto
abbiamo visitato • abbiamo assaggiato • siamo andati

BLOG delle vacanze

Vita da Blogger – powered by Splinder

Io e Laura, la mia fidanzata, ... (1) dalla Sicilia qualche giorno fa:
abbiamo fatto una settimana di vacanza ed è stato un viaggio bellissimo. Il primo
giorno .... (2) la Valle dei Templi di Agrigento. La guida locale .... (3)
la storia dei templi: è stato molto interessante. Poi siamo andati a Palermo, una città
meravigliosa: io ho visitato molti musei e .... (4) con molte persone, Laura
.... (5) due volte al mercato, ha comprato tantissime cose! E poi, gli ultimi
quattro giorni, ... (6) a Siracusa, Catania e Taormina, una bellissima città di
mare. Qui abbiamo preso il sole, io .... (7) molti libri e Laura ha fatto tanti
bagni. Ed infine, il cibo! 🙂 Tutte le sere siamo andati in un ristorante differente e
.... (8) tanti piatti tipici.
Consiglio questa vacanza a tutte le persone amanti dell'arte, del buon cibo e del relax!

Fabrizio

17 | Ora prova tu

Sei tornato da una vacanza e scrivi nel blog che cosa hai fatto e che cosa hai visto. Scrivi un messaggio
come nell'esercizio 16.

18 | Dove andiamo? Come andiamo?   Inserisci le parole al posto giusto.

in albergo / in hotel • in macchina • in un villaggio turistico • in bicicletta • in treno
in città • in aereo • al lago • in un bed&breakfast • in montagna • in ostello • al mare

SISTEMAZIONI

in campeggio

in agriturismo

MEZZI DI TRASPORTO

in nave

a piedi

LUOGHI DI VACANZA

in collina

in campagna

L'agriturismo

L'agriturismo è una sistemazione in
campagna, in collina o in montagna
gestito da una famiglia. Qui i turisti
possono riposarsi, mangiare piatti tipici
e vivere a contatto con la natura.

19 | Altre parole?

Conosci altre parole per completare l'esercizio 18? Parla con
i compagni e l'insegnante e inserisci le parole nuove.

20 | Che cosa porti in vacanza? Scrivi le parole vicino all'oggetto giusto.

lo zaino • lo spazzolino • la guida • la macchina fotografica
la crema solare • la cartina • il passaporto • la valigia

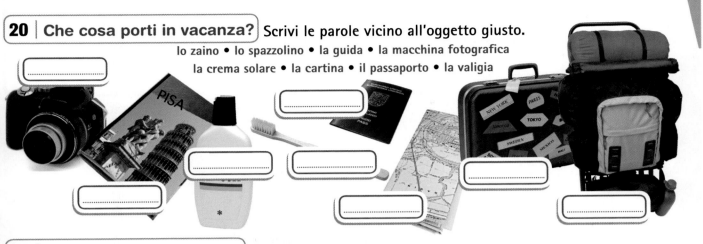

21 | Gli oggetti delle vacanze Completa le frasi con le parole dell'esercizio 20.

1. Per trovare la strada in città uso sempre ....
2. Per avere informazioni su dove mangiare e dormire in una città all'estero leggo ....
3. Quando sono al mare e prendo il sole uso ....
4. Per una lunga vacanza preparo ....; se invece vado al mare un fine settimana porto ....
5. Sul mio .... ci sono i miei dati personali e una fotografia.
6. Per avere delle belle immagini della mia vacanza porto sempre con me ....

22 | Quattro tipi di turisti

A coppie. Secondo voi dove sono andate queste persone in vacanza? Dove hanno dormito? Come hanno viaggiato? Che cosa hanno messo in valigia? Discutete e usate le parole degli esercizi 18 e 20.

Sandro

Sono il tipico viaggiatore pigro!

Elena

Amo l'avventura e la natura.

famiglia Rossetti

Secondo noi le vacanze sono un momento per stare tutti insieme.

Simone

Sono sempre al verde!

23 | Secondo noi... A coppie. Raccontate alla classe che cosa avete immaginato.

Intonazione & pronuncia

24 | I suoni /t/ e /d/ 1•46 Ascolta più volte queste parole e indica con (✓) il suono che senti.

1. /t/ ☐ /d/ ☐
2. /t/ ☐ /d/ ☐
3. /t/ ☐ /d/ ☐
4. /t/ ☐ /d/ ☐
5. /t/ ☐ /d/ ☐
6. /t/ ☐ /d/ ☐
7. /t/ ☐ /d/ ☐
8. /t/ ☐ /d/ ☐
9. /t/ ☐ /d/ ☐
10. /t/ ☐ /d/ ☐

Pianeta Italia

Vacanze in città? Perché no?

Agosto... in Italia questo mese significa soprattutto vacanza: è il momento per rilassarsi sotto il sole, lontano dagli uffici e dallo stress della città. Tradizionalmente, infatti, le vacanze estive degli italiani sono sempre state concentrate in questo mese. Il risultato? Città vuote, scuole, uffici e negozi chiusi e autostrade intasate da milioni di macchine in coda per raggiungere le località turistiche. Negli ultimi 20 anni però la realtà è cambiata: non più macchine stracariche e un mese intero al mare, non più solo pensioni, hotel e campeggi, ma anche bed and breakfast, agriturismi e moderni centri termali. E poi vacanze in diversi periodi dell'anno, viaggi più corti e anche all'estero. Infine, molte persone preferiscono trascorrere le vacanze in città, per scelta o per ragioni economiche.

«L'anno scorso sono partito il 5 agosto da Roma. Sono andato all'estero, in Spagna, un posto bellissimo, ma la vacanza è stata stressante, frenetica: troppa gente, troppi turisti e anche prezzi troppo alti!» dice Franco, trent'anni. Franco, come tanti altri italiani, ha deciso di rimanere in città; parte per le vacanze, ma non ad agosto. «Mi piace andare in vacanza, vedere posti nuovi, è chiaro. Ma lo voglio fare bene, senza stress e senza troppi turisti attorno! E poi, stare a casa in agosto ha dei vantaggi: la città è davvero bella senza traffico e senza rumore, ed è un piacere passeggiare per le vie del centro in tutta tranquillità quando non devo lavorare! Poi non è vero che tutto è chiuso: a Roma, come a Milano, Torino e Napoli, ci sono bar, ristoranti e discoteche aperte tutte le sere!» aggiunge felice Franco. Le grandi città italiane, infatti, da qualche anno organizzano numerose attività per il mese di agosto come festival, cinema all'aperto o eventi sportivi. Fra le più famose ci sono «Bolognaestate» a Bologna con film, musica e cultura, «Latinoamericando» a Milano, un viaggio fra i sapori e la musica latinoamericana e il celebre «Neapolis Festival», a Napoli, con grandi nomi della musica italiana e internazionale. Insomma... le vacanze sono cambiate tanto in Italia e per qualcuno sono diventate un ottimo modo per stare bene in un bellissimo posto: a casa!

(adattato da www.bed-and-breakfast.it)

1 | Prima di leggere il testo guarda i disegni qui sotto. In quali vediamo le vacanze degli italiani di oggi e in quali le vacanze del passato?

1
☐ oggi ☐ in passato

2 B&B
☐ oggi ☐ in passato

3
☐ oggi ☐ in passato

4
☐ oggi ☐ in passato

5 *Pensione Wanda*
☐ oggi ☐ in passato

6
☐ oggi ☐ in passato

2 | Leggi e indica se le affermazioni sono vere (V) o false (F).

	V	F
1. Oggi gli italiani fanno un mese di vacanza.	☐	☐
2. Franco non ha passato una bella vacanza in Spagna.	☐	☐
3. Franco non vuole più andare in vacanza.	☐	☐
4. Le abitudini di vacanza degli italiani non sono cambiate.	☐	☐
5. Nelle città italiane, in agosto, c'è poco traffico.	☐	☐
6. «Bolognaestate» è un evento culturale.	☐	☐

3 | 🔊 1•47 A coppie. Ascoltate insieme la telefonata fra Martino e sua madre e rispondete alle domande.

1. A Martino piacciono o non piacciono le vacanze di sua madre? Perché?
2. Dove sono andati i genitori di Martino in vacanza?
3. Dove è andato in vacanza Martino?
4. Perché Martino e i suoi genitori scelgono vacanze differenti?
5. Che cosa pensa la mamma delle vacanze di suo figlio?
6. Dove sono andati i genitori di Martino per la loro prima vacanza?

4 | 👥 A coppie. Parlate e descrivete le differenze fra i vostri paesi e l'Italia.

• Quali sono i periodi di vacanza più importanti nel tuo paese?
• Come sono le grandi città durante i periodi di vacanza?
• C'è una differenza fra le vacanze «moderne» e quelle «classiche»?
• Durante le vacanze, preferite rimanere in città o fare un viaggio?

✏️ **5** | Scrivi un breve testo e descrivi una località di vacanza del tuo paese dove hai passato le vacanze: che cosa c'è da vedere e da fare in questo posto? È una località molto turistica o tranquilla? Che cosa hai fatto durante la vacanza?

Natale con i tuoi, Pasqua con chi vuoi

Cominciamo...

A | La famiglia

Questa è la famiglia di Franco. Completa lo schema con le parole corrette.

~~marito~~ • sorella • nonno • zio • fratello • cugino • zia • padre • ~~nonna~~ • moglie • madre

Anna è *la nonna* di Franco.

Enzo è .... (1) di Franco.

Sara è .... (2) di Franco e .... (3) di Giorgio.

Giorgio è .... (4) di Franco e il marito di Sara.

Luca è .... (5) di Franco.

Silvia è .... (6) di Franco.

FRANCO

Sofia è .... (7) di Franco.

Franco è .... (8) di Sofia.

Matteo è .... (9) di Franco.

B | Indovina chi sono!

In gruppi. Leggete queste definizioni e scrivete quali persone della famiglia descrivono. Scegliete fra queste parole. Vince il gruppo che fa meno errori!

genitori • madre • nonno • nipote • cugino • fratello

1. È il figlio dei tuoi zii. ....
2. È il figlio di tuo padre, ma non sei tu! ....
3. Sono tuo padre e tua madre. ....
4. È il padre di tua madre. ....
5. È il figlio o la figlia di tuo fratello
   e sua moglie. ....
6. È la figlia di tuo nonno. ....

C | Com'è la tua famiglia?

A coppie. A turno intervistate il vostro compagno sulla sua famiglia e per ogni parente chiedete alcune informazioni (nome, età, lavoro, aspetto fisico, carattere). Poi preparate un albero genealogico della sua famiglia e raccontate alla classe.

1 | Che cosa fate per le feste?

Giulio, Cristina e Fabio sono colleghi. Oggi è l'ultimo giorno di lavoro prima delle vacanze. Ascolta il dialogo e indica con (✓) la persona corretta.

	Giulio	Cristina	Fabio
1. Per le feste torna a casa dai genitori.	☐	☐	☐
2. Suo fratello non passa le feste con la famiglia.	☐	☐	☐
3. Non passa le vacanze in Italia.	☐	☐	☐
4. Viaggia in macchina.	☐	☐	☐
5. È sposato.	☐	☐	☐
6. Scia benissimo.	☐	☐	☐

Che cosa fate per le feste?

Giulio Ragazzi, finalmente da domani siamo in vacanza! Avete già organizzato qualcosa?

Cristina Sì. Per Natale torno dai miei genitori a Napoli.

Fabio Ah sì, conosco bene Napoli: è una città bellissima!

Cristina Sì! Io e la mia famiglia ci incontriamo per festeggiare tutti insieme. Solo <u>mio fratello</u> non può venire quest'anno: ha trovato un nuovo lavoro e non ha le ferie... E tu, Giulio?

Giulio Io invece ho dei programmi speciali quest'anno! Mia sorella si sposa a Lione con un ragazzo francese, Eric, così abbiamo deciso di passare Natale e Capodanno lì.
Io parto domani in macchina, invece <u>i miei genitori</u> e i miei zii vengono dopo in aereo.

Fabio E dove si sono conosciuti tua sorella e il suo fidanzato?

Giulio In Sardegna, l'anno scorso... e hanno deciso di sposarsi subito! Sono molto contento per lei. Conosco bene Eric: è un ragazzo simpatico e gentile.

Fabio Che bel programma, Giulio! Io e mia moglie invece facciamo una cosa tranquilla: abbiamo invitato tutti nella nostra casa in montagna. Arriva mia cugina Michela con suo marito dagli Stati Uniti e poi vengono i nostri genitori e nostro figlio. Mio padre e mia madre sciano ancora benissimo e vogliono passare un po' di tempo con il loro nipote.

Giulio E tu, Fabio, sai sciare bene?

Fabio Sì, certo. So sciare benissimo.

Cristina Ragazzi, allora io vado. Buone vacanze a tutti e... ci vediamo l'anno prossimo!

2 | Mio fratello e i miei genitori

Leggi il dialogo e sottolinea i nomi di famiglia con gli aggettivi possessivi. Inserisci poi le parole nella tabella. Che cosa noti?

aggettivo possessivo SENZA articolo	aggettivo possessivo CON articolo
mio fratello, ...	i miei genitori, ...
....	....
....	....

Natale e Capodanno
Natale e Capodanno sono due feste molto importanti. Natale è il 25 dicembre. Capodanno è il 1° gennaio, ma di solito indica anche la festa del 31 dicembre.

3 | Un messaggio prima di partire

Completa i messaggi con gli aggettivi possessivi corretti. Usa l'articolo quando è necessario.

1 Domani parto! .... sorella si sposa e andiamo tutti (io con .... genitori, ... cugino e .... zii) a Lione. E tu? Tu e .... moglie partite o state a casa? Giulio

2 Ciao Sara, domani sono a Napoli! Purtroppo .... fratello non c'è perché deve lavorare. Se tu e .... cugine siete libere, possiamo bere qualcosa insieme. Cristina

3 Ciao! Io e .... moglie andiamo in montagna. .... figlio è contentissimo di incontrare .... nonni. .... padre e .... madre vogliono portare .... nipote a sciare. A presto, Fabio

GRAMMATICA FLASH

AGGETTIVI POSSESSIVI CON I NOMI DI FAMIGLIA

senza articolo	con articolo
mio nonno	**i tuoi** nonni
sua madre	**il loro** figlio
	i loro figli

pag. 203 es. 1 - 2

4 | Hai fratelli e sorelle?

A coppie. A turno fate queste domande a un vostro compagno e rispondete.

Hai fratelli e sorelle? • Quanto spesso vedi i tuoi genitori?
Vivi vicino alla tua famiglia? • Passi le vacanze / le feste con la tua famiglia o con gli amici'?

5 | So, posso o conosco?

Rileggi il dialogo e sottolinea le frasi con potere, sapere e conoscere.
Leggile con attenzione e indica con (✓) la risposta corretta.

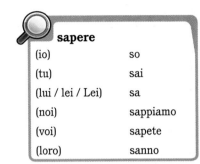

		potere	sapere	conoscere
1.	Quale verbo esprime un'abilità?	☐	☐	☐
2.	Quale verbo esprime una possibilità o una non possibilità determinata da condizioni esterne?	☐	☐	☐
3.	Quale verbo esprime la conoscenza di una persona o di un luogo?	☐	☐	☐

sapere

(io)	so
(tu)	sai
(lui / lei / Lei)	sa
(noi)	sappiamo
(voi)	sapete
(loro)	sanno

6 | Non so sciare! A coppie. Scegliete la frase corretta per descrivere queste immagini.

1

a. ☐ Il signor Marchi non sa suonare.

b. ☐ Il signor Marchi non può suonare.

Michele è molto simpatico!

Michele?!

2

a. ☐ Non so Michele!

b. ☐ Non conosco Michele!

3

a. ☐ Silvia non può nuotare.

b. ☐ Silvia non sa nuotare.

4

a. ☐ La guida conosce bene Roma.

b. ☐ La guida sa bene Roma.

7 | Sai parlare tedesco?

A coppie. Usate potere, sapere e conoscere e preparate delle domande con le espressioni indicate.
Poi a turno intervistate il compagno.

1. giocare a tennis
2. venire al cinema con me sabato
3. Trieste
4. cucinare per me stasera
5. cucinare la pizza
6. la Galleria degli Uffizi a Firenze
7. ballare il tango
8. parlare tre lingue straniere
9. studiare italiano con me domani
10. Vasco Rossi

8 | Italiani nel mondo 1•49

Michela, la cugina di Fabio, parla alla radio della sua esperienza di vita all'estero. Ascolta l'intervista e trova le otto differenze in questo dialogo. Scrivi le parole corrette accanto al testo.

intervistatrice	Buongiorno a tutti e benvenuti a «Italiani nel mondo». Oggi abbiamo come ospite Michela Fassetti. Michela lavora all'università di New York ed è di origine italiana, vero?
Michela	Sì, sono nata a Genova e sono rimasta in Italia fino all'età di 22 anni.
intervistatrice	E poi?
Michela	Poi per il lavoro di mia madre tutta la mia famiglia si è trasferita negli Stati Uniti, dove ho cominciato a studiare matematica all'università.
intervistatrice	... e ti sei anche laureata.
Michela	Sì, mi sono laureata tre anni fa, poi ho fatto un master e ora studio all'università di New York.
intervistatrice	E la tua famiglia?
Michela	Beh, adesso vivo qui da sola perché nel 2006 i miei genitori sono tornati a Genova e mio fratello si è laureato e ha trovato lavoro a Milano.
intervistatrice	E com'è New York? Ti piace?
Michela	I primi anni non sono stati facili, ma adesso mi piace abbastanza. Poi ho incontrato un ragazzo in università e... ci siamo sposati.
intervistatrice	Congratulazioni! Senti, fra poco iniziano le vacanze. Che programmi hai per l'estate? Torni in Italia?
Michela	No, purtroppo rimango qui perché devo lavorare.
intervistatrice	E quando è stata l'ultima volta che hai visto la tua famiglia?
Michela	Ci siamo incontrati il Natale scorso. Siamo andati una settimana in campagna: io e mio fratello ci siamo divertiti molto e i miei genitori si sono rilassati...

1. ....
2. ....
3. ....
4. ....
5. ....
6. ....
7. ....
8. ....

Gli anni

nel 2006 = *nel duemilasei*

nel 1997 = *nel millenovecentonovantasette*

nel 1860 = *nel milleottocentosessanta*

nel 1412 = *nel millequattrocentododici*

9 | Mi sono laureata tre anni fa...

Cerca nel testo il passato prossimo di questi verbi riflessivi. Che verbo ausiliare hanno? Che cosa noti di particolare?

trasferirsi   *La mia famiglia si è trasferita*   sposarsi   ....

laurearsi   ....   incontrarsi   ....

....   divertirsi   ....

....   rilassarsi   ....

10 | La storia di Mario

Inserisci i verbi riflessivi al passato prossimo e riordina le frasi.

[1] Mi chiamo Mario, sono italiano e faccio il giornalista in Germania.

[ ] All'inizio non è stato facile vivere da solo, ma un anno fa ho incontrato Elke, una ragazza speciale e pochi mesi fa .... (*sposarsi*)!

[ ] Quando sono arrivato in Germania ho studiato tedesco e inglese e tre anni fa, finalmente, ... (*laurearsi*). Ho trovato subito lavoro come giornalista.

[ ] Sono nato a Catanzaro, ma io e la mia famiglia .... (*trasferirsi*) a Berlino per il lavoro di mio padre e mia madre.

[ ] Dopo il matrimonio io e Elke siamo partiti per un viaggio bellissimo, siamo andati in Messico: Elke ama nuotare e .... (*divertirsi*) tantissimo, io invece sono un po' pigro e .... (*rilassarsi*) molto.

[ ] Due anni fa i miei genitori .... (*trasferirsi*) in Italia e io sono rimasto qui.

11 | Due vite molto diverse

A coppie. Valentina e Martino sono fidanzati, ma la loro vita è molto diversa. Studente A: tu sei Martino. Questo è quello che hai fatto ieri. Fai delle domande a Valentina per scoprire che cosa avete fatto di simile. Usa questi verbi. Studente B: vai a pag. 9.

alzarsi • finire di lavorare • tornare a casa • annoiarsi in discoteca • addormentarsi

12 | Si sono lasciati?

Decidi che cosa è successo fra Valentina e Martino. Scrivi un breve testo e poi leggi la storia alla classe. Usa questi verbi riflessivi.

incontrarsi • telefonarsi • arrabbiarsi • parlarsi • baciarsi • scusarsi

13 | Chi...?

Prepara le domande e intervista i tuoi compagni. Chi ha fatto queste cose durante lo scorso fine settimana?

addormentarsi davanti alla TV • incontrarsi con il tuo migliore amico / la tua migliore amica
vestirsi in modo elegante • arrabbiarsi con una persona • fare un giro fuori città
leggere un libro interessante • divertirsi in discoteca • svegliarsi prestissimo
lavorare / studiare tantissimo • piangere per un film

Come cambia la famiglia

La famiglia è probabilmente il valore più importante della società italiana: per gli italiani è normale vivere a lungo con i genitori e, anche quando cambiano città o paese, mantengono una relazione molto forte con la loro famiglia d'origine. Un'indagine Istat ha studiato tre aspetti della famiglia italiana moderna: il matrimonio, il rapporto figli-genitori e il ruolo del nonni.

Nel 1975 i matrimoni in Italia sono stati 450.000, ma nel 2008 solo 246.000. Il matrimonio, infatti, ha perso molta importanza negli ultimi trent'anni, e sono nate le «coppie di fatto». In questo nuovo tipo di coppia, i partner decidono di vivere insieme e avere dei figli senza sposarsi: una vera novità per la cultura italiana. Ma non tutto è cambiato.

I figli sembrano essere molto tradizionalisti. Secondo l'indagine, i giovani italiani rimangono in casa dei genitori più a lungo rispetto a quelli degli altri paesi. «Un giovane esce di casa – spiega l'indagine – prima di tutto per il matrimonio o la convivenza (43,7%), poi per esigenze di indipendenza (28,1%)». Seguono motivi di lavoro e motivi di studio. I problemi economici, inoltre, non aiutano i giovani: spesso gli affitti sono troppo alti e molte persone devono aspettare di avere un lavoro sicuro per salutare mamma e papà!

L'indagine si è poi occupata di come è cambiata l'organizzazione all'interno della famiglia italiana. Le nuove generazioni affrontano molti problemi, primo fra tutti il lavoro: oggi è fondamentale avere un doppio stipendio per mantenere la famiglia (nel nord Italia lavora il 63,2% delle neo-madri) e così il tempo per stare con i figli diminuisce molto. Qual è la soluzione? Il 20% degli intervistati sceglie gli asili, dove i bambini possono passare tutta la giornata, e solo il 5% preferisce avere una baby-sitter. Infine il 60% si affida ai nonni, la nuova figura centrale della famiglia italiana. Mentre mamma e papà sono al lavoro, i nonni stanno con i bambini, li accompagnano a scuola, a fare sport e li seguono nello studio. Tutte queste attività impegnano i nonni per un tempo che può arrivare anche fino a 35 ore settimanali: un vero e proprio lavoro con le sue soddisfazioni e le sue fatiche.

(adattato da www.toscanaoggi.it, www.utilitymagazine.it e www.istat.it)

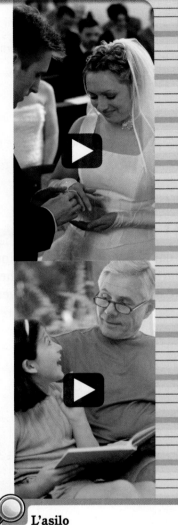

L'asilo
L'asilo, come tutti chiamano la "Scuo[la] dell'Infanzia", è la scuola per i bambi[ni] piccoli, dai 3 ai 5 anni.

14 | Un nuovo tipo di famiglia?

Leggi questo testo sulla famiglia italiana. Indica se le affermazioni sono vere (V) o false (F) e correggi quelle false.

		V	F
1.	In Italia cresce il numero dei matrimoni.	☐	☐
2.	La famiglia italiana è rimasta sempre la stessa negli anni.	☐	☐
3.	I figli italiani lasciano la casa dei genitori più tardi rispetto agli altri paesi.	☐	☐
4.	Quando il padre è al lavoro, la madre si occupa sempre della casa e dei figli.	☐	☐
5.	I nonni hanno un ruolo importantissimo nelle nuove famiglie italiane.	☐	☐
6.	Occuparsi dei nipoti ha solo lati positivi.	☐	☐

15 | La famiglia nel tuo paese   In gruppi. Discutete con i compagni.

- Quali informazioni dell'articolo ti hanno sorpreso?
- Nel tuo paese il matrimonio è ancora importante o ci sono molte "coppie di fatto"?
- I figli rimangono a lungo a casa con i genitori?
- Qual è il ruolo dei nonni?

16 | Secondo me...

Leggi questi titoli di giornale. Qual è la tua opinione? Discuti con la classe.

1

La metà dei ragazzi fra i 18 e i 30 anni vive ancora in famiglia

2

In metà delle famiglie italiane lavorano mamma e papà.
I figli passano molto tempo da soli.

3

Gli italiani non si sposano più: meno matrimoni e più coppie di fatto.

adattato da "Archivio Corriere della Sera"

4

Italiani mammoni? No, genitori «possessivi»

Secondo una ricerca mamme e papà italiani sono molto protettivi: un problema per l'indipendenza dei figli.

Il mammone
In italiano usiamo la parola "mammone" per descrivere una persona, di solito un maschio, molto dipendente dalla mamma e dalla famiglia, anche quando è adulta.

17 | Esperienze diverse   1•50-53

In queste interviste alcuni italiani parlano della famiglia e dei suoi problemi. Ascolta e abbina alle interviste i titoli di giornale corrispondenti.

1. ☐ Claudia   2. ☐ Pasquale e Lina   3. ☐ Luca   4. ☐ Marco ed Elisa

18 | Ora prova tu

Scrivi un breve paragrafo sul cambiamento e sul ruolo della famiglia nel tuo paese. La situazione è simile all'Italia o è molto differente?

....
....
....
....
....
....
....
....

19 | La famiglia Indica con (✓) la parola corrispondente alla definizione.

1. È il padre di nostro nonno.
   - a. ☐ ex marito
   - b. ☐ bisnonno
   - c. ☐ cugino

2. È una coppia, vive insieme perché si ama, ma non è sposata.
   - a. ☐ conviventi
   - b. ☐ moglie e marito
   - c. ☐ fratello e sorella

3. È la moglie di nostro fratello.
   - a. ☐ nonna
   - b. ☐ cognata
   - c. ☐ sorella

4. È stato il marito di nostra madre, ma adesso non lo è più.
   - a. ☐ ex marito
   - b. ☐ cugino
   - c. ☐ patrigno

5. È il marito di nostra sorella.
   - a. ☐ fratello
   - b. ☐ cognato
   - c. ☐ ex marito

6. È la madre di nostra nonna.
   - a. ☐ ex moglie
   - b. ☐ bisnonna
   - c. ☐ zia

20 | I mesi e le stagioni Inserisci i nomi dei mesi nella stagione giusta.

gennaio • ottobre • marzo • febbraio • luglio • maggio • novembre
giugno • aprile • dicembre • ~~agosto~~ • settembre

estate

agosto
....
....

primavera
....
....
....

inverno
....
....
....

autunno
....
....
....

Le preposizioni con le stagioni e i mesi

- Con le **stagioni** usiamo sempre la preposizione in:
  In estate andiamo in vacanza.

- Con i **mesi** usiamo a oppure in:
  Il mio compleanno è a ottobre.
  L'università inizia in settembre.

21 | Le feste italiane 👥

A coppie. Conoscete queste feste italiane? Abbinate i nomi delle feste alle loro descrizioni.

a. ⬭ È la festa dei lavoratori. Tante persone vanno in strada e ricordano insieme il valore e l'importanza del lavoro.

b. ⬭ Secondo la tradizione, durante questa festa (6 gennaio) una vecchia signora passa nelle case di notte e riempie le calze vuote con dolci e caramelle.

c. ⬭ È in gennaio. La sera prima abbiamo fatto una grande festa o cena con gli amici. È un giorno per riposarsi!

d. ⬭ Questa festa è a marzo o ad aprile. Di solito mangiamo l'agnello e le uova, anche di cioccolato!

e. ⬭ È la festa più importante dell'anno. In Italia stiamo con la nostra famiglia, mangiamo cibi speciali e ci scambiamo regali. È in dicembre.

f. ⬭ È il giorno della nascita della Repubblica Italiana (2 giugno). Ci sono manifestazioni per le strade e il Presidente della Repubblica fa un discorso alla nazione.

g. ⬭ In questo giorno ricordiamo la liberazione dell'Italia dal regime fascista e nazista. In strada ci sono molte manifestazioni.

1 Natale
2 Pasqua
4 Festa della Repubblica
3 25 aprile
7 Epifania
5 Capodanno
6 1° maggio

🔍 **Le preposizioni con le feste**
- Con i nomi delle **feste** usiamo **a**:
  A Natale sto con la mia famiglia.

22 | Nel mio paese...

Scrivi un breve testo su tre feste importanti nel tuo paese. Quando e come le festeggiate?

23 | Tanti auguri! Osserva i disegni e scrivi le giuste formule di auguri.

Buon Natale! • Buon compleanno! • Buona Pasqua! • Buon anno! • ~~Complimenti per la tua laurea!~~

1. ....
2. ....
3. Complimenti per la tua laurea!
4. ....
5. ....

&Intonazione &pronuncia

24 | I suoni /g/ (*grande*) e /k/ (*casa*) 🔊 1•54

Ascolta le parole con attenzione e segna con (✓) quale dei due suoni senti.

	1.	2.	3.	4.	5.	6.	7.	8.	9.	10.
/g/	☐	☐	☐	☐	☐	☐	☐	☐	☐	☐
/k/	☐	☐	☐	☐	☐	☐	☐	☐	☐	☐

Cominciamo...

A | Catalogo on-line Abbina i capi di abbigliamento alle rispettive descrizioni.

a. cintura a quadretti rossi e neri

b. pantaloni di velluto marrone

c. scarpe rosse, vera pelle

d. maglietta rosa, 100% cotone

e. camicetta a fiori bianchi e marroni, 100% viscosa

f. maglione uomo verde, 50% lana – 50% cashemere

g. felpa blu con zip

h. pantaloni donna gialli, 80% cotone – 20% poliestere

i. zainetto donna in vero cuoio

j. gonna tinta unita nera, 100% lino

k. camicia uomo a righe viola, bianche e blu

l. berretto arancione

m. jeans donna

n. abito rosso, 100% seta

o. borsa blu a pois bianchi

B | Moda, che passione!

Scrivi le parole dell'esercizio A nella colonna giusta.

colore	tessuto / materiale	capi di abbigliamento	accessori	fantasia
nero	100% lino	gonna	cintura	tinta unita

1 | Un vestito per la festa di Marco

Giada vuole comprare un vestito nuovo per la festa di Marco. Massimo l'accompagna a fare shopping in un outlet. Ascolta la conversazione e sottolinea l'alternativa corretta.

1. A Massimo *piace* / *non piace* il vestito rosso.
2. Il vestito costa *40 euro* / *150 euro*.
3. I camerini sono *a destra* / *a sinistra*.
4. Giada porta il numero *39* / *38* di scarpe.
5. A Giada piacciono le scarpe *nere* / *rosse*.
6. Le scarpe costano *120 euro* / *270 euro*.
7. Giada compra *il vestito e le scarpe* / *solo il vestito*.
8. Il negozio *accetta* / *non accetta* la carta di credito di Giada.
9. Massimo *vuole* / *non vuole* fare spese tutto il giorno.

C | Chi è?

A coppie. A turno uno di voi descrive che cosa indossa un compagno e l'altro deve indovinare chi è.

I colori blu, rosa e viola
Gli aggettivi **blu**, **rosa**, **viola** non cambiano al maschile, femminile, singolare e plurale.
La borsa blu
Il maglione blu
I pantaloni viola
Le magliette rosa

Un **outlet** è un luogo dove puoi trovare vestiti e accessori a prezzi scontati.

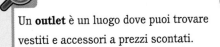

Un vestito per la festa di Marco

Giada	Guarda quel vestito rosso, Massimo! Ti piace?
Massimo	Sì, ma quanto costa?
Giada	Solo 150 euro.
Massimo	150 euro? Ma costa una fortuna!
Giada	Ma dai, Massimo! Non è molto.
Massimo	Che taglia porti?
Giada	La 44. Perché? Che taglia è?
Massimo	Una 42.
Giada	Aspetta. Chiedo a una commessa... Scusi, vorrei provare questo vestito, ma c'è solo la 42. Avete una taglia più grande?
commessa	Un attimo, guardo subito. Ecco!
Giada	Grazie. Dove sono i camerini, per favore?
commessa	Lì sulla destra.
Giada	Grazie. Vieni, Massimo.

Giada	Come sto?
Massimo	Molto bene.
Giada	Non so, forse vorrei un abito più elegante. C'è anche in nero?
Massimo	Ma no, Giada: questo è perfetto! Il rosso è più allegro del nero.
Giada	Va bene... Guarda quelle scarpe rosse: sono proprio belle. Che numero sono?
Massimo	39.
Giada	C'è un numero più piccolo?
Massimo	Sì, ecco il 38.
Giada	Grazie. Che dici?
Massimo	Vanno bene con il vestito. Quanto costano?
Giada	Solo 120 euro.
Massimo	Giada! 270 euro per un vestito e un paio di scarpe!
Giada	Sì, ma sono perfetti insieme. Li compro. Qui accettano tutte le carte di credito.
Massimo	Va bene, ma almeno adesso possiamo andare? Non voglio passare tutto il giorno a fare spese.
Giada	Uffa, sei sempre il solito!

2 | Facciamo spese Rileggi il dialogo. Che cosa dice Giada per...

1. chiedere la taglia del vestito? ....
3. dire che vuole provare il vestito? ....
2. chiedere una taglia diversa? ....
4. chiedere dove può provare il vestito? ....
5. chiedere un colore diverso? ....
6. chiedere il numero delle scarpe? ....
7. chiedere un numero diverso? ....
8. chiedere il prezzo? ....

GRAMMATICA FLASH

COMPARATIVO DI MAGGIORANZA

Vorrei un vestito **più** elegante.
Il rosso è **più** allegro.
C'è una taglia **più** grande?
C'è un numero **più** piccolo?

 pag. **212** es. 1 - 2

3 | Sei piccole differenze

A coppie. Osservate i disegni e trovate almeno sei differenze. Poi formate frasi con il comparativo di maggioranza, come nell'esempio.

Nel disegno a l'abito scuro è più elegante.

4 | Outlet o negozio?

Silvia ama fare shopping negli outlet. Davide invece preferisce i negozi piccoli. Usa il comparativo di questi aggettivi per completare quello che dicono.

accurato • affollati • bassi • cari • comodi • gentili • grande • lunghi

a
- Negli outlet la scelta è .... (1).
- Nei negozi i vestiti sono .... (2).
- Negli outlet gli orari di apertura sono .... (3).
- Negli outlet i prezzi sono .... (4).

b
- Nei negozi il servizio è .... (1).
- Gli outlet sono .... (2): c'è sempre molta gente.
- Nei negozi i commessi sono .... (3).
- I negozi sono .... (4); sono vicino a casa.

5 | E tu che cosa preferisci?

A coppie. Preferite fare spese nei negozi o negli outlet? Spiegate il perché, come nell'esempio.

👤 Preferisco gli outlet. La scelta è più grande.   👤 Anch'io. I prezzi sono più bassi. / Io no. Il servizio è più accurato nei negozi.

6 | Li compro!

A coppie. Uno di voi è il / la cliente, l'altro il commesso / la commessa. Seguite la traccia e usate le parole proposte per creare un dialogo. Potete usare come modello il dialogo dell'esercizio 1.

commessa	cliente
• saluta	• saluta - provare / pantaloni neri
• taglia?	• 42 – camerini?
• a sinistra	• piccoli - taglia più grande?
• 44	• ok / costare?
• 80 euro	• ok / comprare

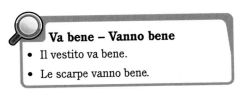

Va bene – Vanno bene
- Il vestito va bene.
- Le scarpe vanno bene.

7 | Un vero disastro! 🔊 1•56

Il giorno dopo la festa di Marco, Giada incontra un'amica. Ascolta e completa il dialogo con queste frasi.

Non sono molto simpatici. • ma non sai che cosa è successo! • perché sei così scontenta?
Com'è andata ieri sera? • ha cucinato molte cose. • un vestito rosso molto elegante

Marta Ciao, Giada. Come stai?

Giada Bene, grazie.

Marta E allora. .... (1) Ti è piaciuta la festa di Marco?

Giada Così, così. Non mi sono divertita molto.

Marta Perché?

Giada Beh, innanzitutto non mi sono piaciuti i suoi nuovi amici, Stefano e Nadia. .... (2)

Marta Lo so. Li conosco e non sono simpatici neanche a me. Sono troppo snob. Ma la cena? Marco è un cuoco molto bravo...

Giada Beh sì, ... (3) Ha fatto le lasagne al pesto, ma non mi sono piaciute molto. Troppo olio.

Marta Giada, sei troppo critica. Devi essere più tollerante.

Giada Hai ragione. Però l'arrosto mi è piaciuto.

Marta Meno male. E allora, ... (4)

Giada Beh, sai Sandra, la fidanzata di Marco...

Marta Sì, è molto simpatica.

Giada Certo, ... (5)

Marta Che cosa, Giada?

Giada Sai che ho comprato un vestito nuovo per la festa...

Marta Sì, ... (6) con un paio di scarpe rosse. Un completo unico!

Giada Beh, quando Sandra ha aperto la porta di casa sono rimasta a bocca aperta: lo stesso vestito rosso e le stesse scarpe!

Marta Non è possibile!

Giada Lo giuro. Un vero disastro!

8 | Che serata orribile! Rileggi il dialogo e completa il diario di Giada.

Che serata orribile! Non mi è .... (1) la festa di Marco. Marco ha due nuovi amici, Stefano e Nadia: li ho conosciuti lì e non mi sono proprio piaciuti.
Sono .... (2) snob. Marco ha cucinato .... (3) cose.
Ha fatto il suo piatto preferito, le lasagne con il pesto, ma non mi sono .... (4). Ha messo .... (5) olio. Di secondo ha fatto l'arrosto e devo dire che quello mi è piaciuto. Ho conosciuto Sandra, la fidanzata di Marco: è .... (6) simpatica, ma è successa una cosa terribile. Abbiamo comprato lo stesso vestito e le stesse .... (7)! È stato veramente imbarazzante!

9 | Ti è piaciuta l'Italia?

Il tuo amico Paul ha fatto un viaggio in Italia. Chiedi che cosa gli è piaciuto, come nell'esempio.

1. *Ti sono piaciuti i Musei Vaticani?*

GRAMMATICA FLASH

PASSATO PROSSIMO DI *PIACERE*

Mi è piaciuto l'arrosto.
Ti è piaciuta la festa?
Non mi **sono** piaciuti gli amici di Marco.
Non mi **sono** piaciute le lasagne.

PRIMI PASSI **pag. 214 es. 5 - 6**

1. i Musei Vaticani - Roma
2. la Basilica di San Marco - Venezia
3. le isole Tremiti
4. i mosaici di Ravenna
5. il Ponte Vecchio - Firenze
6. il Duomo di Monreale
7. l'Arena di Verona
8. le Dolomiti

10 | Chiacchiere e pettegolezzi

Inserisci le forme corrette di molto e troppo nelle frasi degli invitati alla festa di Marco.

molto • molte • molti • troppo • troppa • troppi

1. Andiamo via. C'è .... gente. Sai che non mi piacciono i posti affollati.

2. Guarda Stefano. Ha di nuovo bevuto .... vino e si è addormentato.

3. Conosci .... persone qui?

4. 120 euro? Secondo me, Giada ha speso .... soldi per quelle scarpe.

5. Mi sono trasferita da poco in questa città e non ho ancora .... amici.

6. Giada e Sandra hanno lo stesso vestito. Deve essere .... imbarazzante.

GRAMMATICA FLASH

molto	troppo
Ho speso **molto**.	Ho speso **troppo**!
Giada è **molto** critica.	Giada è **troppo** critica.
Ho mangiato **molta** pasta.	Ho mangiato **troppa** pasta!
Ho bevuto **molto** vino.	Ho bevuto **troppo** vino.
Ho comprato **molti** regali.	Ho comprato **troppi** regali.
Ci sono **molte** persone.	Ci sono **troppe** persone.

PRIMI PASSI **pag. 215 es. 10 - 11**

Gli Italiani e gli acquisti

La moda e il piacere dell'acquisto di un capo d'abbigliamento o di un paio di scarpe sono aspetti della cultura e dello stile di vita italiano. Ma qual è il rapporto tra gli italiani e gli acquisti? Secondo i risultati di una recente indagine della Confesercenti, l'associazione delle imprese italiane, 8 italiani su 10 considerano gli acquisti nel campo dell'abbigliamento una cosa molto importante. L'indagine rivela però che oggi è più difficile per gli italiani realizzare il desiderio di rinnovare il proprio **guardaroba**. Il 40% degli intervistati dichiara di comprare meno cose rispetto a qualche anno fa e il 30% di aver ridotto la spesa nel campo dell'abbigliamento: questo conferma una chiara tendenza al risparmio soprattutto per le **famiglie monoreddito**. Inoltre 6 italiani su 10 aspettano i **saldi** per fare acquisti, non solo per i capi invernali, ma anche per quelli estivi. Al momento di scegliere tra quantità e qualità, 7 italiani su 10 scelgono la seconda: preferiscono «investire» su capi di qualità perché durano più a lungo nel tempo. Cambiano anche le preferenze sui luoghi dove fare acquisti: molti italiani non fanno più spese nei negozi tradizionali del centro, ma preferiscono quelli presenti nei centri commerciali.

L'indagine ha individuato cinque tipi di compratori.

GLI AGIATI (37%). Non presentano particolari problemi di spesa o di potere d'acquisto.

GLI EQUILIBRISTI (16%). Hanno trovato un **equilibrio** tra le proprie possibilità economiche e i propri acquisti. Sono compratori più **anziani**, spesso meno interessati all'abbigliamento e più attenti al risparmio.

GLI INGEGNOSI (8%). Hanno qualche difficoltà economica, ma riescono a trovare soluzioni per spendere di meno senza rinunciare alla qualità.

IN DIFFICOLTÀ (9%). Hanno già diminuito gli acquisti, ma per loro è difficile comperare capi di qualità.

IN AUSTERITY (30%). Hanno grossi problemi economici e hanno quindi ridotto il numero degli acquisti e la spesa nel **campo** dell'abbigliamento. Tra di loro molti pensionati e casalinghe.

(adattato da «Gli italiani e gli acquisti nel settore dell'abbigliamento e calzature», Confesercenti Nazionale)

---

11 | Un po' di numeri | Leggi l'articolo e completa le frasi con i dati statistici.

1. Per .... è molto importante fare acquisti.

2. Il .... degli intervistati compra meno cose.

3. Il .... degli intervistati spende meno.

4. .... fanno acquisti durante i saldi.

5. .... preferiscono la qualità alla quantità.

6. Il .... degli italiani non ha grossi problemi economici.

7. L'.. spende meno ma non rinuncia alla qualità.

8. Il .... ha grossi problemi economici.

12 | Trova il significato!

Scrivi le parole evidenziate nell'articolo accanto alla definizione corrispondente.

1. settore ....

2. famiglie dove lavora una sola persona
....

3. vendita a prezzi più bassi ....

4. rapporto buono, proporzionato ....

5. insieme di indumenti di una persona
....

6. vecchi ....

13 | Qualche dato in più 1•57

Ascolta il rappresentante della Confesercenti e completa le diapositive della presentazione.

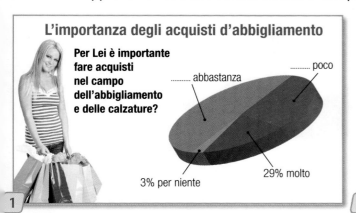

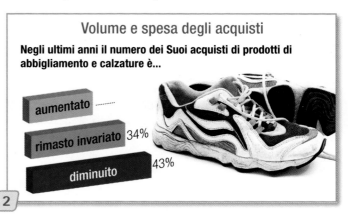

14 | E nel vostro paese? In piccoli gruppi. Discutete questi punti.

* Per le persone del vostro paese è importante vestirsi alla moda?

* Dove fanno acquisti?

* Fanno molti acquisti nel periodo dei saldi?

* Quali sono i fattori importanti quando comprate un capo di abbigliamento.

15 | Ora prova tu | Scrivi un breve testo. Spiega...

* dove fanno acquisti le persone del tuo paese.

* che cosa comperano.

* che cosa è importante per loro quando comperano un capo di abbigliamento.

16 | Al centro commerciale Abbina le parole alle foto.

1. ◯ piumino
2. ◯ giacca
3. ◯ ballerine
4. ◯ guanti

5. ◯ abito da sera
6. ◯ boxer
7. ◯ tailleur
8. ◯ stivali

9. ◯ calze
10. ◯ sandali
11. ◯ vestito da uomo
12. ◯ occhiali da sole

13. ◯ collana
14. ◯ infradito
15. ◯ orecchini
16. ◯ mutande e reggiseno

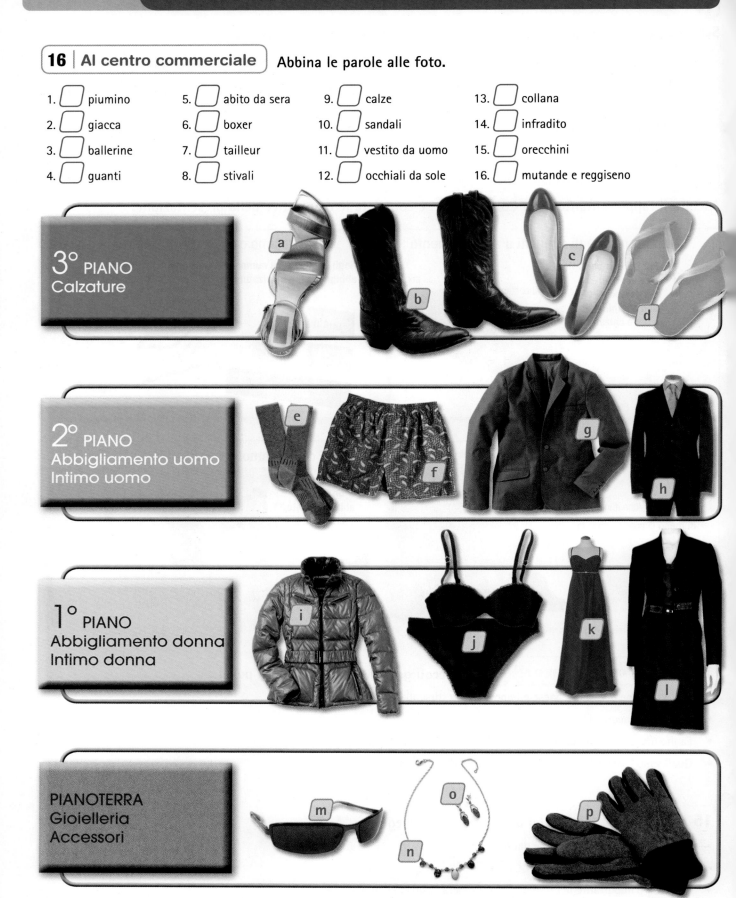

3° PIANO
Calzature

2° PIANO
Abbigliamento uomo
Intimo uomo

1° PIANO
Abbigliamento donna
Intimo donna

PIANOTERRA
Gioielleria
Accessori

17 | Dov'è finita la valigia?

Fai un viaggio in aereo con un'amica e la sua valigia viene smarrita. Compila per lei il modulo e indica il contenuto della valigia.

MODULO DI SEGNALAZIONE BAGAGLIO SMARRITO

descrizione dettagliata del contenuto

- 1 paio di jeans
- 2 paia di mutande, una rosa e una nera

18 | Aiuto sono al verde!   Abbina ogni espressione idiomatica alla sua spiegazione.

1. ☐ essere al verde
2. ☐ vedere rosso
3. ☐ vedere tutto rosa
4. ☐ leggere un libro giallo
5. ☐ mangiare in bianco
6. ☐ essere di umore nero
7. ☐ avere una giornata nera
8. ☐ avere il pollice verde
9. ☐ essere di sangue blu
10. ☐ passare la notte in bianco

a. avere una brutta giornata
b. essere bravo a coltivare le piante
c. essere di cattivo umore
d. avere nobili origini
e. essere molto arrabbiato
f. essere troppo ottimista
g. leggere una storia poliziesca
h. mangiare leggero
i. non avere soldi
j. non dormire tutta la notte

Intonazione & pronuncia

19 | I suoni /s/ e /z/   1•58 Ascolta e ripeti.

/s/ (sorda)   sale – falso – gas – sport – seta – scuola
/z/ (sonora)   smetto – pausa – Brasile – esame – esatto - esempio

Mammoni e bamboccioni?

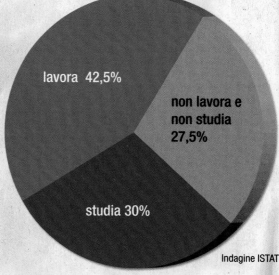

Ecco qua: lo stereotipo si ripropone. La polemica nasce nel 2007, quando Padoa Schioppa, allora Ministro dell'Economia, ha definito i giovani italiani «bamboccioni» e ha offerto ai ragazzi tra i 20 e i 30 anni un aiuto di 1000 euro all'anno per pagare l'affitto e lasciare la famiglia. Ma chi sono questi «bamboccioni»? Secondo l'ultima indagine Istat sono celibi, prevalentemente maschi, e rimangono in famiglia soprattutto per problemi economici. Sette milioni di giovani tra i 18 e i 34 anni vivono ancora insieme ai genitori: un terzo sono studenti, il 42,5% lavora e il resto non lavora e non studia. Meno del doppio rispetto alla media dei paesi

Occupazione dei giovani ancora in famiglia

- lavora 42,5%
- non lavora e non studia 27,5%
- studia 30%

Indagine ISTAT

Ocse: in Italia il 70% dei giovani tra i 25 e i 30 anni vive con i genitori, in Francia e Germania sono il 20% e in Gran Bretagna il 10%.

È il fenomeno chiamato *Neet*, cioè «Not in education, employment or training»: questi giovani hanno finito di studiare, ma non riescono a trovare lavoro e quindi non hanno l'indipendenza finanziaria per lasciare la famiglia. Negli ultimi due anni i giovani tra i 20 e i 24 anni classificabili come *Neet* sono aumentati del 13%, e nel sud sono il 30,3% (contro il 14,5% del nord). Ma perché questi giovani non lasciano la casa dei genitori? Il 47,8% degli intervistati dichiara che rimane in casa per problemi economici, il 44,8% sta bene così e mantiene comunque la sua libertà e il 23,8% studia ancora. Ma davvero è così importante la questione economica? Perché durante l'università molti studenti sperimentano con successo la coabitazione, ma poi tornano in famiglia? L'idea di libertà e di autonomia dei giovani italiani è così diversa dagli altri giovani d'Europa da determinare questa differenza nella scelta di lasciare la famiglia? E perché c'è una differenza tra uomini e donne (Il 67,4% dei celibi rimane a casa contro il 46% delle nubili)?

La discussione è aperta.

(adattato da rainews24)

1 A coppie. Secondo voi...

1. ... quanti giovani italiani tra i 25 e i 30 anni vivono ancora con i genitori?
   a. ☐ Il 10%.
   b. ☐ Il 30%.
   c. ☐ Il 70%.

2. ... perché i giovani italiani non lasciano la famiglia?
   a. ☐ Perché studiano.
   b. ☐ Perché non hanno soldi.
   c. ☐ Perché stanno bene in famiglia.

3. ... ci sono differenze tra uomini e donne?
   a. ☐ Più uomini rimangono a casa.
   b. ☐ Più donne rimangono a casa.
   c. ☐ Non ci sono differenze.

2 Leggi il testo e rispondi alle domande.

1. Che aiuto ha offerto il ministro Padoa Schioppa ai giovani italiani?
2. Quanti italiani tra i 18 e i 34 anni lavorano, ma vivono ancora con la famiglia?
3. Chi sono i Neet?
4. Quanti sono i Neet nel Sud Italia?
5. Perché molti giovani italiani non lasciano la famiglia?
6. Ci sono differenze tra uomini e donne?

3 🔊 1•59 Ascolta le interviste e completa la tabella.

	Quanti anni ha?	In quale città vive?	Che cosa fa?	Vive in famiglia o da solo/a?	Perché?	È contento/a?
Carla						
Enrico						
Simonetta						

4 A coppie. Parlate e descrivete le differenze fra i vostri paesi e l'Italia.

- Quando lasciano la famiglia i giovani nel tuo paese?
- Rimangono a casa per problemi economici?
- Quando lasciano la famiglia, vanno a vivere da soli o dividono la casa con degli amici?
- Che rapporto hanno con la famiglia quando vanno a vivere da soli? Telefonano o vanno a trovare i genitori molto spesso?

5 Scrivi un breve testo per illustrare la situazione dei giovani nel tuo paese.

Buongiorno o ciao?

1 Osserva i fumetti. C'è qualcosa di strano, secondo te? Ci sono errori? Prova a correggere i dialoghi e poi confrontati con i compagni e l'insegnante.

E tu? Secondo te gli italiani sono molto formali? Nel tuo paese in quale di queste situazioni devi essere formale e in quale informale?
Ci sono differenze con l'Italia? Parla con i compagni e con l'insegnante.

Mi presento. Sono...

2 A coppie. Uno studente sceglie uno dei personaggi del gruppo A, il compagno uno del gruppo B. Inventate un dialogo e ripetetelo davanti alla classe.
Nel dialogo vi salutate e chiedete queste informazioni. Attenzione! Decidete se usare il tu o il Lei.
Seguite l'esempio.

Marco Prandi *Buongiorno, io mi chiamo Marco Prandi, e Lei?*
John Searle *Ciao Marco, io sono John Searle. Quanti anni hai, Marco?*
Marco Prandi *Io ho 20 anni e Lei, signor Searle?...*

- l'età
- il paese di provenienza
- la professione
- le lingue parlate
- l'indirizzo
- il numero di telefono

Marco Prandi

Susanne Kirsch

Fujiro Takamase

Pedro Sanchez

Richa Sandeep

Franca Cerra

John Searle

Nicolai Vlachenko

E tu? Conosci persone italiane? Quando e dove vi siete conosciuti? Che tipo di rapporto avete? Con chi usi il tu e con chi usi il Lei? Perché? È sempre facile capire quando usare il tu e il Lei? Parla con l'insegnante e la classe.

Pasta, pasta e ancora pasta!

3 | Conosci i nomi di questi tipi di pasta? Abbina i nomi alle foto e dopo confrontati con i compagni e l'insegnante.

spaghetti • penne • farfalle • tagliatelle • ~~bucatini~~ • conchiglie • pappardelle • ~~trofie~~

1. ....

2. _trofie_

3. ....

4. ....

5. ....

6. ....

7. _bucatini_

8. ....

4 | Conosci i piatti di pasta tipici italiani? Abbina questi tipi di pasta ai loro condimenti tipici. Poi controlla le risposte a fondo pagina e confrontati con la classe: chi ha indovinato più piatti di pasta?

1. trofie
2. spaghetti
3. penne
4. bucatini
5. pappardelle
6. tagliatelle

a. all'arrabbiata
b. al ragù
c. al pesto
d. ai funghi
e. aglio olio e peperoncino
f. all'amatriciana

E tu? Quale tipo di pasta preferisci? Nel tuo paese è comune mangiare la pasta? Se sì, quale dei tipi di pasta dell'esercizio 3 trovi facilmente nel tuo paese? Parla con la classe e l'insegnante.

Soluzione dell'esercizio 4
1. c./2. e./3. a./4. f./5. d./6. b.

Sei un vero italiano al ristorante?

Ecco un test per vedere se al ristorante sei un vero italiano! Scegli una delle tre risposte, controlla il tuo risultato e poi parla con la classe e l'insegnante.

Sei al ristorante con amici. Arriva il conto: come paghi?

1
a. Pago solo quello che ho mangiato.
b. Divido il conto con gli amici.
c. Qualcuno paga il cibo, qualcuno le bevande.

Con il pesce di solito bevi...

2
a. vino bianco.
b. vino rosso.
c. birra.

Quando hai finito di mangiare e paghi il conto,...

3
a. è obbligatorio dare la mancia al cameriere.
b. dai la mancia al cameriere, se vuoi.
c. è sbagliato dare la mancia al cameriere.

Per mangiare un piatto di pasta usi...

4
a. solo la forchetta.
b. la forchetta e il coltello.
c. la forchetta e il cucchiaio.

Il cameriere porta al tavolo un piccolo bicchiere di liquore dopo la cena:

5
a. è gratis, offre la casa!
b. chiedi quanto costa.
c. lo hanno offerto i signori del tavolo accanto.

In una vera, grande cena italiana trovi...

6
a. primo, secondo e dolce.
b. antipasto, primo, secondo, dolce e caffè.
c. antipasto, primo, secondo e dolce.

Sul tavolo di un ristorante italiano...

7
a. trovi sempre del pane e del burro.
b. trovi sempre del pane.
c. trovi sempre del pane e delle olive.

Se un amico ti invita a cena con altri amici,...

8
a. paga tutto lui.
b. paga da bere per tutti.
c. non paga niente.

Sei un vero italiano al ristorante?

1. /a. 1/b. 2/c. 0   2. /a. 2/b. 0/c. 1
3. /a. 0/b. 2/c. 1   4. /a. 2/b. 0/c. 1
5. /a. 2/b. 0/c. 1   6. /a. 0/b. 2/c. 1
7. /a. 0/b. 2/c. 1   8. /a. 1/b. 2/c. 0

Il tuo profilo...

da 0 a 6 punti: non conosci ancora bene i ristoranti italiani. Vai con qualche amico italiano e osserva come si comporta!

da 7 a 11 punti: mangiare in Italia è bello e divertente per te. Sei quasi come un italiano!

da 12 a 16 punti: i ristoranti in Italia non hanno segreti per te. Quando sei a tavola sei proprio come un italiano!

125

I gesti italiani

5 | Che cosa significano i gesti di queste persone? Osserva bene le immagini e cerca la risposta esatta fra le tre opzioni. Poi confronta le tue risposte con quelle dei compagni e con la soluzione e discuti con la classe e l'insegnante.

1

a. ☐ Ma che vuoi?

b. ☐ Aspetta!

c. ☐ Ho fame!

2

a. ☐ Che buono!

b. ☐ È pazzo!

c. ☐ È tardi, devo andare!

3

a. ☐ Va bene!

b. ☐ Non posso venire.

c. ☐ Ti telefono dopo.

4

a. ☐ È ora di andare!

b. ☐ Non ho capito!

c. ☐ Speriamo che vada bene!

5

a. ☐ Ma per favore... cosa dici?

b. ☐ Che persona carina!

c. ☐ Non ho tempo, adesso!

6

a. ☐ Cosa vuoi?

b. ☐ Puoi ripetere?

c. ☐ Ok!

7

a. ☐ Che buono!

b. ☐ Sono stanco!

c. ☐ Devo fare una domanda!

8

a. ☐ Non puoi mangiare quella cosa!

b. ☐ Silenzio!

c. ☐ Guarda che bello!

E tu? 👥 Conosci altri gesti italiani? Nel tuo paese ci sono dei gesti particolari, diversi da quelli italiani? Confrontati con i compagni e l'insegnante.

Soluzione dell'esercizio 5

1. a./2. b./3. c./4. c./5. a./6. c./7. a./8. b.

A che ora chiude la banca?

6 | Questa è Lilian, una ragazza americana. Lilian ha qualche problema con gli orari di negozi, uffici e locali in Italia. Abbina le sue domande alle risposte giuste.
Poi confrontati con la classe e l'insegnante.

1 Ciao, scusa... devo andare in banca. A che ora chiude?

4 Signore, mi scusi... devo comprare del pane. A che ora chiudono le panetterie la sera?

2 Buongiorno, devo andare in farmacia... È aperta all'una e mezza?

5 Senti, a che ora dobbiamo essere al bar per prendere l'aperitivo?

6 Scusi signora, il supermercato chiude per la pausa pranzo?

3 Posso andare all'ufficio postale sabato?

a ☐ b ☐ c ☐ d ☐ e ☐ f ☐

a) Beh, di solito chiudono alle sette e mezza, al massimo alle otto.

b) No, fa sempre orario continuato, dalle 9 alle 20.

c) Dobbiamo essere lì fra le sette e le otto, al massimo alle otto e mezza.

d) Sì, certo, ma deve andare entro l'una. Il pomeriggio è chiuso.

e) No, mi dispiace, a quell'ora è chiusa. Sono in pausa pranzo.

f) La mattina chiude all'una e mezza, poi riapre dalle 15 alle 16 circa.

E tu? 👥 Secondo te sono comodi gli orari di negozi, uffici e locali in Italia? Sono molto diversi da quelli del tuo paese? Hai dei problemi con questi orari? Parla con la classe e l'insegnante.

Che brutta figura!

7 | Che cosa significa in Italia «fare bella figura»? Osserva i disegni e indica con (✓) in quali situazioni le persone fanno una «bella figura» e in quali fanno una «brutta figura».
Poi parla con la classe e l'insegnante.

a. ☐ bella figura

b. ☐ brutta figura

a. ☐ bella figura

b. ☐ brutta figura

a. ☐ bella figura

b. ☐ brutta figura

a. ☐ bella figura

b. ☐ brutta figura

a. ☐ bella figura

b. ☐ brutta figura

a. ☐ bella figura

b. ☐ brutta figura

E tu? Hai mai fatto una brutta figura? Racconta alla classe e poi confronta la tua esperienza con quelle dei compagni.

Il genere degli aggettivi

Gli aggettivi in **–o** sono **maschili**, gli aggettivi in **–a** sono **femminili**.

maschile	femminile
-o	**-a**
italiano	italiana
spagnolo	spagnola
greco	greca

Gli aggettivi in **–e** sono **maschili** e **femminili**.

maschile	femminile
-e	**-e**
francese	francese
inglese	inglese
portoghese	portoghese

Il verbo *essere*: forme singolari

essere	
(io)	sono
(tu)	sei
(lui / lei / Lei)	è

Il verbo *essere* è un verbo **irregolare**.
Nelle **frasi negative** usiamo **NON** prima del verbo *essere*.

> *Io **sono** spagnolo.*
> *Tu **non sei** inglese.*
> *Ana **non è** di Madrid.*

Il verbo *chiamarsi*: forme singolari

chiamarsi	
(io)	mi chiamo
(tu)	ti chiami
(lui / lei / Lei)	si chiama

Il verbo *chiamarsi* è un verbo **riflessivo**. I verbi riflessivi hanno sempre un **pronome riflessivo** (**mi**, **ti**, **si**) prima del verbo.
Nelle **frasi negative** usiamo **NON** prima del pronome riflessivo.

> *Io **mi** chiamo Luigi.   **Ti** chiami Paolo?*
> *Lei **non si** chiama Marta.*

I pronomi personali singolari

pronomi personali
io
tu
lui / lei / Lei

I pronomi personali **non sono obbligatori**.

> *Io sono Paolo. = Sono Paolo.*
> *Lui è francese. = È francese.*
> *Tu sei greco? = Sei greco?*

Usiamo:

▶ **lui** per parlare di un uomo.   ▶ **lei** per parlare di una donna.
  ***Lui** è Stefano.*   ***Lei** è Stefania.*

Usiamo:

▶ **tu** in una **situazione informale**, con amici o familiari.
  ***Tu** sei inglese?*

▶ **Lei** in una **situazione formale. Lei non cambia per il maschile e il femminile**.
  *Signor Fugazza, **Lei** è di Milano?*
  *Signora Elia, **Lei** è di Milano?*

I verbi in *-are*: forme singolari

	parlare	abitare
(io)	parlo	abito
(tu)	parli	abiti
(lui / lei / Lei)	parla	abita

	lavorare	studiare
(io)	lavoro	studio
(tu)	lavori	studi
(lui / lei / Lei)	lavora	studia

In italiano le coniugazioni sono tre.
I verbi in **–are** sono verbi della **prima coniugazione**.

Nelle **frasi negative** usiamo **NON** prima del verbo.

> *Io **non** abito a Milano.*
> *Marco **non** parla francese.*

Il genere dei nomi

maschile	femminile
-o	**-a**
amico	amica
centro	scuola

I nomi hanno **due generi**: **maschile** e **femminile**.
Normalmente i nomi in **–o** sono **maschili** e i nomi in **-a** sono **femminili**. Esistono molte **eccezioni**, ad esempio:

▶ i nomi in **–ista** sono **uguali al maschile e femminile**: *giornalista, turista, dentista.*

▶ *problema* e *pigiama* sono **maschili**, *radio* è **femminile**, *collega* è **maschile** e **femminile**.

I nomi in **–e** possono essere **maschili** o **femminili**: *esame* e *ristorante* sono **maschili**, *lezione* e *classe* sono **femminili**.
Molti nomi in **–ore** sono **maschili**: *signore, professore.*
Molti nomi in **–zione** sono **femminili**: *lezione, stazione.*
I nomi stranieri (*bar, pub, autobus, computer, fax...*) sono di solito **maschili**, ma *e-mail* e *Internet* sono **femminili**.

Gli articoli indeterminativi

	maschile		femminile
un	ragazzo	**un'**	amica
	amico		università
uno	studente	**una**	studentessa
	zaino		ragazza
	psicologo		casa
	yogurt		

Usiamo:

▶ **un** con parole **maschili** che iniziano con una **consonante** o una **vocale.**

▶ **uno** con parole **maschili** che iniziano con: **s + consonante, z, ps, y**

▶ **un'** con parole **femminili** che iniziano con una **vocale.**

▶ **una** con parole **femminili** che iniziano con una **consonante.**

SPAZIO ALLA GRAMMATICA

Il genere degli aggettivi

 1 | Completa gli aggettivi.

Sono Maria, sono italian**a.**

Sono Fang, sono cines**e.**

Sono Javier, sono spagnol**o.**

Sono Vassilissa, sono grec**a.**

Sono Ramesh, sono indian**o.**

Sono Luc, sono frances**e.**

 2 | Completa la tabella con maschile e femminile.

maschile	femminile
Io sono Ramesh, sono *indiano.*	Io sono Asha, sono *indiana.*
Io sono Paolo, sono _italiano_ .	Io sono Sara, sono *italiana.*
Io sono Feng, sono _cinese_ .	Io sono Asako, sono *cinese.*
Io sono Carlos, sono *spagnolo.*	Io sono Maia, sono _spagnola_ .
Io sono Jannis, sono _greco_ .	Io sono Caterina, sono *greca.*
Io sono Jean, sono *francese.*	Io sono Marie, sono _francese_ .

3 | In una classe di lingue i nuovi studenti si presentano. Inserisci le nazionalità corrette.

1. Buongiorno! Sono Juliette, sono di Parigi. Sono _____ .
2. Ciao, sono Eddie, sono di Liverpool. Sono _____ .
3. Buongiorno, mi chiamo Sonia, sono di Milano. Sono _____ .
4. Mi chiamo Julio, sono di Buenos Aires. Sono _____ .
5. Ciao, mi chiamo Joao, sono di Lisbona. Sono _____ .
6. Ciao, sono Maria, sono di Atene. Sono _____ .

greca • portoghese
argentino • italiana
inglese • francese

4 | Scrivi la nazionalità di questi personaggi.

1. Eros Ramazzotti   2. Laetitia Casta   3. David Beckham   4. Gong Li   5. Cristiano Ronaldo   6. Penelope Cruz

è _____ .   è _____ .   è _____ .   è _____ .   è _____ .   è _____ .

Il verbo *essere*: forme singolari

yo   tu   el/ella

5 | Completa le frasi con *sono*, *sei*, *è*.

1   2   3

1. Francesco __è__ italiano.
2. Io __sono__ francese.
3. Paola, tu __sei__ greca?
4. Pedro __è__ spagnolo.
5. Amitava __è__ indiano.
6. Tu __sei__ argentina?

6 | Scegli l'alternativa corretta.

1. Sara (è italiana) / sono italiana / sei italiano.
2. Io è inglese / sei francese / (sono indiana.)
3. Tu (sei giapponese) / sono inglese / sono svedese.
4. Carlo (è italiano) / sono inglese / sei indiano.
5. Lui sei greco / (è portoghese) / sono inglese.
6. Tu sono italiana / è portoghese / (sei inglese.)

7 | Crea frasi come nell'esempio.

Marco / spagnolo? italiano   *Marco è spagnolo? - Non è spagnolo. È italiano.*

1. Paula / spagnola? argentina
2. Tu / portoghese? inglese
3. Bernard / inglese? francese
4. Eli / cinese? italiana
5. Tu / argentina? greca
6. Vasanth / greco? indiano

Il verbo *chiamarsi*: forme singolari

8 | Inserisci i verbi e i pronomi e completa il verbo *chiamarsi*.

si • mi • chiama • chiami • ti • chiamo   1. io _____   2. tu _____   3. lui / lei / Lei _____

9 | Completa i dialoghi con il verbo *chiamarsi*.

1. 👤 Ciao, _____ Filippo, sono italiano. E tu come _____ ?

   👤 _____ Anne Faith, sono inglese.

2. 👤 Buongiorno, _____ Francoise De Bos, sono francese.

   👤 Piacere! _____ Kumar Rades, sono indiano. E lei, come _____ ?

   👤 Lei _____ Miriam, è portoghese.

3. 👤 Ciao, _____ Andrea, e tu, come _____ ?

   👤 _____ Anna, piacere!

   👤 Piacere!

I verbi *essere* e *chiamarsi*: forme singolari

10 | Abbina le domande alle risposte.

1. ☐ Come ti chiami?
2. ☐ Marco è italiano?
3. ☐ Di dove è il signor Ghezzi?
4. ☐ Di dove sei?
5. ☐ Laura è di Buenos Aires?
6. ☐ Come si chiama lei?

a. Sì, è di Roma.
b. No, non è di Buenos Aires.
c. Mi chiamo Robert, e tu?
d. Sono greco, di Atene.
e. Il signor Ghezzi è italiano, di Perugia.
f. Lei si chiama Mireia.

11 | 🔊 2•2 Ti ricordi i dialoghi a pag. 14 del *Libro dello studente*? Completa con *essere* e *chiamarsi*. Poi ascolta e controlla.

Claudia	Buonasera, _____ (1) Claudia Sanchez. E Lei, come _____ (2)?
Luc	_____ (3) Luc Bertrand.
Claudia	Piacere.
Luc	Piacere.
Claudia	Di dove _____ (4), signor Bertrand?
Luc	_____ (5) francese.
Claudia	Io _____ (6) spagnola, di Madrid.

Maria	Ciao, io _____ (7) Maria e sono argentina. E tu come _____ (8)?
Andrew	Ciao! Io _____ (9) Andrew.
Maria	Di dove _____ (10)? Sei inglese?
Andrew	Sì, _____ (11) inglese, e lui _____ (12) Roberto, è italiano.
Maria	Ciao Roberto!

I pronomi personali singolari

12 | Riscrivi le frasi con il pronome personale, come nell'esempio.

<u>Anna</u> è spagnola.   *Lei* è spagnola.

1. <u>Mark</u> è di Londra. _____ *Lui*
2. <u>Sarah</u> è di Manchester. _____ *Lei*
3. <u>Elena</u>, (sei) di Atene? _____ *tu*

4. <u>Il signor Lucchi</u> è italiano. _____ *Lei / Lui*
5. <u>Tina</u> è spagnola e <u>Pepe</u> è argentino. _____ *Lei / Lui*
6. <u>La signora Alvarez</u> è spagnola? _____ *Lei*

13 | Completa i dialoghi con i pronomi corretti.

a) **In classe**

👤 Pedro, sei spagnolo?

🧑 No, ... è spagnolo, ma .... sono portoghese,
di Coimbra. E ...., Paul, di dove sei?

👤 Sono francese, di Nantes.

b) **In ufficio**

👤 Buongiorno, ... è il signor Cesari?

🧑 Sì. E ...., come si chiama?

👤 Mi chiamo Michele Parri, piacere!

🧑 Piacere!

c) **Al bar**

👤 .... sei Francesca?

🧑 No! .... è Francesca, ... mi chiamo
Alessandra.

👤 Scusa! .... sono Riccardo e .... è Fabio.
Piacere!

🧑 Piacere!

I verbi in –are: forma singolare

14 | Inserisci le forme dei verbi *abitare*, *parlare*, *studiare* e *lavorare* al posto giusto.

	abitare	parlare	studiare	lavorare
abita • parli • lavora studi • studio • lavoro parla • abiti • parlo studia • lavori • abito				
io	....	....	....	....
tu	....	....	....	....
lui/lei/Lei	....	....	....	....

15 | Trasforma le frasi come nell'esempio.

Io studio francese. *(tu)*   *(Tu) studi francese.*

1. Lui abita a Roma. *(io)* ....
2. Io parlo portoghese. *(tu)* ....
3. Tu non studi italiano? *(lei)* ....
4. Lei parla cinese. *(io)* ....
5. Io lavoro in centro. *(tu)* ....
6. Tu non parli greco. *(lui)* ....
7. Lui studia in università. *(lei)* ....
8. Lei lavora a Milano? *(tu)* ....

16 | Completa i dialoghi con i verbi *parlare*, *lavorare*, *abitare* e *studiare*.

1. 👤 Lei .... inglese?

   🧑 Sì, ... inglese e francese.

2. 👤 Lei .... italiano?

   🧑 Sì, ... italiano in una scuola in centro.

3. 👤 Lui è Carlos, ... in banca qui a Milano.

   🧑 Sì, e .... italiano molto bene!

4. 👤 Tu dove ....?

   🧑 .... in una casa a Milano.

17 | Completa l'e-mail con i verbi fra parentesi.

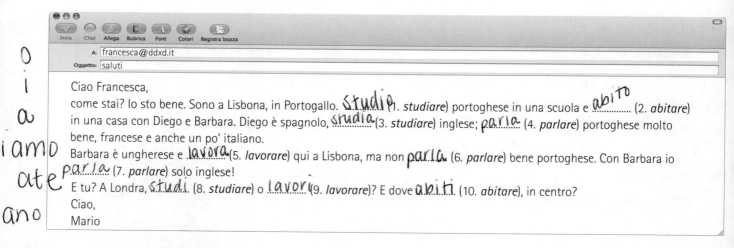

o
i
a
i amo
ate
ano

Ciao Francesca,
come stai? Io sto bene. Sono a Lisbona, in Portogallo. *Studio* (1. *studiare*) portoghese in una scuola e *abito* (2. *abitare*) in una casa con Diego e Barbara. Diego è spagnolo, *studia* (3. *studiare*) inglese; *parla* (4. *parlare*) portoghese molto bene, francese e anche un po' italiano.
Barbara è ungherese e *lavora* (5. *lavorare*) qui a Lisbona, ma non *parla* (6. *parlare*) bene portoghese. Con Barbara io *parla* (7. *parlare*) solo inglese!
E tu? A Londra, *studi* (8. *studiare*) o *lavor* (9. *lavorare*)? E dove *abiti* (10. *abitare*), in centro?
Ciao,
Mario

18 | Scrivi un'e-mail sul modello di quella dell'esercizio 17.

19 | 🔊 2•3 Nikos studia italiano da poco tempo e fa ancora tanti errori. Leggi il dialogo, trova gli errori e correggi. Poi ascolta il dialogo corretto e controlla.

Silvia	Buongiorno professor Rini!
Prof. Rini	Oh, ciao Silvia! Come stai?
Silvia	Bene, grazie.
Prof. Rini	E lui chi è, un amico?
Silvia	Sì, lui si chiama Nikos.
Nikos	Piacere, mi chiama Nikos Patakis.
Prof. Rini	Piacere, Nikos, tu parli italiano?

Nikos	Un po'.
Prof. Rini	E dove abiti?
Nikos	Abita in centro.
Prof. Rini	Studi in università o lavori?
Nikos	Lavori in banca, ma studia anche italiano. L'italiano sono molto difficile.

Il genere dei nomi

PRIMI PASSI

20 | Maschile (M) o femminile (F)? Scrivi il genere dei nomi tra parentesi.

1. casa (..........)
2. centro (..........)
3. classe (..........)
4. studente (..........)
5. professore (..........)
6. banca (..........)
7. amico (..........)
8. università (..........)

21 | Scrivi le parole al posto giusto.

penna • computer • errore • esame
studente • radio • professoressa
esercizio • studentessa • lezione

MASCHILE: ....

FEMMINILE: ....

Gli articoli indeterminativi

22 | Sottolinea l'articolo corretto.

1. *un / uno* amico
2. *un' / una* amica
3. *un' / una* banca
4. *un / uno* esame
5. *un / uno* professore
6. *un / uno* ragazzo
7. *un / uno* studente
8. *un' / una* classe
9. *un' / una* lezione
10. *un' / una* università

23 | Completa le frasi con l'articolo indeterminativo corretto.

1. Mara è .... amica italiana.
2. Barcellona è .... città spagnola.
3. Io sono .... studente francese.
4. Gianni è .... professore di Milano.
5. Tu lavori in .... banca?
6. Daniel è .... ragazzo inglese.

24 | Inserisci queste parole nella colonna giusta.

lezione • libro • amica • zaino • esercizio • studente • e-mail • studentessa • professore • psicologo • università • banca

un	uno	un'	una

TUTTO CHIARO?

25 | Ricostruisci le frasi come nell'esempio.

→ Abito con *ragazza argentina e un amico francesa.*
ma / sono / Kate, / inglese, / a / abito / Mi chiamo / Roma.

Mi chiamo Kate, sono inglese, ma abito a Roma.

1. spagnola, / Teresa / è / studia / università. / in
   Teresa è spagnola studia in universtá.
2. argentina / con / ragazza / un / Abito / francese. / e / amico / una
   Abito con una ragazza argentina e un amico
3. studente / Sei / di / cinese? / uno
   sei uno studente di cinese?

4. linguistico? / Sei / a / tandem / interessata / un
   Sei interessata a un tandem linguistico?
5. abita / Laura / centro, / una / in / un'/ casa / in / greca / . / con / amica
   Laura abita con un'amica greca in una casa in centro.
6. o / portoghese / Lei / argentino? / è
   Lei é portoghese o argentino?

26 | Trasforma il dialogo da informale a formale.

Davide Lenzi • Matteo De Santi • Greg Egan

- Ciao Davide!
- Ciao Matteo! Lui è Greg.
- Ciao Greg, di dove sei?
- Sono inglese, di Liverpool. E tu sei di Milano?
- No, sono di Genova, ma abito e lavoro qui a Milano. E tu? Perché sei in Italia?
- Lavoro in università.

inf → for

- *Buongiorno signor Lenzi!*
- *Buongiorno signor De Santi. Lui é sr. Egan*
- *Buongiorno sr. Egan, di dove è?*
- *Sono inglese, di Liverpool. È di Milano?*
- *... È Lei? Perché è in Italia?*
-

135

COMUNICARE

27 | Completa i dialoghi con le espressioni indicate.

È il primo giorno di Rossella in ufficio.

a | *Prima incontra il suo collega Frank...*

> Sei italiano? • Come ti chiami?
> Sono di Roma • Bene, grazie!
> Di dove sei?

_____

Mi chiamo Frank, piacere!

_____

No, non sono italiano.

_____

Sono americano, di Boston. E tu?

_____

Ah, di Roma! E come stai qui a Torino?

_____

b | *... poi il suo capo, Luca Viviani.*

> di dove è? • Come sta?
> Come si chiama? • È di Torino?

Buongiorno. _____

Mi chiamo Rossella Bianchi...

Benvenuta, Rossella. _____

Bene, grazie.

_____

No, non sono di Torino ma adesso abito qui.

Ah, _____

Sono di Roma.

28 | Carlos Munoz e Isabella Luciani abitano nello stesso palazzo e si incontrano per la prima volta. Riordina le frasi del dialogo.

1 Buongiorno, mi chiamo Isabella Luciani, e Lei?

Io no, sono qui da poco.

Ah, e di dove è?

Piacere, sono Carlos Munoz. Lei abita qui, signora Luciani?

Sì, da molto tempo! E Lei, signor Munoz?

No, sono spagnolo.

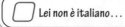
Lei non è italiano...

8 Di Cordoba!

29 | Adesso trasforma il dialogo dell'esercizio 28 da formale a informale.

Ciao, mi chiamo Isabella, e tu? ...

30 | Scrivi le nazionalità.

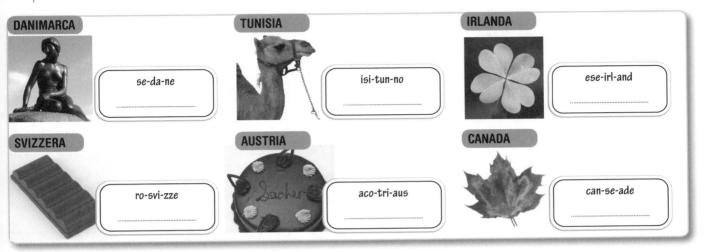

DANIMARCA
se-da-ne
....

TUNISIA
isi-tun-no
....

IRLANDA
ese-irl-and
....

SVIZZERA
ro-svi-zze
....

AUSTRIA
aco-tri-aus
....

CANADA
can-se-ade
....

31 | Completa il testo con le nazionalità corrette.

Mark descrive la sua classe di italiano.

Sandra è .... (1), di Berlino, Ben è .... (2), di Dublino. Javier è un professore .... (3), è di Barcellona. Misako è una studentessa .... (4), di Tokio. Max è uno studente .... (5) di Copenhagen e David è ....
.... (6), di Sidney. E poi io: l'unico studente .... (7), di Toronto.

32 | Indica con (✓) il saluto adatto alle situazioni.

1. a. ☐ Arrivederci.
    b. ☐ Buongiorno.

2. a. ☐ Ciao!
    b. ☐ Buongiorno.

3. a. ☐ Buonasera.
    b. ☐ Buonanotte.

4. a. ☐ A dopo!
    b. ☐ Arrivederla.

33 | 🔊 2•4 Ascolta le frasi e indica con (✓) le domande.

1. ☐   2. ☐   3. ☐   4. ☐   5. ☐   6. ☐   7. ☐   8. ☐

Che lavoro fai?

Il verbo *essere*

essere	
(io)	sono
(tu)	sei
(lui / lei / Lei)	è
(noi)	siamo
(voi)	siete
(loro)	sono

Il verbo *essere* è un verbo **irregolare**.

Sono americano.

Non *siamo* di Madrid.

Tu *sei* italiano?

I verbi in *–are* (prima coniugazione)

	lavorare	studiare
(io)	lavoro	studio
(tu)	lavori	studi
(lui / lei / Lei)	lavora	studia
(noi)	lavoriamo	studiamo
(voi)	lavorate	studiate
(loro)	lavorano	studiano

In italiano esistono **tre coniugazioni**.

I verbi in *–are* sono verbi della **prima coniugazione**.

Lavoriamo a Roma.

Marco non *studia* francese.

Lavorate in banca?

I verbi in *–ere* (seconda coniugazione)

	vivere	prendere
(io)	vivo	prendo
(tu)	vivi	prendi
(lui / lei / Lei)	vive	prende
(noi)	viviamo	prendiamo
(voi)	vivete	prendete
(loro)	vivono	prendono

I verbi in **–ere** sono verbi della **seconda coniugazione**.

Vivo a Napoli.

Marco e Laura non *vivono* a Roma.

Prendiamo una birra?

Il verbo *avere*

avere	
(io)	ho
(tu)	hai
(lui / lei / Lei)	ha
(noi)	abbiamo
(voi)	avete
(loro)	hanno

Il verbo *avere* è un verbo **irregolare**.

Sandro e Giovanna *hanno* un esame di italiano.

Non *ho* il tuo numero di cellulare.

Avete un appartamento in centro?

Il verbo *fare*

fare	
(io)	faccio
(tu)	fai
(lui / lei / Lei)	fa
(noi)	facciamo
(voi)	fate
(loro)	fanno

Il verbo *fare* è un verbo **irregolare**.

Faccio l'avvocato.

Marco e Luca non *fanno* l'esame.

Che lavoro *fai*?

Gli articoli determinativi singolari

	maschile		femminile
il	dottore	la	commessa
	giornalista		studentessa
l'	avvocato	l'	amica
	esame		università
lo	studente		
	psicologo		
	zaino		
	yogurt		

Usiamo gli articoli determinativi per parlare di cose e persone determinate e specificate.

▶ **il** precede i nomi **maschili** che iniziano con una **consonante**;

▶ **lo** i nomi **maschili** che iniziano con **s + consonante, z, ps, y**;

▶ **l'** i nomi **maschili** e **femminili** che iniziano con una **vocale**;

▶ **la** i nomi **femminili** che iniziano con una **consonante**.

Il verbo *essere*

1 | Metti le forme del verbo *essere* al posto giusto.

siamo • sono • sei
sono • siete • è

(io)	sono		(noi)	siamo
(tu)	sei		(voi)	siete
(lui / lei / Lei)	è		(loro)	sono

2 | Trasforma le frasi come nell'esempio.

Sally è di Londra. (*noi*)   (Noi) siamo di Londra.

1. Io sono brasiliano. (*tu*)   Tu sei brasiliano.
2. Noi siamo in una scuola d'italiano. (*voi*)   Voi siete...
3. Lisa è un'insegnante. (*io*)   Io sono...
4. Voi siete di Firenze? (*loro*)   Loro sono...
5. Tu sei greca? (*lei*)   Lei è...
6. Loro sono in un negozio in centro. (*noi*)   Noi siamo...

3 | Quiz! Conosci bene il verbo *essere*? Sottolinea l'alternativa corretta.

1. E Lei Signora, di dove *sei* / *è* ?
2. Carlo e Giulio *sono* / *siete* di Bari.
3. Io *sono* / *sei* a Roma.
4. Oggi io e Silvia *siamo* / *sono* in università.
5. Carla, tu *è* / *sei* una commessa?
6. Voi *siamo* / *siete* in centro?

4 | Completa i dialoghi con il verbo *essere*.

1. ● Ciao, io sono Marcello. E tu sei Elena, vero?
   ○ Sì, e loro sono Rachel ed Emma.
   ● Piacere! Siete di Londra?
   ○ No, siamo di Dublino.

2. ● E voi siete di Torino?
   ○ No, siamo di Parma. Luca e Roberto sono di Torino.

3. ● Signor Martino, Lei è di Milano?
   ○ No, sono di Napoli. E Lei, di dove sei con è ?
   ● Sono di Parigi. Io e il signor Laurel è a Milano per lavoro.

I verbi in *-are* e in *-ere*

5 | Completa la tabella.

	studiare	lavorare	prendere	scrivere
(io)	studio	lavoro	prendo	scrivo
(tu)	studi	lavori	prendi	scrivi
(lui / lei / Lei)	studia	lavora	prende	scrive
(noi)	studiamo	lavoriamo	prendiamo	scriviamo
(voi)	studiate	lavorate	prendete	scrivete
(loro)	studiano	lavorano	prendono	scrivono

to write   to work   to take

6 | Completa i dialoghi con le forme corrette dei verbi *scrivere* (1) *lavorare* (2), *prendere* (3) e *studiare* (4).

to study   _scrivete_

1. 👤 Ciao ragazzi! ~~scrivi~~ *scriviamo* (*voi*) un'e-mail a Thomas?
   👤 No, ~~scriviamo~~ *scriviamo* a Luis. Adesso vive a Parigi. E tu?
   👤 *Scrivo* un articolo per un sito Internet.

2. 👤 Dove *lavora* Marco?
   👤 Marco *lavora* a Padova,
   👤 E Giulio e Laura?
   👤 Loro *lavorano* a Trento.

3. 👤 Ragazzi, che cosa *prendete* (*voi*)?
   👤 Io *prendo* una birra, lui *prende* un caffè e Lucia e Giovanni ~~prendere~~ *prendono* una coca cola.

4. 👤 Marina, tu ~~prende~~ *studi* economia?
   👤 No, Giuliano *studia* economia, ma io *studio* farmacia.
   👤 Ah! E Lorenzo e Stefano *studiano* farmacia?
   👤 No, loro *studiano* medicina.

7 | Marco, Luca e Silvia sono amici. Leggi che cosa fanno durante il giorno e sottolinea l'alternativa corretta.

Marco De Carli è un avvocato di Milano. *Lavori / Lavora* in uno studio in centro con Luca Bremi. Marco e Luca *lavoriamo / lavorano* molto. La sera Marco e Luca *prendi / prendono* una birra al bar con Silvia, un'amica. Silvia è una segretaria e *lavori / lavora* in una banca. Luca, Marco e Silvia non *discutono / discuti* di lavoro: *parliamo / parlano* di sport e cinema. Nel week-end *mangio / mangiano* una pizza o *guarda / guardano* un film insieme.

8 | 🔊 2•5 Completa con i verbi corretti, poi ascolta il CD e controlla.

Davide	Ciao Maria! Come stai?
Maria	Bene, Davide, e tu?
Davide	Bene, grazie. Maria, loro sono Marco e Stefano, _____ (1. *vivere*) qui a Roma ma sono di Bologna.
Maria	Piacere, Maria!
Marco e Stefano	Piacere!
Stefano	Maria, _____ (2. *studiare*) qui a Roma?
Maria	No, _____ (3. *lavorare*) part-time. Sono una commessa: lavoro in un negozio in centro. E voi... perché siete qui a Roma? _____ (4. *lavorare*) o _____ (5. *studiare*)?
Marco	Lavoriamo. Io sono un dottore, _____ (6. *lavorare*) in ospedale.
Stefano	E io sono un avvocato, lavoro in uno studio legale.
Maria	E tu, Davide, _____ (7. *lavorare*) sempre in un giornale?
Davide	Sì, _____ (8. *scrivere*) per il sito Internet di romaweb, un giornale on-line. Beh, perché non prendiamo una birra insieme?
Maria	Perché no? Va bene!

9 | Completa i dialoghi con i verbi corretti.

1. .... economia?
   No, noi .... italiano.

2. Dove ....?
   In ospedale?
   No, ... in banca. Sono una manager.

3. Maria e Stella abitano a Milano?
   No, ... a Roma.

4. .... o ....?
   Eh, lavoro! Sono un avvocato.

5. Cosa ....?
   Una birra o un caffè?
   .... una birra, grazie!

6. Voi .... un'e-mail al professore?
   No, ... ad Anne, un'amica americana.

10 | Ecco il compito di John, uno studente d'italiano. Trova e correggi gli errori.

1. Maria è una segretaria, lavorano in banca.
2. Federico e Sara vivonno in Inghilterra.
3. Mario e Francesca parla tedesco?
4. Tu prendo una birra?
5. Mario e Lucia abitate a Bologna.
6. Tu scrivono un'e-mail a Carlo?
7. Io lavoraro in ospedale, sono un medico.
8. Voi mangiano una pizza?

Il verbo *avere*

11 | Metti le forme del verbo *avere* al posto giusto.

hai • hanno • avete
ho • abbiamo • ha

(io) ....   (lui / lei / Lei) ....   (voi) ....
(tu) ....   (noi) ....   (loro) ....

12 | Monica scrive una lettera ai suoi amici. Leggi e sottolinea l'alternativa corretta.

Cari Teresa e Claudio,

come va? Io sto bene. ~~Ho~~ / Hai un nuovo lavoro a Madrid. Scrivo per un sito Internet. Abito con una ragazza, Anna. È una studentessa e hai / ~~ha~~ 25 anni. Noi avete / ~~abbiamo~~ una casa in centro ed è bellissima! Non hanno / ~~abbiamo~~ un telefono in casa, ma io ha / ~~ho~~ un telefono in ufficio. Il numero è: 0034 613455689.

E voi? Hanno / ~~Avete~~ un numero di telefono?

A presto,

Monica

↓ very beautiful

13 | Scrivi frasi con il verbo *avere*, come nell'esempio.

Tu / quanti anni / ?   *Tu quanti anni hai?*

1. Paola / 30 anni   *Paolo ha 30 anni.*
2. Io e Davide / un appartamento in centro   *Io e Davide abbiamo un appartamento in centro.*
3. Io / un esame di francese   *Io ho un esame di francese.*

4. Voi / quanti anni / ?   *Voi quanti anni avete*
5. Tu / una lezione di italiano   *Tu hai una lezione di Ita*
6. Samantha e Giorgio / un'amica di Tokyo   *Samantha e Giorgio hanno un'amica di Tokyo.*

14 | Completa i dialoghi con le forme corrette del verbo *avere*.

1. ■ Ragazzi, *avete* (voi) un appartamento in centro?
   ○ Sì. *abbiamo* un appartamento in via Grandi.

2. ■ Luca adesso *ha* lezione di spagnolo?
   ○ No. Sandra e Dario *hanno* lezione di spagnolo. Luca studia tedesco.

3. ■ Michele, tu quanti anni *hai* ?
   ○ Io *ho* 23 anni.

Il verbo *fare*

15 | Completa le forme del verbo *fare*.

1. (io) fac*cio*
2. (tu) fa*i*
3. (lui / lei / Lei) f*a*
4. (noi) fac*ciamo*
5. (voi) fat*e*
6. (loro) fan*no*

16 | Completa il cruciverba con le forme del verbo *fare*.

orizzontali
1. Luigi (tu) che lavoro *fai* ?
3. Noi *facciamo* un esercizio.
4. Carla e Giovanni *fanno* l'insegnante e l'avvocato.

verticali
? 1. My name
   Mi chiamo Sara e *faccio* la barista.
2. ■ Che cosa *fate* (voi) questa sera?
   ○ Mangiamo una pizza insieme.
4. Signor Luppi, Lei *fa* il cuoco?

17 | Scrivi frasi con il verbo *fare*, come nell'esempio.

Io / l'avvocato → *Io faccio l'avvocato.*

1. Marina e Carlo / l'impiegata e il dottore ....
2. Tu / che lavoro / ? ....
3. Luigi / l'università ....
4. Voi / un viaggio in America / ? ....
5. Io / la segretaria ....
6. Che cosa / (noi) / stasera / ? ....

18 | Completa i dialoghi.

1. ● E Lei, che lavoro .... ?
   ○ .... l' architetto.

2. ● Lui è Mario, ... il giornalista.
   ○ Piacere!

3. ● Che cosa .... stasera?
   ○ .... una festa!

4. Loro sono Manuela e Serena. ....
   l'insegnante e la fotografa qui a Milano.

Gli articoli determinativi singolari

19 | Sottolinea l'articolo determinativo corretto.

1. Marco fa il / (l') avvocato.
2. (L') / La insegnante di francese si chiama Katell.
3. Lui si chiama Pierre, fa il / (lo) giornalista per un sito
   Internet francese. *consonant mascul*
4. Giulia lavora part-time, fa (la) / lo commessa in un negozio
   di abbigliamento. *masculine / s+consonant*
5. (Lo) / Il studio della signora Chiari è in via Farini 6.
6. (L') / Il appartamento di Francesca è in centro.

20 | Inserisci gli articoli maschili e femminili corretti.

all ps are Lo
MASCHILE: **Lo** psicologo   **L'** esame   **il** dottore   **il** negozio   **Lo** studente   **L'** amico
FEMMINILE: **La** classe   **L'** insegnante   **La** compagna   **La** commessa   **La** lezione   **L'** università

21 | Inserisci queste parole nella colonna giusta.

most foreign words are mascu. email is an exception

ristorante • ufficio • università • redazione • ospedale
studio • e-mail • negozio • studente • commessa

il	lo	l' (M)	la	l' (F)
restorante	studente	ufficio	commessa	università
negozio	studio	ospedale	redazione	e-mail

22 ( ) 2•6 Il signor Prinetti incontra la signora Virgilio per strada. Leggi e completa il dialogo con gli articoli corretti, poi ascolta e controlla.

sig.ra Virgilio	Buongiorno signor Prinetti.
sig. Prinetti	Buongiorno signora Virgilio. Ha sempre _____ (1) studio legale?
sig.ra Virgilio	Sì, e Lei ha sempre _____ (2) negozio?
sig. Prinetti	Certo! Una ragazza, Lisa, lavora in negozio: fa _____ (3) commessa part-time nel week-end.
sig.ra Virgilio	Anche noi abbiamo un ragazzo in studio. Si chiama Giorgio, fa _____ (4) università a Milano ed è molto bravo. _____ (5) papà di Giorgio fa _____ (6) avvocato e ha uno studio in centro.
sig. Prinetti	Ah! E Marco come sta?
sig.ra Virgilio	Sta bene. Adesso fa _____ (7) fotografo per un sito Internet.

23 Questa è la foto di una classe d'italiano. Leggi che cosa fanno adesso i compagni di classe e completa il testo. Scegli fra l'articolo determinativo e l'indeterminativo.

Questa è la classe d'italiano, anno 1991. Diego qui ha 16 anni, ma adesso fa _____ (1) giornalista per _____ (2) giornale a Madrid. Paul invece adesso fa _____ (3) insegnante d'inglese. Julia ora ha 35 anni, vive a San Francisco in _____ (4) bella casa. Fa _____ (5) segretaria in _____ (6) ufficio. In questa foto Pierre ha 15 anni, adesso fa _____ (7) architetto in _____ (8) studio a Parigi. E Wei ora fa _____ (9) dottoressa in _____ (10) ospedale di Milano.

24 Che cosa fanno adesso i tuoi compagni? Scrivi un paragrafo come nell'esercizio 23.

TUTTO CHIARO?

25 Completa le domande con la parola corretta.

Qual • Quanti
Come • Dove
Qual • Che
Come • Di dove

1. Dove abitate qui a Torino?
2. Quanti anni ha Giulia?
3. Che lavoro fai?
4. Qual è il suo indirizzo e-mail?
5. Come stai oggi?
6. Di dove siete, di Bari o di Napoli?
7. Come ti chiami?
8. Qual è il numero di telefono della scuola di lingue?

26 Completa il testo con queste parole.

l' • sono • la • ha • lo • il • studiamo • lavoro • lavora • è

Mi chiamo Rosa e _____ (1) italiana. _____ (2) in un negozio a Trieste, faccio _____ (3) commessa. Vivo con un amico, Gianni. Gianni _____ (4) tanto, fa _____ (5) psicologo e _____ (6) uno studio in centro. _____ (7) weekend io e Gianni _____ (8) inglese con Sheena, un'amica irlandese. Sheena _____ (9) di Dublino, ma abita a Trieste: parla _____ (10) italiano molto bene.

COMUNICARE

27 | Abbina le parole e forma le domande.

1. Che   lavora   fai?
2. Dove   anni   e-mail?
3. Qual è   lavoro   la signora Neri?
4. Quanti   il tuo indirizzo   qui a Roma?
5. Dove   il tuo numero   hai?
6. Qual è   abiti   di telefono?

28 | Anna è la segretaria di una scuola d'inglese a Roma. Oggi riceve tre nuovi studenti. Immagina e scrivi i dialoghi. Attenzione: sono formali o informali?

ANNA, LA SEGRETARIA

STEFANIA RICCI
PSICOLOGA, 55 ANNI
VIA LARGA, 8 – ROMA
E-MAIL: stefi@net.net
STUDIA INGLESE PER LAVORO

Anna: *Buongiorno!*

....
....
....

ALBERTO MURRO
INGEGNERE, 62 ANNI
TEL.: 06 232398
E-MAIL: AM@COM.COM
STUDIA INGLESE PER PASSIONE

Anna: *Buongiorno!*

....
....
....

MICHELE BRANDI
STUDENTE, 20 ANNI
PIAZZA MATTEI, 5 – ROMA
TEL.: 06 01928
STUDIA INGLESE PER L'ESAME

Anna: *Ciao!*

....
....
....

[annotazioni a mano:] Che lavora fa Davide? / Che cosa fa Davide? / Qual è il lavoro di Davide?

29 | Scrivi le domande corrette per queste risposte.

[annotazioni a mano: Che lavora fa? / Dove lavora?]

1. Che lavora fai / Dove lavora / Che lavora fa? (F) — Lavoro in un ufficio a Bari.
2. Quanti anni ha il signor Rossi? — Il signor Rossi ha 63 anni.
3. Franco e Anna parlano inglese? — No, Franco e Anna non parlano inglese.
4. .... — Davide fa l'avvocato.
5. .... — Sì, sono di Parigi.
6. Dove abiti (qui a Bologna?) abitate? — We live / Abitiamo in centro a Bologna.

[annotazione a mano in basso: (1) Sei di Parigi? / ... sei francese?]

UNITÀ **2**   **Che lavoro fai?**

SPAZIO ALLE PAROLE

30 | Abbina le presentazioni alle foto. Attenzione, c'è una presentazione in più. Qual è?

a. Sono un tassista.

b. Sono un'interprete.

c. Ciao, sono una cameriera.

d. Ciao, faccio il cuoco.

e. Faccio il vigile.

f. Salve, faccio l'impiegata.

g. Buongiorno, sono un farmacista.

31 | Completa il cruciverba con i nomi dei luoghi.

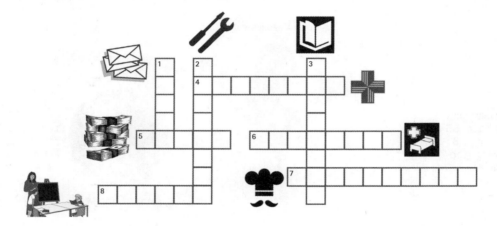

32 | Completa la carta d'identità.

il • cognome • cittadinanza
via • firma • nome • nato/a a
professione • residenza

..............: Miceli

..............: Dario

..............: Pisa

..............: 24/07/1984

..............: italiana

..............: Pisa

..............: Ariosto 3

..............: insegnante

Dario Miceli

INTONAZIONE&PRONUNCIA

33 | 🔊 2•7 Ascolta queste parole e indica con (✓) se senti una consonante doppia o no.

1. l ☐   ll ☐   3. z ☐   zz ☐   5. n ☐   nn ☐   7. t ☐   tt ☐

2. s ☐   ss ☐   4. t ☐   tt ☐   6. s ☐   ss ☐   8. z ☐   zz ☐

Buon appetito!

Il plurale dei nomi

	singolare	plurale
maschile	aperitivo	aperitivi
	ristorante	ristoranti
	dentista	dentisti
femminile	aranciata	aranciate
	lezione	lezioni

▶ I nomi in **–o** e in **–e** e i **maschili** in **–a** hanno il plurale in **–i**.

▶ I nomi **femminili** in **–a** hanno il plurale in **–e**.

▶ I nomi in **–à, –è, –ì, –ò, –ù** e **terminanti con consonante** non cambiano al plurale.

una città	→	due città
un caffè	→	due caffè
un menu	→	due menu
un film	→	due film
un computer	→	due computer

▶ I nomi in **–co, –ca, –go, –ga** hanno il plurale in **–chi, –che, –ghi, –ghe**.

un suc**co**	→	due suc**chi**
una bistec**ca**	→	due bistec**che**
un alber**go**	→	due alber**ghi**
una casalin**ga**	→	due casalin**ghe**

> **!** **ECCEZIONI**

| un ami**co** | → | due ami**ci** |
| un cin**ema** | → | due cin**ema** |

Il plurale degli aggettivi

	singolare	plurale
maschile	freddo	freddi
femminile	fredda	fredde
maschile / femminile	grande	grandi

▶ Gli aggettivi in **–o** ed **–e** hanno il plurale in **–i**.

▶ Gli aggettivi in **–a** hanno il plurale in **–e**.

▶ Gli aggettivi in **–co, –ca, –go, –ga** hanno il plurale in **–chi, –che, –ghi, –ghe**.

| bian**co** | → | bian**chi** | bian**ca** | → | bian**che** |
| lar**go** | → | lar**ghi** | lar**ga** | → | lar**ghe** |

> **!** **ECCEZIONI**

| analcoli**co** | → | analcoli**ci** |
| economi**co** | → | economi**ci** |

L'accordo di nomi e aggettivi

	singolare	plurale
maschile	vino italiano	vini italiani
femminile	birra italiana	birre italiane
maschile	panino grande	panini grandi
femminile	birra grande	birre grandi

Gli aggettivi **concordano con il genere** (maschile o femminile) **e il numero** (singolare o plurale) **dei nomi**.

Quando un aggettivo è riferito a **due nomi**, uno **maschile** e uno **femminile**, usiamo il **maschile plurale**.

Carlo e Maria sono italiani.

Gli articoli determinativi plurali

	singolare	plurale
maschile	il panino	i panini
	l'antipasto	gli antipasti
	lo spumante	gli spumanti
femminile	la birra	le birre
	l'aranciata	le aranciate

▶ Usiamo **i** con i nomi **maschili plurali** che cominciano con una **consonante**.

▶ Usiamo **gli** con i nomi **maschili plurali** che cominciano con:
- **vocale** (*gli antipasti*)
- **s + consonante** (*gli studenti*)
- **z** (*gli zaini*)
- **ps** (*gli psicologi*)
- **y** (*gli yogurt*)

▶ Usiamo **le** con i nomi **femminili plurali**.

I verbi in *–ire* (terza coniugazione)

	offrire	preferire
(io)	offro	preferisco
(tu)	offri	preferisci
(lui / lei / Lei)	offre	preferisce
(noi)	offriamo	preferiamo
(voi)	offrite	preferite
(loro)	offrono	preferiscono

Alcuni verbi della terza coniugazione inseriscono **–isc–** alla **1ª, 2ª e 3ª persona singolare** e alla **3ª persona plurale**. Tra questi verbi: *capire, finire, pulire, spedire*.

I verbi in *-care, -gare* e *-iare*

	indicare	**pagare**	**mangiare**
(io)	indico	pago	mangio
(tu)	indi**chi**	pa**ghi**	mang**i**
(lui/lei/Lei)	indica	paga	mangia
(noi)	indi**chiamo**	pa**ghiamo**	mangiamo
(voi)	indicate	pagate	mangiate
(loro)	indicano	pagano	mangiano

▶ I verbi in **–care** e **–gare** inseriscono una **–h–** alla **2ª persona singolare** e alla **1ª persona plurale**.

▶ I verbi in **–iare** hanno una sola **–i** alla **2ª persona singolare**.

SPAZIO ALLA GRAMMATICA

Il plurale dei nomi

1 | Completa i plurali con *-e* o *-i*.

	singolare	**plurale**
maschile	cappuccino	cappuccin**i**
	cornetto	cornett**i**
	aperitivo	aperitiv**i**
	bicchiere	bicchier**i**
	spumante	spumant**i**

	singolare	**plurale**
femminile	aranciata	aranciat**e**
	birra	birr**e**
	acqua	acqu**e**
	spremuta	spremut**e**
	verdura	verdur**e**

2 | Trasforma le frasi al plurale, come nell'esempio.

Vorrei un panino, per favore. — *Vorrei due panini, per favore.*

1. Per me, un aperitivo. — Per noi, due aperitivi.
2. Prendo una birra e una pizzetta. — Prendiamo due birre e due pizzete.
3. Un cappuccino e un cornetto, per favore. — Due cappuccini e due cornetti, per favore.
4. Vorrei un gelato. — Vorrei due gelati.
5. Uno spumante e un toast. — Due spumanti e due toast.
6. Un succo di frutta, per favore. — Due succhi di frutta, per favore.

3 | Completa i dialoghi con il plurale di queste parole.

bicchiere • birra • caffè • gelato • spremuta • tè

1. 🧍 Vorrei due _caffé_, per favore.
   🧍 Macchiati?

2. 🧍 Prendiamo due _gelati_.
   🧍 to have Non abbiamo il gelato, ma abbiamo il tiramisù.

3. 🧍 Tre _birre_, per favore.
   🧍 Grandi o piccole?

4. 🧍 Due _spremute_ di arancia.
   🧍 Subito, signora.

5. 🧍 Due _té_.
   🧍 Caldi o freddi?

6. 🧍 Due _bicchieri_ di vino.
   🧍 Bianco o rosso?

4 | Qual è il singolare di questi nomi?

1. gelati ....
2. torte ....
3. dottori ....
4. cuochi ....
5. bottiglie ....

6. manager ....
7. amiche ....
8. studenti ....
9. coltelli ....
10. città ....

11. farmacie ....
12. amici ....
13. banche ....
14. professori ....
15. giornalisti ....

Il plurale degli aggettivi e l'accordo di nomi e aggettivi

5 | Completa le ordinazioni con la forma corretta degli aggettivi.

Vorrei un panino…	Vorrei una pizzetta…	Vorrei due panini…	Vorrei due pizzette…
piccolo	*piccola*	*piccoli*	*piccole*
grande	....	....	grandi
caldo	....	....	caldi

Vorrei uno spumante…	Vorrei una birra…	Vorrei due spumanti…	Vorrei due birre…
italiano	....	italiani	italiane
francese	....	francesi	francesi
freddo	fredda	freddi	fredde

6 | Sottolinea l'alternativa corretta.

1. David e Mark sono *inglese* / (*inglesi.*)
2. Vorrei un caffè (*freddo*) / *fredde.*
3. Due acque *naturale* / (*naturali.*)

4. Alberta e Fabiana sono due studentesse (*portoghesi*) / *portoghese.*
5. Una cioccolata *caldo* / (*calda*) per favore.
6. Prendo un gelato (*grande*) / *grando.*

7 | Stella ha amici da tutto il mondo. Completa il testo con questi aggettivi.

americano • brasiliane
francese • spagnoli
portoghesi • tedesca

Pablo e Anna sono spagnoli (1), di Madrid. Abitano in un appartamento in centro. Silvia e Cristina sono brasilane (2), di San Paolo. Studiano italiano, ma il week-end lavorano a Les Folies, un ristorante francese (3). Helga è tedesca (4), di Berlino: ha un ragazzo americano (5). Si chiama Antony ed è di New York. Joao e Adriano sono portoghesi (6). Joao è di Lisbona e Adriano di Oporto.

8 | Queste persone ordinano da bere e da mangiare al bar. Completa gli aggettivi con la vocale giusta.

✓1. 👤 Un bicchiere di vino bianc_o_ e una birra grand_e_, per favore.
👤 Subito signore.

✓2. 👤 Prego signora.
👤 Una cioccolata cald_a_ e un caffè macchiat_o_.

✓3. 👤 Che cosa prendono i signori?
👤 Due aperitivi analcolic_i_.

✓4. 👤 Che cosa preferisci? Uno spumante frances_e_ o uno spumante italian_o_?
👤 Non bevo spumante.

✓5. 👤 Vorrei due gelati piccol_i_.
👤 Certo signora.

✓6. 👤 Prego signori.
👤 Due tè fredd_i_, per favore.
masculine

9 | Indica con (✓) l'alternativa corretta. *only two options*

1. Due birre
plural feminie
☑ grandi.
☐ grande.

2. Il ragazzo di Clara è
singular masc.
☒ portogheso.
☑ portoghese. *

3. Vorrei due caffè
plural masc.
☑ macchiati.
☐ fredde.

4. Mary è una ragazza
fem. singular
☒ irlandesa.
☑ irlandese. *

5. Una minerale
fem. singular
☐ gassate.
☑ naturale.

6. Queste birre sono
plural feminine
☑ inglesi.
☒ inglese.

7. Fang e Wei sono due ragazze
plural masculine
☑ cinesi.
☐ cinese. *

8. Questo vino è
singular masculine
☒ franceso.
☑ francese. *

Gli articoli determinativi plurali

10 | Scrivi le parole nella colonna giusta.

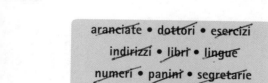

aranciate • dottori • esercizi
indirizzi • libri • lingue
numeri • panini • segretarie
studenti • uffici • scuole

i	gli	le
dottori ✓	esercizi ✓	aranciate ✓
libri ✓	indirizzi ✓	lingue ✓
panini ✓	uffici ✓	segretarie ✓
numeri ✓	studenti ✓	scuole ✓

11 | Scrivi il singolare o il plurale di questi nomi con l'articolo.

✓ l'aperitivo — ~~Ue~~ gli aperitivi

✓ la libreria — le librerie (book shop)

✓ l'esame — gli esami

✓ l'avvocato — gli avvocati

✓ la farmacia — le farmacie

✓ la lezione — le lezioni

✓ il caffè — i caffè

✳ 8. l'amica — le amiche ←

✓ l'università — le università

✓ il professore — i professori

amica - amiche
amico - amici

12 | *Il, lo, la, i, gli, le* o *l'*? Completa il testo con l'articolo corretto.

Il bar K2 è in via Dolcini 32.
È famoso per **gli** aperitivi. **Le** birre e **i** vini sono molto buoni, ma **gli** studenti amano questo bar soprattutto per **gli** snack: **gli** affettati, **le** patatine, **i** tramezzini, **le** pizzette, **la** pasta e **le** verdure. **L'** aperitivo è 6 euro.

le (f/p)   *la (f/s) le (f/p)*

13 | 🔊 2•8 Completa il dialogo con gli articoli. Poi ascolta e controlla.

Luca Buongiorno, avete un tavolo per due?

cameriere Certo. Prego.

Luca Che cosa avete di antipasto? Avete prosciutto e melone?

cameriere Certo. Abbiamo anche _____ (1) bruschetta e _____ (2) affettati misti.

Paola Un piatto di prosciutto e melone per me.

Luca Io prendo _____ (3) affettati misti.

cameriere Bene. Di primo abbiamo _____ (4) spaghetti al pomodoro, _____ (5) penne all'ortolana e _____ (6) tortellini con _____ (7) panna e _____ (8) prosciutto.

Luca Come sono _____ (9) penne all'ortolana?

cameriere Con _____ (10) verdure.

Luca Per me penne, allora.

Paola Io invece prendo _____ (11) tortellini.

I verbi in *–ire* (terza coniugazione)

14 | Completa la tabella con questi verbi.

offriamo • preferiscono • offro
preferisci • offrite • preferisce
offri • preferiamo

	offrire	preferire
(io)	_____	prefer**isco**
(tu)	_____	_____
(lui/lei/Lei)	offre	_____
(noi)	_____	_____
(voi)	_____	prefer**ite**
(loro)	offr**ono**	_____

15 | Riscrivi i verbi come nell'esempio.

1. io dormo   loro *dormono*
2. tu capisci   noi _____
3. loro finiscono   voi _____
4. tu parti   lei _____
5. loro sentono   tu _____
6. voi preferite   io _____

16 | Completa le frasi con questi verbi.

apre • capisco • offrite • partono • preferisci • servono

1. Non _____ molto l'italiano.
2. Barbara e Silvia _____ per Roma.
3. Il nuovo ristorante cinese _____ stasera.
4. _____ il vino bianco o il vino rosso?
5. Oggi pago io. _____ sempre voi!
6. In questo ristorante _____ carne molto buona.

17 | Che cosa dicono queste persone? Completa con la forma corretta dei verbi.

Io preferisco il vino italiano.
E tu, quale vino .... ?

1

Tu capisci il francese e lo spagnolo.
Io .... solo l'italiano.

2

Offri sempre tu.
Oggi .... noi!

3

Noi partiamo per Roma stasera.
E voi, quando .... ?

4

Io dormo molto. E Marta?
.... molto anche lei?

5

Noi preferiamo i ristoranti italiani.
Che ristoranti ....
Stefania e Maurizio?

6

I verbi in –care, -gare e -iare

18 | Completa la tabella.

	cercare	pagare	studiare
(io)	....	....	....
(tu)	....	....	....
(lui/lei/Lei)	....	....	....
(noi)	....	....	....
(voi)	....	....	....
(loro)	....	....	....

19 | Fai il cruciverba.

orizzontali

3. dimenticare (*tu*)
6. studiare (*tu*)
8. praticare (*noi*)
9. pregare (*noi*)
10. incominciare (*tu*)
11. mangiare (*noi*)

verticali

1. cercare (*noi*)
2. sporcare (*tu*)
4. indicare (*loro*)
5. spiegare (*tu*)
7. pagare (*tu*)
8. pronunciare (*noi*)

20 | Completa il testo con la forma corretta dei verbi.

```
● ● ●                              Nuovo messaggio                                    ⊖
 ⊘    ⊙   ✎    📋   A    ⬤    📁
Invia  Chat  Allega  Rubrica  Font  Colori  Registra bozza
        Da: marisacurzio@gfx.it
        A: carlovis@std.it
   Oggetto: stasera
≡ ▾
```

Caro Carlo,

.... (1. tu – *essere*) libero stasera? Perché non .... (2. noi – *mangiare*) insieme?

.... (3. *offrire*) io questa volta, perché .... (4. *pagare*) sempre tu!

.... (5. io – *conoscere*) un ristorante giapponese molto buono: .... (6. loro - *servire*)

piatti fantastici e non è molto caro. O .... (7. tu – *preferire*) una pizza? Da Pulcinella, la pizzeria

in via Redi, ... (8. loro – *fare*) la vera pizza napoletana, ma .... (9. *avere*)

anche pesce e carne. Io .... (10. *finire*) il lavoro presto e poi .... (11. *fare*) un po'

di shopping in centro. E tu?

Ciao!

Marisa

TUTTO CHIARO?

21 | Completa il testo con le vocali corrette.

Sara e Irene sono due studentess*e* spagnol*e* . Studiano in università a Bologna: l*e* lezion*i* sono bell*e* e non molto difficil*i*, e i professori sono brav*i* . Abitano con due ragazz*i* ingles*i*, ma hanno molt*i* [masc. plural] amic*i* italian*i* . Amano la cucina italiana, soprattutto l*e* lasagn*e* [plural] (i) ristorant*i* italian*i* sono molto car*i* : preferiscono l*e* pizzeri*e* o l*e* paninotech*e* . [specializes in paninis] [caro: expensive / dear,]

22 | Completa i verbi.

1. ● Prendiamo un bottiglia di vino?

   ○ No, grazie, prefer.......... una birra a pranzo.

2. ● Dove mang.......... a pranzo?

   ○ Mangio in mensa con i colleghi.

3. ● Oggi offr.......... io.

   ○ No, Marcello. Oggi faccio io. Pag.......... sempre tu!

4. ● Quando part.......... per Roma tu e Clara?

   ○ Part.......... questa sera.

5. ● Non mangio carne.

   ○ Non è un problema. In questo ristorante serv.......... molti piatti vegetariani.

6. ● Che ristorante cerc..........?

   ○ Un ristorante etnico non molto caro.

COMUNICARE

23 | Abbina le domande alle risposte.

Avete = do you serve?

customer 1. [d] Avete un tavolo per quattro?

customer 2. [f] Avete il gelato?

3. [a] Che cosa avete di secondo?

waiter 4. [e] Che cosa porto da bere?

waiter 5. [c] Preferisce patatine fritte o verdure miste?

6. [b] Come sono gli spaghetti allo scoglio?

a. Abbiamo pollo ai funghi, bistecca alla griglia e gamberoni al brandy.

b. Sono spaghetti con pesce.

c. Patatine fritte, per favore.

d. Certo. Prego.

e. Due bicchieri di vino rosso.

f. No, ma abbiamo il tiramisù.

24 | Metti in ordine le frasi e ricostrusci il dialogo.

[6] Abbiamo tortellini con panna e prosciutto e risotto alla pescatora. ✔

[9] Bene, due risotti alla pescatora e per secondo due grigliate di mare. ✔

[1] Che cosa avete di antipasto? ✔

[2] Abbiamo bruschetta, prosciutto e melone e affettati misti. ✔

[7] Com'è il risotto alla pescatora? ✔

[5] E di primo? ✔

[10] Che cosa prendete da bere? ✔

[3] Io prendo prosciutto e melone. ✔

4 [ ] Prosciutto e melone anche per me. ✔

[11] Una bottiglia di vino bianco, per favore. ✔

[8] Con il pesce. ✔

25 | Che cosa dici per...

1. ordinare un cappuccino e un cornetto?
2. chiedere un tavolo per quattro persone?
3. chiedere informazioni su un piatto?
4. chiedere che cosa hanno di antipasto?
5. chiedere da bere?
6. chiedere se il ristorante ha un dolce particolare?

Vorrei...
Io prendo un capp... Cappuc... Per me...
Avete un tavolo per quattro?
Com'è un piatto
Che cosa avete hanno di antipasto.
Vorrei un acqua... Io prendo. Cappu... Per me
Avete (il gelato)?

26 | Trova l'intruso.

bruschetta • _risotto_ • insalata di mare • prosciutto e melone

1. caffè • (cornetto) • cioccolata • cappuccino
2. forchetta • cucchiaio • (aranciata) • coltello
3. insalata mista • patatine fritte • spinaci al burro • (torta al cioccolato)
4. mensa • (tovaglia) • trattoria • paninoteca   _cantine napkin_
5. (pollo ai funghi) • risotto alla pescatora • spaghetti al pomodoro • lasagne
6. gamberoni al brandy • calamari fritti • bistecca alla griglia • (macedonia di frutta)
7. tiramisù • (affettati misti) • panna cotta • gelato

27 | Trova nello schema le dieci parole per completare le frasi.

1. Di _antipasto_, prendo gli affettati misti.
2. Tre _caffè_ macchiati, per favore.
3. Per me patatine fritte, per _contorno_
4. 👤 Un bicchiere di acqua minerale. 🍶 _Gassata_ o naturale?
5. Di _secondo_, preferisce carne o pesce?
6. Che cosa prendi di _dolce_? Panna cotta o tiramisù?
7. Avete un _tavolo_ per quattro? _Can we get a table for four?_
8. Un bicchiere di _vino_ rosso, per favore.
9. Di _primo_, abbiamo lasagne, risotto e gnocchi al gorgonzola.
10. Avete _prosciutto_ e melone?

28 | 🔊 2•9 Ascolta le parole e indica il suono che senti.

	ce	che	ge	ghe	ci	chi	gi	ghi	
1.	☒	☐	☐	☐	☐	☐	☐	☐	centro
2.	☐	☐	☐	☐	☒	☐	☐	☐	ciao
3.	☐	☐	☐	☐	☐	☒	☐	☐	chiamo
4.	☐	☐	☒	☐	☐	☐	☐	☐	argentino
5.	☐	☐	☐	☒	☐	☐	☐	☐	caslinghe
6.	☐	☐	☐	☐	☐	☐	☒	☐	japone
7.	☐	☒	☐	☐	☐	☐	☐	☐	
8.	☐	☐	☐	☐	☐	☐	☐	☒	

29 | 🔊 2•10 Ascolta e completa le parole.

1. Gre_c_a
2. In_ghi_lterra
3. _chi_occiola (@)
4. pia_ce_re
5. ban_che_
6. e_gi_ziano
7. casalin_ghe house wives_
8. a_ge_nzia _agency_

I verbi riflessivi

	alzarsi	mettersi	vestirsi
(io)	**mi** alzo	**mi** metto	**mi** vesto
(tu)	**ti** alzi	**ti** metti	**ti** vesti
(lui / lei / Lei)	**si** alza	**si** mette	**si** veste
(noi)	**ci** alziamo	**ci** mettiamo	**ci** vestiamo
(voi)	**vi** alzate	**vi** mettete	**vi** vestite
(loro)	**si** alzano	**si** mettono	**si** vestono

In italiano ci sono molti verbi riflessivi.
I verbi riflessivi finiscono in **–rsi** all'infinito.
La coniugazione dei verbi è la stessa dei verbi in **–are**, **–ere**, **–ire**, ma usiamo i pronomi riflessivi **mi**, **ti**, **si**, **ci**, **vi** prima del verbo.
Nelle frasi negative usiamo **NON** prima del pronome riflessivo.

> *Mi alzo* presto la mattina.
> Stefano e Laura *si alzano* alle sette.
> A che ora *ti alzi*?
> Clara non *si fa* la doccia la sera.

I verbi irregolari: *andare* e *uscire*

	andare	uscire
(io)	vado	esco
(tu)	vai	esci
(lui / lei / Lei)	va	esce
(noi)	andiamo	usciamo
(voi)	andate	uscite
(loro)	vanno	escono

I verbi *andare* e *uscire* sono irregolari.

> Io *vado* al cinema.
> Monica non *va* in ufficio.
> *Esci* la sera?
> Stefano e Nadia *escono* alle otto.

Gli aggettivi possessivi

maschile		
	singolare	plurale
io	il **mio** libro	i **miei** libri
tu	il **tuo** libro	i **tuoi** libri
lui / lei	il **suo** libro	i **suoi** libri
Lei	il **Suo** libro	i **Suoi** libri
noi	il **nostro** libro	i **nostri** libri
voi	il **vostro** libro	i **vostri** libri
loro	il **loro** libro	i **loro** libri

femminile		
	singolare	plurale
io	la **mia** penna	le **mie** penne
tu	la **tua** penna	le **tue** penne
lui / lei	la **sua** penna	le **sue** penne
Lei	la **Sua** penna	le **Sue** penne
noi	la **nostra** penna	le **nostre** penne
voi	la **vostra** penna	le **vostre** penne
loro	la **loro** penna	le **loro** penne

Gli aggettivi possessivi hanno **quattro forme**:
- maschile singolare
- maschile plurale
- femminile singolare
- femminile plurale

La forma **dipende dal genere e dal numero del nome** che segue l'aggettivo possessivo. Di solito usiamo gli aggettivi possessivi con gli articoli **il**, **la**, **i**, **le**.

> la *mia* borsa   i *nostri* amici
> il *tuo* libro   le *vostre* case

Fa eccezione **loro**, che ha **una sola forma**.

> la *loro* borsa   i *loro* amici
> il *loro* libro   le *loro* case

L'aggettivo possessivo della 3ª persona singolare (**suo**, **sua**, **suoi**, **sue**) è usato **sia per un uomo che per una donna**.

> È la casa di *Maria*. È la *sua* casa.
> È la casa di *Carlo*. È la *sua* casa.

I verbi riflessivi

1 | Completa la tabella.

	alzarsi	mettersi	vestirsi
io	mi alzo	....	mi vesto
tu	ti alzi	....	ti vesti
lei / lui / Lei	....	si mette	....
noi	ci alziamo	....	ci vestiamo
voi	....	vi mettete	....
loro	....	si mettono	....

2 | Sottolinea l'alternativa corretta.

1. Carlo e Maria *si alzano / vi alzate* presto la mattina.
2. Paolo *si veste / ti vesti* e poi fa colazione.
3. Voi *ci riposiamo / vi riposate* il pomeriggio?
4. Monica *mi metto / si mette* la giacca.
5. Simonetta, quando *ti fai / si fanno* la doccia?
6. A che ora *si alza / si alzano* Silvia?

PRIMI PASSI

3 | Riordina le parole e scrivi le frasi.

1. nuovi / si / i / Come / studenti / chiamano / ?
2. si / e / Anna / alza / veste / si
3. non / Noi / ci / presto / alziamo
4. riposano / Quando / Chiara / si / e / Alberto / ?
5. la / Ci / doccia / la / facciamo / mattina
6. il / riposa / Stefano / si / pomeriggio / non

4 | Completa la descrizione della giornata di Angelo e Mara con questi verbi riflessivi.

si riposano • si mette • si mettono • si fa • si alzano • si veste

Angelo e Mara .... (1) presto la mattina. Angelo .... (2) la doccia e .... (3) e Mara prepara la colazione. Dopo la colazione Angelo .... (4) la giacca e corre in stazione a prendere il treno. Mara lavora a casa. Angelo torna alle sette. Lui e Mara .... (5) un po', cenano e poi .... (6) in pigiama e guardano la televisione.

5 | Completa le frasi come nell'esempio.

Io mi chiamo Barbara.

1. Voi vi alzate alle otto.
2. Noi ci riposiamo la sera.
3. Stefania si fa la doccia la sera.
4. Io mi alzo e mi vesto.
5. Noi ci alziamo presto.
6. Io mi riposo e poi cucino.

Lui *si chiama* Roberto.

Noi .... alle sette.

Anche voi .... la sera?

Io .... la doccia la mattina.

Carla .... e ....

Anche Anna e Mario .... presto.

Tu .... e poi cucini.

6 | Rispondi alle domande. Usa le parole tra parentesi.

Quando vi alzate la mattina? (*alle 7.30*)   *Ci alziamo alle sette e mezzo.*

1. Quando ti fai la doccia? (*la sera*)   ....

2. Come vi chiamate? (*Carlo e Gemma*)   ....

3. Quando ti riposi? (*la sera*)   ....

4. Quando si alzano Marta e Lidia? (*Marta alle 8.00, Lidia alle 7.15*)   ....

5. Ti vesti prima o dopo colazione? (*dopo*)   ....

6. Quando ti alzi la mattina? (*alle 8*)   ....

I verbi irregolari: *andare* e *uscire*

7 | Inserisci le forme di *andare* e *uscire* al posto giusto.

	andare	uscire
(io)	....	....
(tu)	....	....
(lui / lei / Lei)	....	....
(noi)	....	....
(voi)	....	....
(loro)	....	....

esci • vado • escono • uscite
andiamo • vai • esce • va
usciamo • vanno • andate • esco

8 | Abbina le domande alle risposte.

1. ☐ Quando vai in palestra?   a. Andiamo in autobus.

2. ☐ Che cosa fa Carla la sera?   b. Esce con Paolo e Sara.

3. ☐ Come andate al lavoro?   c. Raramente, però esco il fine settimana.

4. ☐ Uscite la sera?   d. Sì, usciamo spesso con gli amici.

5. ☐ Che cosa fanno Stefania e Maurizio stasera?   e. Vado in palestra la sera.

6. ☐ Esci la sera?   f. Vanno al ristorante.

9 | Abbina le parole per formare delle frasi.

1. Diego   vai   spesso dalla tua famiglia?

2. Stefano e Paola   usciamo   al bar con i loro amici nel fine settimana.

3. Tu e Chiara   va   con le mie amiche il fine settimana.

4. Noi non   uscite   la sera. Preferiamo restare a casa.

5. Io   vanno   al lavoro in autobus.

6. Tu   esco   spesso la sera?

10 | 🔊 2•11 Completa il dialogo con le forme corrette di andare o uscire. Poi ascolta e controlla.

Monica Tu che cosa fai la sera quando arrivi a Piacenza?

Laura Di solito .... (1) in piazza a prendere un aperitivo con i miei amici. Tu .... (2) la sera?

Monica Raramente. Preferisco stare a casa. Però .... (3) nel fine settimana. Vedo la mia famiglia, ... (4) in centro, faccio shopping con le mie amiche. E tu?

Laura Io di solito passo il fine settimana con Stefano, il mio ragazzo. .... (5) spesso a Padova perché la sua famiglia vive là.

Gli aggettivi possessivi

11 | Completa la tabella con le forme mancanti.

io	.... indirizzo	.... quaderni	*la mia* amica	.... lezioni
tu	.... telefono	*i tuoi* amici	.... banca	*le tue* penne
lei / lui / Lei	*il suo* libro	.... esami	.... professione	.... amiche
noi	.... amico	*i nostri* compiti	.... città	.... scuole
voi	*il vostro* appartamento	.... giornali	.... classe	.... birre
loro	.... indirizzo	.... compagni	*la loro* università	.... case

12 | Inserisci le parole al posto giusto.

amico • casa • classi • giornale • lezione • libri • pizze • professori • esami
ufficio • famiglia • università • giacche • panini • professioni • ragazzo

il mio	la tua	i suoi	le nostre
....	....	....	....
....	....	....	....
....	....	....	....
....	....	....	....

13 | Scrivi gli aggettivi possessivi corrispondenti ai pronomi tra parentesi, come nell'esempio.

(*io*) lezione   *la mia lezione*

1. (*noi*) dottore   ....
2. (*lui*) ristorante ....
3. (*voi*) indirizzi   ....

4. (*lei*) vacanze   ....
5. (*loro*) lavori   ....
6. (*io*) giornate   ....

14 | Completa le frasi con l'articolo e l'aggettivo possessivo.

1. Professore, questi sono .... libri?

2. Mi chiamo Aleksey Smirnov: .... indirizzo e-mail è <u>aleksey.smirnov@boxmail.it</u>.

3. Ragazzi, a che ora cominciano .... lezioni?

4. Signora, scusi, questa è .... penna?

5. Carla e Maria abitano in centro: .... appartamento è molto bello.

6. Steven, qual è .... cognome?

TUTTO CHIARO?

15 | Abbina le ore agli orologi.

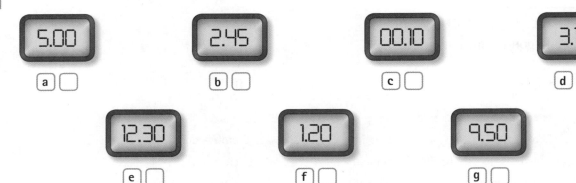

| 5.00 | 2.45 | 00.10 | 3.15 |
| a ☐ | b ☐ | c ☐ | d ☐ |

| 12.30 | 1.20 | 9.50 | 7.40 |
| e ☐ | f ☐ | g ☐ | h ☐ |

1. Le dieci meno dieci
2. Mezzanotte e dieci
3. Le otto meno venti
4. Le tre e un quarto

5. Mezzogiorno e mezzo
6. Le tre meno un quarto
7. Le cinque
8. L'una e venti

16 | Alessia non è contenta della sua vita. Completa la pagina del suo diario con *a, all', alle.*

La mia vita non è interessante. Mi alzo sempre .... (1)
sette. Vado a lavorare .... (2) otto e mezza.
.... (3) mezzogiorno e mezzo pranzo sempre con i miei
colleghi e .... (4) una e mezza torno al lavoro. Finisco
di lavorare .... (5) cinque e mezza e vado a casa.
Ceno .... (6) sette e mezza e poi guardo la televisione.
Di solito vado a letto .... (7) mezzanotte.
È sempre la stessa vita!

17 🔊 2•12 Enrico è un abitudinario. Scrivi che cosa fa sotto ogni disegno. Poi ascolta il CD e scrivi gli orari.

> andare al lavoro • alzarsi • arrivare a casa • cominciare il lavoro
> finire il lavoro • mangiare un panino • prendere un caffè • ritornare in ufficio

1. ....
2. ....
3. ....
4. ....

5. ....
6. ....
7. ....
8. ....

18 Ora usa le informazioni per descrivere la giornata di Enrico.

Enrico si alza alle... ....

....

....

....

19 Ilaria è una ragazza molto attiva. Il sabato fa sempre molte cose. Completa il testo con i verbi adatti.

Ilaria .... (1) presto anche il sabato. .... (2) colazione alle otto e poi .... (3) in palestra. Dopo

la palestra .... (4) una doccia veloce e alle dieci .... (5) le sue amiche: di solito .... (6) shopping

e poi .... (7) in un bar a mangiare un panino. Dopo pranzo Ilaria torna a casa, ... (8) la posta elettronica e .

.... (9) SMS ai suoi amici. .... (10) di casa alle sei e .... (11) a prendere un aperitivo con Giorgio,

il suo ragazzo. Molto spesso Ilaria e Giorgio .... (12) in un ristorante in centro e poi .... (13) al cinema.

20 Ora scrivi un breve testo. Racconta che cosa fai nel fine settimana.

Nel fine settimana di solito... ....

....

....

....

COMUNICARE

21 | Che cosa dici per...

1. chiedere l'ora. ....
2. dire che ora è adesso. ....
3. chiedere a un amico a che ora si alza. ....
4. dire che la mattina ti svegli sempre presto. ....
5. chiedere a un'amica se esce spesso la sera. ....
6. dire quando vai di solito a letto la sera. ....

22 | Completa i dialoghi con queste domande. Un dialogo è formale e l'altro è informale.

> Che cosa fa quando finisce il lavoro? • E che cosa studi? • E a che ora finisce?
> Si alza presto la mattina? • Perché ti svegli così presto?
> Dove lavora signora Rossi? • Quando ti svegli la mattina? • Che cosa fai Sandro?

SIGNORA ROSSI

....
....
....
....

Lavoro in un ospedale.
Sì, di solito mi alzo molto presto. Comincio il lavoro alle sei e mezzo.
Finisco alle due e mezza.
Vado a casa. Ho due bambini piccoli.

....
....
....
....

Sono uno studente.
Studio matematica in università.
Quando ho lezione mi sveglio presto. Esco di casa alle sette.
Perché abito a Bergamo, ma studio a Milano.
Faccio il pendolare!

SANDRO

23 | Completa le due interviste con le domande mancanti.

1. *Come si chiama?*
   Mi chiamo Patrizia Carmassi.

2. ....
   Faccio l'impiegata in una banca.

3. ....
   Di solito mi sveglio alle sette.

4. ....
   Arrivo in banca alle otto e mezzo.

5. ....
   Dopo il lavoro prendo un aperitivo con i miei amici.

1. *Come ti chiami?*
   Mi chiamo Federico.

2. ....
   Lavoro in un bar.

3. ....
   No, mi sveglio alle dieci.

4. ....
   Comincio a lavorare alle otto e mezza di sera.

5. ....
   Di solito vado a letto alle quattro di mattina.

24 | Completa il cruciverba con questi verbi.

addormentarsi • ammalarsi • annoiarsi • arrabbiarsi • baciarsi
truccarsi • farsi la barba • rilassarsi • scusarsi • sposarsi • divertirsi

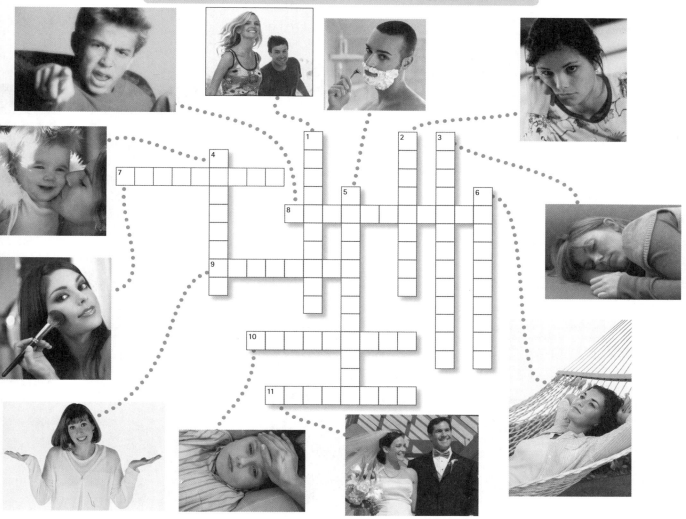

25 | Collega ogni verbo all'espressione corrispondente.
Usa il dizionario, se necessario.

1. ☐ fare   a. a cena fuori
2. ☐ prendere   b. la posta elettronica
3. ☐ uscire   c. di casa
4. ☐ scaricare   d. il letto
5. ☐ preparare   e. l'aspirapolvere
6. ☐ passare   f. la cena
7. ☐ leggere   g. ai videogiochi
8. ☐ andare   h. i piatti
9. ☐ giocare   i. il giornale
10. ☐ lavare   l. la metropolitana

26 | Riordina le lettere per trovare la parte del giorno o il giorno della settimana.

1. A che ora ti svegli la .... (TATANIM)?
2. Di solito pranzo con la mia famiglia la .... (COMANEDI).
3. Non ho lezione il .... (TREMÌDA).
4. Non esco molto spesso la .... (RESA).
5. Vado in palestra il .... (DELÌNU), il .... (DORECÌLME) e il .... (NÌVERDE).
6. Il .... (ASBOTA) faccio shopping con le mie amiche.
7. Mario ha un lavoro part-time: non lavora il .... (GEGOROMIPI).
8. Raffaella e Paolo vanno sempre al cinema il VÌGIEDO (.................................).

27 | Completa le frasi. Scrivi con che frequenza fai queste cose.

1. Guardo la televisione *tutte le sere.*
2. Prendo l'aperitivo ....
3. Faccio le pulizie ....
4. Mando SMS ....
5. Ascolto musica ....
6. Faccio una passeggiata ....
7. Controllo la posta elettronica ....
8. Prendo un caffè ....
9. Vedo la mia famiglia ....
10. Leggo il giornale ....

INTONAZIONE&PRONUNCIA

28 | 🔊 2•13 Scrivi le parole nella colonna giusta. Poi ascolta e controlla.

biglietto • campagna • montagna • cavaliere • foglio • giugno
glicerina • maglia • glassa • miliardo • glucosio • petrolio

/ʎ/	/l/	/gl/	/ɲ/

In giro per la città

L'imperativo

	girare	prendere	seguire
(tu)	gira	prendi	segui
(Lei)	giri	prenda	segua

Usiamo l'imperativo per dare **ordini** o **istruzioni**.

Gira a destra.
Segui l'autobus.
Prenda la prima strada a sinistra.
Giri a sinistra.

Alcuni verbi hanno una forma irregolare all'imperativo.

andare → **vai / va' – vada**

Vai / Va' sempre dritto.
Vada a destra.

Le preposizioni semplici

Le preposizioni collegano le parti di una frase e hanno funzioni diverse. In italiano ci sono **nove** preposizioni semplici: *di, a, da, in, con, su, per, tra, fra.*

Maria è di Roma, ma abita a Milano.
Parigi è in Francia.
Qual è il tuo numero di telefono?
Pranzo sempre a mezzogiorno.
Da piazza Diaz prendi via Menotti.
Per me spaghetti al pomodoro.
Prendo un aperitivo con i miei amici.
Il caffè Rivoire è all'angolo tra / fra via dei Calzaiuoli e via Vacchereccia.
Il tuo cellulare è su quella sedia.

C'è, ci sono, dov'è, dove sono

▶ Usiamo *c'è / ci sono* per dire dove è un luogo o per chiedere se c'è un luogo. Usiamo *c'è* con i nomi **singolari** e *ci sono* con i nomi **plurali**.

C'è un supermercato in via Tonale.
Non c'è un tabaccaio qui vicino.
C'è una banca in piazza?
Ci sono due cinema in città.
Non ci sono parcheggi in centro.
Ci sono ristoranti etnici a Torino?

▶ Usiamo *dov'è* e *dove sono* per chiedere dove si trova un luogo che sappiamo esiste. Di solito usiamo *dov'è*, *dove sono* con **l'articolo determinativo**.

Dov'è il cinema Corallo?
Dove sono gli Uffizi?

Le preposizioni articolate

Le preposizioni *di, a, da, in* e *su* possono unirsi all'articolo e formare le preposizioni articolate.

	il	l'	lo	la	i	gli	le
di	del	dell'	dello	della	dei	degli	delle
a	al	all'	allo	alla	ai	agli	alle
da	dal	dall'	dallo	dalla	dai	dagli	dalle
in	nel	nell'	nello	nella	nei	negli	nelle
su	sul	sull'	sullo	sulla	sui	sugli	sulle

Gira a sinistra all'incrocio.
C'è un parcheggio nel centro della città.
L'ufficio postale è a 500 metri dalla piazza.
Mi sveglio alle sette e mezza.

SPAZIO ALLA GRAMMATICA

L'imperativo informale

1 | Sottolinea l'alternativa corretta.

1. *Attraversa | Attraversi* la piazza.
2. *Segui | segue* l'autobus.
3. *Fermi | Ferma* al semaforo.
4. *Vado | Vai* dritto per cento metri.
5. *Prende | Prendi* la prima a destra.
6. *Continua | Continui* sempre dritto.
7. *Passa | Passi* l'incrocio.
8. *Giri | Gira* alla seconda a sinistra.

2 | Completa il messaggio di Franco per Gianna con l'imperativo di questi verbi.

andare • attraversare
girare • passare • prendere

Cara Gianna,
Appuntamento alle otto e mezza alla pizzeria Bella Napoli. È in Corso Indipendenza. Da casa tua _____ (1) sempre dritto per via Gramsci, _____ (2) piazza Legnano e poi _____ (3) la prima a sinistra. _____ (4) l'incrocio e _____ (5) a destra. La pizzeria è lì sulla sinistra.
Franco

3 | Pensa a tre posti vicino alla tua scuola (un bar, la fermata dell'autobus, un ristorante...) e scrivi i tre percorsi. Leggi poi le indicazioni a un compagno. Riesce a indovinare i tre posti?

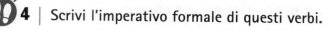

L'imperativo formale

PRIMI PASSI

4 | Scrivi l'imperativo formale di questi verbi.

1. girare   _____
2. seguire   _____
3. guardare   _____

4. attraversare   _____
5. prendere   _____
6. andare

7. continuare   _____
8. scusare   _____

5 | Lavori per un'azienda italiana. Domani arriva un visitatore: completa il messaggio per spiegare come arrivare dal suo albergo all'ufficio. Usa l'imperativo formale dei verbi *andare*, *attraversare*, *girare*, *prendere* e *seguire*.

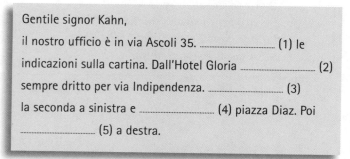

Gentile signor Kahn,
il nostro ufficio è in via Ascoli 35. _____ (1) le indicazioni sulla cartina. Dall'Hotel Gloria _____ (2) sempre dritto per via Indipendenza. _____ (3) la seconda a sinistra e _____ (4) piazza Diaz. Poi _____ (5) a destra.

6 | Sottolinea l'alternativa corretta.

1. 👤 Scusa, dov'è l'ufficio postale?
   🧑 In via Verdi. *Prendi | Prenda* la prima destra e poi *giri | gira* a sinistra.

2. 👤 Scusi, è lontana la stazione?
   🧑 No. *Continua | Continui* sempre dritto e *attraversi | attraversa* la piazza. La stazione è sulla sinistra.

3. 👤 *Scusa | Scusi*, dov'è la pizzeria Portobello?
   🧑 È in via Plinio. *Passa | Passi* l'incrocio e continui sempre dritto. La pizzeria è di fronte al cinema.

7 | Riscrivi le indicazioni all'imperativo informale con l'imperativo formale e viceversa.

1. 👤 Scusa, dov'è la fermata dell'autobus?
   🧑 Vai sempre dritto e gira in via Sanzio.
   La fermata è di fronte al supermercato.

2. 👤 Scusi, è lontano l'Ospedale Santa Rita?
   🧑 No, è in via Forni. Attraversi l'incrocio e
   continui sempre dritto, poi giri a sinistra.

3. 👤 Scusi, dov'è la stazione ferroviaria?
   🧑 Prenda la seconda a sinistra e passi l'incrocio.
   La stazione è in fondo a via Garibaldi.

4. 👤 Scusa, dov'è il cinema Astor?
   🧑 Continua sempre dritto e attraversa piazza
   Mercanti. Il cinema è sulla destra.

> **C'è, ci sono, dov'è, dove sono**

8 | Sottolinea l'alternativa corretta.

1. C'è / _Ci sono_ molti ristoranti in via Marghera.
2. _C'è_ / Ci sono un tabaccaio qui vicino?
3. C'è / _Ci sono_ tre studenti americani nella mia classe.
4. C'è / _Ci sono_ molti musei a Roma.
5. _C'è_ / Ci sono un supermercato in via Pace?
6. _C'è_ / Ci sono una famosa università a Bologna.

9 | C'è? o dov'è?

1. Scusi, _____ il Museo di Arte Moderna?
2. Non _____ un ristorante giapponese nella mia città.
3. _____ la stazione ferroviaria, per favore?
4. _____ un giornalaio qui vicino?
5. Scusa, _____ l'Ospedale Maggiore?
6. _____ una grande libreria in piazza Mercanti.

10 | Abbina le parole e forma le frasi.

C'è		Ci sono
molti studenti		dell'autobus in via Gramsci.
una chiesa		cinese in piazza Asti.
molte ragazze		informazioni in città.
un ristorante		molto vecchia in centro.
una fermata		nella mia classe.
due uffici		straniere a scuola.

11 | Fabio passa questo fine settimana con le sue amiche Marta e Rebecca. Completa l'e-mail di Marta con c'è o ci sono.

There is   There are

A: fabio.sarpi@std.it
Oggetto: Padova

Caro Fabio,
allora arrivi sabato mattina. Io e Rebecca siamo proprio contente. *really happy* Ci sono (1) molte cose da fare qui a Padova. C'è Ci sono (2) molti musei e gallerie d'arte: in questo periodo C'è (3) una mostra sul Caravaggio. Ci sono (4) molte chiese antiche e C'è (5) anche un castello. E poi Ci sono (6) molti negozi eleganti. Nel centro della città C'è (7) un caffè storico, il Caffè Pedrocchi. Che cosa facciamo sabato sera? C'è (8) un concerto di Vivaldi al Teatro Verdi. Andiamo al concerto o preferisci provare le specialità del posto in un ristorante tipico?
Scrivi presto!
Marta

12 | Marta trova un messaggio della sua amica Rebecca. Usa le informazioni per scrivere la risposta di Marta.

Ciao! Pomeriggio al centro commerciale "I Girasoli".
Controlla su Internet se c'è:
• bar
• farmacia
• edicola
• libreria
• ristorante cinese
• agenzia di viaggi
• ufficio postale
• banca
e scrivi un'e-mail.
Grazie
Rebecca

CENTRO COMMERCIALE I GIRASOLI

• **La Caffetteria**
• **Gran Cafè**

• **Pizza e Pasta**
• **Da Nello: specialità toscane**

• **Libreria del Centro**

• **Vola lontano**

• **Poste italiane**

A: rebecca.voto@griffamsnc.it
Oggetto: I girasoli

Cara Rebecca,
al centro commerciale I Girasoli ci sono due bar, ma non c'è una farmacia...
....

13 | 2•14 Fabio, Marta e Rebecca sono in giro per Padova. Completa la conversazione con *c'è*, *ci sono* o *dov'è*. Poi ascolta e controlla.

Fabio	Padova è proprio bella. .... (1) il Duomo?
Marta	È in centro, non lontano da qui.
Fabio	E .... (2) un'università?
Rebecca	Naturalmente. È un'università molto antica.
Fabio	.... (3) molti studenti all'università?
Rebecca	Certo, ... (4) studenti da tutto il mondo.
Fabio	E .... (5) la famosa piazza delle Erbe?
Marta	È vicina al Duomo.
Fabio	.... (6) un ristorante tipico in centro?
Marta	Ma certo, ... (7) un'osteria molto buona dove servono specialità padovane. Andiamo sempre lì quando siamo in centro.
Fabio	E .... (8) esattamente?
Rebecca	In via San Canziano, a due passi da piazza delle Erbe.
Fabio	Beh, è mezzogiorno e io ho proprio fame!

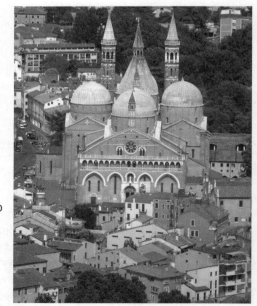

14 | Sottolinea l'alternativa corretta.

1. Emma e Maria abitano *a* / *di* Roma, ma sono *di* / *in* Napoli.
2. Sandra è *da* / *di* Firenze, *a* / *in* Toscana.
3. *Per* / *Con* me una birra piccola e un tramezzino.
4. Angela e Luciano hanno un appuntamento *di* / *con* Cristina.
5. *Per* / *Da* qui vada sempre dritto e poi giri *a* / *di* sinistra.
6. Savona è *su* / *tra* Genova e Imperia.

15 | Completa con la preposizione corretta.

1. L'ufficio postale è .... il supermercato e la farmacia.
2. Laura lavora .... una banca.
3. Massimiliano abita .... Firenze.
4. La stazione non è lontana .... qui.
5. Questo messaggio è .... Gianna.
6. Katie abita .... due ragazze italiane.
7. .... dov'è Paul?
8. C'è una giacca .... questa sedia. È tua?

16 | Trova e correggi gli errori nel messaggio di Helga per Stefano.

> Stefano!
> Sono a centro per i miei amici per un aperitivo. Il bar è Il Diana da via Respighi.
> Di casa tua vai sempre dritto con viale Tunisia e poi prendi la seconda di sinistra.
> Il bar è all'angolo per via Vitruvio e via Ponchielli.
> Ciao!
> Helga

17 | Completa la tabella.

	il	l'	lo	la	i	gli	le
di	del	....	....	della	....	....	delle
a	....	all'	....	....	ai	....	....
da	....	....	dallo	....	....	dagli	....
in	nel	....	....	....	nei	....	nelle
su	....	sull'	....	sulla	....	sugli	....

18 | Abbina l'inizio di ogni frase alla sua fine.

1. ☐ Il supermercato è accanto all'
2. ☐ Il Battistero non è lontano dalla
3. ☐ L'ufficio postale è vicino al
4. ☐ È lontana la galleria degli
5. ☐ La libreria è davanti allo
6. ☐ Il film comincia alle

a. cattedrale.
b. ospedale.
c. studio legale De Magistris.
d. otto e dieci.
e. tabaccaio.
f. Uffizi?

19 | Completa le frasi con le preposizioni articolate.

DI + articolo

1. Qual è il nome .... ragazza di Stefano?
2. Scusi, dov'è la fermata .... autobus?
3. Sono questi i libri .... studenti?
4. L'entrata .... galleria è in via Tornabuoni.
5. La farmacia è in piazza .... Duomo.
6. Il costo .... case in questa città è molto alto.

A + articolo

1. Il Battistero è accanto .... Cattedrale.
2. Il ristorante apre .... una.
3. Per andare .... zoo prendi l'autobus.
4. La lezione finisce .... dieci e mezza.
5. La pasta .... pesto è molto buona.
6. L'università è vicino .... ospedale.

DA + articolo

1. La banca è aperta .... otto e mezza all'una.
2. Aude viene .... Francia.
3. C'è un autobus .... centro a casa mia.
4. I negozi sono chiusi .... una alle tre.
5. Chris non è inglese: viene .... Stati Uniti.
6. Il museo non è lontano .... zoo.

IN + articolo

1. Chiara ha un appartamento .... centro di Bologna.
2. Ci sono molti studenti stranieri .... mia classe.
3. Il cellulare è .... zaino.
4. Il negozio è chiuso .... giorni festivi.
5. Che cosa fai .... fine settimana?
6. Ci sono molti ristoranti etnici .... grandi città.

SU + articolo

1. L'entrata del cinema è .... destra.
2. La colazione è .... tavolo.
3. Dov'è il mio cellulare? È .... sedia.
4. Questo articolo dà notizie interessanti .... italiani.
5. Segui le indicazioni .... cartina.
6. Hai un libro .... regioni italiane?

20 | 🔊 2•15 Completa il dialogo con queste preposizioni. Poi ascolta e controlla.

> alla (x3) • agli • dei • del (x3) • dell' • della (x3) • degli (x2) • nel • sulla

Angela Dov'è la Cattedrale di Santa Maria .... (1) Fiore?

impiegato È in Piazza .... (2) Duomo, ... (3) centro .... (4) città. Accanto .... (5) Cattedrale c'è il famoso campanile di Giotto.

Angela E il Battistero è lontano?

impiegato No, è proprio di fronte .... (6) Cattedrale.

Angela Bene. E dov'è il Museo .... (7) Opera?

impiegato È dietro .... (8) Cattedrale.

Angela C'è un autobus da piazza .... (9) Duomo .... (10) Uffizi?

impiegato Sì, ma la galleria .... (11) Uffizi è vicina. Guardi qui. Vada sempre dritto per via .... (12) Calzaiuoli e giri a sinistra in piazza .... (13) Signoria. Attraversi la piazza e poi prenda piazzale .... (14) Uffizi. Continui sempre dritto: l'entrata .... (15) galleria è .... (16) sinistra.

21 | Daniele è a Palermo per il fine settimana. Leggi il dialogo e scegli le alternative corrette.

Daniele   Scusa, *dov'è* / *c'è* il Teatro Politeama?

passante   *Da* / *In* piazza Verdi.

Daniele   *È* / *C'è* molto lontano?

passante   No, circa settecento metri. *Prendi* / *Prenda* la prima *in* / *a* destra e poi
continua / *continui* sempre dritto: il teatro è *nella* / *sulla* sinistra, di fronte
allo / *all'* ufficio informazioni.

Daniele   *È* / *C'è* un autobus?

passante   Certo. La fermata e lì, accanto *al* / *allo* supermercato.

22 | Daniele è all'ufficio informazioni. Completa il dialogo con le parole corrette.

impiegato   Buongiorno.

Daniele   Buongiorno. Avete una piantina .... (1) città?

impiegato   Certo. Ecco.

Daniele   Grazie. .... (2) lontana piazza Quattro Canti?

impiegato   Non è molto vicino. .... (3) sempre dritto per via Ruggero Settimo e
.... (4) piazza Verdi. .... (5) per via Maqueda. Piazza Quattro Canti
è all'incrocio .... (6) via Maqueda e via Vittorio Emanuele.
.... (7) una famosa fontana e molti palazzi antichi.

Daniele   Certo è un po' lontano... C'è un autobus?

impiegato   Certo, ... (8) molti autobus: il 101, il 105 e il 108.

Daniele   Perfetto: .... (9) la fermata degli autobus?

impiegato   È in piazza Politeama, di fronte .... (10) teatro.

Daniele   Grazie, arrivederci.

impiegato   Arrivederci.

23 | Abbina ogni frase alla sua funzione.

1. ◻ Prendi la seconda a sinistra e attraversa la piazza.
2. ◻ Non c'è un tabaccaio qui vicino.
3. ◻ La stazione ferroviaria è in via Corridoni.
4. ◻ Dov'è il Museo di Arte Moderna?
5. ◻ C'è una libreria qui in centro?
6. ◻ Vada sempre dritto e poi giri la prima a destra.

a.   chiedere dov'è un luogo
b.   chiedere se c'è un tipo di negozio
c.   dare indicazioni in modo formale
d.   dare indicazioni in modo informale
e.   dire dov'è un luogo
f.   dire che non c'è un tipo di negozio

24 | Completa i dialoghi con le domande.

1. _____
   Sì, c'è un ufficio postale in corso Garibaldi.

2. _____
   Il cinema Ariston è in piazza Mercanti.

3. _____
   No, il duomo non è lontano. Giri la prima a destra.

4. _____
   No, non ci sono ristoranti etnici qui in centro.

SPAZIO ALLE PAROLE

25 | Abbina ogni parola al luogo corrispondente.

1. giornale
2. dottore
3. lettera
4. treno
5. autobus
6. automobile
7. mostra
8. medicina

◻ parcheggio

◻ farmacia

◻ fermata

◻ museo

◻ ospedale

◻ edicola

◻ stazione ferroviaria

◻ ufficio postale

26 | Guarda i disegni e scrivi le parole.

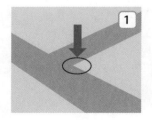

_____

_____

_____

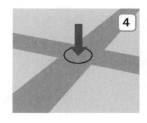

_____

_____

_____

27 | Dov'è il gatto? Abbina i disegni alla frase giusta.

a. ◯ accanto alla sedia   c. ◯ di fronte al computer   e. ◯ tra il tavolo e la sedia   g. ◯ dietro il computer

b. ◯ davanti alla sedia   d. ◯ sulla sedia   f. ◯ vicino alla sedia   h. ◯ sotto la sedia

28 | Qual è l'opposto di queste parole?

1. lontano   ....   4. sinistra   ....   7. su   ....
2. difficile   ....   5. partire   ....   8. andare diritto   ....
3. davanti   ....   6. cominciare   ....   9. piccolo   ....

29 | Trova l'intruso.

1. ospedale • stazione ferroviaria • ufficio informazioni • piantina
2. gira • guarda • vai sempre dritto • attraversa la piazza
3. davanti • poi • dietro • accanto
4. casa • piazza • via • corso
5. da • in • il • di
6. incrocio • semaforo • automobile • strisce pedonali

INTONAZIONE&PRONUNCIA

30 | ◁)) 2•16 Ascolta le parole e indica il suono che senti.

	1.	2.	3.	4.	5.	6.	7.	8.	9.	10.
/ʃ/	☐	☐	☐	☐	☐	☐	☐	☐	☐	☐
/sk/	☐	☐	☐	☐	☐	☐	☐	☐	☐	☐

31 | ◁)) 2•17 Ascolta e completa le parole.

1. tede........o   3. fini........e   5. bru........etta   7. ri........ò
2. pe........ alla griglia   4. pro........utto   6. preferi........ono   8. pi........na

Ma com'è Giulia?

Il verbo *dovere*

dovere	
(io)	devo
(tu)	devi
(lui / lei / Lei)	deve
(noi)	dobbiamo
(voi)	dovete
(loro)	devono

Il verbo *dovere* è un verbo **irregolare**. **Dopo** questo verbo ci sono **verbi all'infinito**.

Usiamo *dovere* per indicare l'**obbligo di fare qualcosa** o per dare un **consiglio**.

> **Devo** studiare tanto per l'esame.
> **Devi** vedere questo film: è molto bello.

Nella **forma negativa** *dovere* esprime l'idea che **non c'è obbligo** di fare qualcosa.

> **Non devo** fare i compiti oggi.
> **Non devi** studiare tanto, l'esame è facile!

Il verbo *venire*

venire	
(io)	vengo
(tu)	vieni
(lui / lei / Lei)	viene
(noi)	veniamo
(voi)	venite
(loro)	vengono

Il verbo *venire* è un verbo **irregolare**.

> Carlo **viene** da Bari.
> **Vieni** anche tu alla festa?
> Leo e Sara non **vengono** in vacanza con noi.

I verbi *volere* e *potere*

	volere	potere
(io)	voglio	posso
(tu)	vuoi	puoi
(lui / lei / Lei)	vuole	può
(noi)	vogliamo	possiamo
(voi)	volete	potete
(loro)	vogliono	possono

I verbi *volere* e *potere* sono verbi **irregolari**.

Dopo *volere* possiamo trovare un **verbo all'infinito** o un **nome**.

Usiamo *volere* per:

▶ indicare una **volontà** o un **desiderio**.
> Fabio **vuole** diventare un ingegnere.
> **Voglio** una pizza.

▶ **offrire** qualcosa o **invitare a fare** qualcosa.
> **Volete** un caffè?
> **Vuoi** venire al cinema con me?

Dopo *potere* ci sono **verbi all'infinito**.

Usiamo *potere* per:

▶ indicare la **possibilità di fare qualcosa**.
> **Posso** essere a casa tua alle otto.
> Non **posso** venire al concerto domani.

▶ chiedere il **permesso di fare qualcosa**.
> **Possiamo** usare il dizionario all'esame?
> **Posso** fumare qui?

▶ fare una **richiesta**.
> **Può** ripetere il suo nome, per favore?
> **Puoi** lavare i piatti tu, per favore?

Le preposizioni di tempo *a*, *da*, *fino a*

Usiamo la preposizione *a* per indicare **un tempo determinato**. Con *mezzogiorno* e *mezzanotte* rimane preposizione **semplice** (*a*), **con le altre ore** diventa preposizione **articolata** (vedi pag. 165).

> La lezione finisce **all'**una.
> Le banche aprono **alle** otto e mezza.
> Ci vediamo **a** mezzogiorno.
> Vado sempre a letto **a** mezzanotte.

La combinazione *da... a...* indica un **periodo di tempo**.

> Il ristorante è aperto **da** mezzogiorno **a** mezzanotte.
> Sono in ufficio **dalle** nove **alle** sei.

L'espressione *fino a* indica la **fine di un'azione**.

> Il museo è aperto **fino alle** otto.
> Lavoro **fino all'**una.
> Il bar è aperto **fino a** mezzanotte.

I pronomi dimostrativi *questo* e *quello*

	singolare	plurale
maschile	quest**o**	quest**i**
	quell**o**	quell**i**
femminile	quest**a**	quest**e**
	quell**a**	quell**e**

Questo e *quello* sono **pronomi dimostrativi** e hanno forme diverse per maschile, femminile, singolare e plurale. *Questo* indica cose o persone **vicine a chi parla,** *Quello* indica cose o persone **lontane da chi parla**.

Questo è il mio cellulare.

Quello è il cellulare di Mara.

Questi sono i miei libri.

Quelli sono i libri di Fabio.

Questa è la mia macchina.

Quella è la macchina di Nicola.

Queste sono le mie chiavi.

Quelle sono le chiavi di Michele.

SPAZIO ALLA GRAMMATICA

Il verbo *dovere*

1 | Metti le forme del verbo *dovere* al posto giusto.

> **deve • dobbiamo**
> **dovete • devono**
> **devi • devo**

(io) ....   (noi) ....

(tu) ....   (voi) ....

(lui / lei / Lei) ....   (loro) ....

2 | Abbina le parole e forma le frasi.

1. Tu — devono — mangiare poco: è a dieta.
2. Anna — devo — dormire di più, sei troppo stanco!
3. Voi — dobbiamo — trovare un lavoro perché hanno pochi soldi.
4. Io — devi — uscire questa sera o rimanete a casa?
5. Io e Serena — dovete — fare la spesa, ma non ho tempo.
6. Tamara e Fabio — deve — partire per le vacanze: andiamo in Messico!

3 | Elena scrive a un'amica del suo programma per la serata. Completa il testo con il verbo *dovere*.

○ ○ ○   Nuovo messaggio

Invia   Chat   Allega   Rubrica   Font   Colori   Registra bozza

A: ariannas@ddxd.it

Oggetto: stasera

Ciao Arianna!

Questa sera esco con Carlo. Luca, un suo amico, fa una festa perché parte per il Brasile e _____ (1) rimanere lì un anno per lavoro. (Noi) _____ (2) essere a casa sua alle 9, quindi oggi (io) _____ (3) finire il lavoro un po' prima. Tu _____ (4) proprio andare a cena con Monica stasera? Perché non vieni con noi? Ora (io) _____ (5) correre al supermercato per comprare una bottiglia di vino rosso: stasera tutti gli invitati _____ (6) portare qualcosa da bere.

A presto!
Elena

P.S. ... e noi quando ci vediamo? Questa settimana tu e Simone _____ (7) assolutamente venire a cena a casa mia!

---

4 | Leggi le frasi e dai dei consigli con il verbo *dovere*. Usa i seguenti suggerimenti.

> **studiare molto** • **andare a letto presto** • **andare a casa** • **fare yoga**
> **imparare l'inglese** • **andare in palestra tre volte alla settimana**

1. Sono sempre stanco! — (tu) _____
2. Dario ha un esame di storia difficile domani. — (lui) _____
3. Sono grasso! — (tu) _____
4. Stefano e Silvia sono stressati. — (loro) _____
5. Siamo a una festa, ma abbiamo molto sonno. — (voi) _____
6. Paolo e Miriam vogliono vivere a Londra. — (loro) _____

Il verbo *venire*

5 | Ricostruisci le forme del verbo *venire*. Poi scrivi le forme al posto giusto.

ni-vie	ven-no-go
ne-vie	amo-ve-ni
go-ven	te-ni-ve

(io) _____   (noi) _____

(tu) _____   (voi) _____

(lui / lei / Lei) _____   (loro) _____

6 | Sottolinea l'alternativa corretta.

1. Barbara e Lucia *vengono* / *viene* da Milano.
2. Questa sera faccio una festa. *Vengo* / *Vieni?*
3. *Vengono* / *Venite* anche voi al cinema?
4. Manuela *viene* / *vengo* da Lodi.
5. Sono inglese, non *vengo* / *veniamo* da New York!
6. Domani c'è il concerto, *veniamo* / *viene* anche noi.

7 | Scrivi domande adatte a queste risposte. Usa il verbo *venire.*

1. ....
   Veniamo dalla Turchia.

2. ....
   No, mi dispiace, devo studiare tutto il giorno.

3. ....
   No, non è francese, viene dal Belgio.

4. ....
   Certo, grazie per l'invito! Veniamo sicuramente al cinema.

5. ....
   Questo vino viene dalla Toscana.

6. ....
   Liz e Matt vengono dall'Inghilterra.

8 | 🔊 2•18 Leggi questi dialoghi e correggi gli errori del verbo *venire.* Poi ascolta e controlla.

1 **Mauro**   Il vero caffè vengono da Padova.
   Luca   Ma Mauro, sei pazzo? Il vero caffè vieni da Napoli!

2 **sig. Tositti**   Buongiorno signora Notti, vieni dall'ufficio?
   sig.ra Notti   Eh no, oggi no, veno da casa. Il sabato non lavoro.

3 **Prof. Risi**   Jean-Luc, venite dalla Francia?
   Jean-Luc   Eh, no, professore. Viengo dal Belgio.

4 **Carlo**   Giulia, Mara, vengite alla festa domani?
   Giulia   Oh, domani dobbiamo lavorare... Ma tu viene in discoteca sabato?

I verbi *volere* e *potere*

9 | Completa la tabella con i verbi *volere* e *potere.*

possono • vuole • puoi • volete
potete • vogliono • possiamo • voglio
posso • vuoi • può • vogliamo

	volere	potere
(io)	....	....
(tu)	....	....
(lui / lei / Lei)	....	....
(noi)	....	....
(voi)	....	....
(loro)	....	....

10 | Abbina le domande alle risposte.

1. ☐ Volete andare al cinema o a bere qualcosa?
2. ☐ Puoi telefonare e prenotare il ristorante?
3. ☐ Lidia e Alberto possono venire alla festa?
4. ☐ Io voglio uscire stasera. E tu?
5. ☐ Potete fare voi la spesa?
6. ☐ Quest'estate vado in Francia per un mese.

a. Sì, possiamo andare dopo il lavoro.
b. No, non possono. Devono lavorare.
c. No, io no. Voglio andare a letto presto stasera.
d. No, non posso, non ho il numero di telefono.
e. Ah, allora vuoi imparare il francese?
f. Al cinema. Vogliamo vedere l'ultimo film di Benigni.

11 | Irene e Pietro sono molto pigri e inventano sempre delle scuse. Completa con *volere* e *potere*.

1. 👤 Irene, _____ venire alla festa di Carlo?

   👤 Eh, non _____ . Devo studiare tanto questa sera...

2. 👤 Pietro, Irene _____ venire a teatro con noi?

   👤 Non _____ venire a teatro. Stasera lei e le sue

   amiche _____ andare al cinema.

3. 👤 Pietro, Irene, _____ fare voi la spesa oggi?

   👤 Eh no, non _____ . Siamo molto stanchi.

4. 👤 Pietro, _____ telefonare tu a Irene? Io non ho il

   cellulare...

   👤 No, mi dispiace, non _____ . Il mio cellulare è rotto.

12 | 🔊 2•19 Completa con la forma corretta di *volere*, *potere* e *dovere*. Poi ascolta e controlla.

Elena	Ah, ma guarda un po'! Sandro... anche tu alla festa?
Sandro	Oh, ciao Elena, come stai?
Elena	Bene, grazie! Senti, venerdì faccio una cena per il mio compleanno. _____ (1) venire?
Sandro	Mi dispiace ma non _____ (2), ho il corso d'inglese.
Elena	E allora... quando ci vediamo?
Sandro	Beh, _____ (3) organizzare qualcosa per sabato.
Elena	Certo, perché non mangiamo insieme? _____ (4) provare il nuovo ristorante giapponese in piazza Carducci.
Sandro	Perché no? _____ (5) venire anche i miei amici Giulio e Cristina?
Elena	Ah, certo! Sono molto simpatici! Se _____ (6) venire, _____ (7) cenare e poi andare in discoteca... Dai, che bello!! E a che ora ci vediamo?
Sandro	Alle nove va bene? Prima non _____ (8) dalle sette alle otto e mezza purtroppo ho già un impegno.
Elena	Va benissimo! Sabato pomeriggio sono dai miei genitori almeno fino alle otto. _____ (9) passare tu in macchina? Non _____ (10) prendere l'autobus.
Sandro	Sì, sì... non c'è problema, va bene! Elena, ora _____ (11) andare... A sabato, allora!
Elena	Ok, buona serata!
Sandro	Ciao, buona festa.

13 | Riordina le parole e scrivi una frase. Metti i verbi nella forma giusta, come nell'esempio.

essere / volere / andare / Noi / in vacanza! / stanchi,

Noi siamo stanchi, vogliamo andare in vacanza!

1. Professore! / Potere (io) / una domanda / fare?
2. un / Volere (tu) / di / vino? / bicchiere / bere

3. al cinema / venire / potere (noi) / perché / Non / lavoriamo.
4. Carlo, Anna, / per cena / volere / che cosa / mangiare?

14 | Scrivi tre cose che devi fare, che vuoi fare e che non puoi fare oggi.

Le preposizioni di tempo *a*, *da*, *fino a*

15 | Completa le frasi con le forme corrette di *a* e *da*.

1. La mensa è aperta _____ mezzogiorno _____ due e mezza.
2. La lezione finisce _____ una.
3. Mi sveglio _____ sette e mezza.

4. Il venerdì Sandra lavora fino _____ quattro e mezza.
5. Molte discoteche aprono _____ mezzanotte.
6. La biblioteca è aperta _____ otto e mezza _____ nove e mezza.

16 | Completa il testo con queste preposizioni.

a • all' • alle (x3) • dalle (x2) • fino a • fino alle

Luigi esce di casa .... (1) otto perché ha lezione in università .... (2) nove .... (3) mezzogiorno. .... (4) una pranza con i suoi amici in mensa. Poi torna in università perché ha lezione .... (5) cinque e mezza. Dopo l'università va in palestra per un'ora, ... (6) sei e mezza .... (7) sette e mezza. Di solito cena .... (8) nove e mezza e guarda la TV .... (9) mezzanotte. Poi va a letto.

17 | Scrivi quando fai queste cose.

1. La mattina ho lezione / lavoro ....
2. Pranzo ....
3. Il pomeriggio studio / lavoro ....

4. Ceno ....
5. Guardo la televisione ....
6. Vado a letto ....

I pronomi dimostrativi *questo* e *quello*

18 | Sottolinea l'alternativa corretta.

1. *Queste / Questi* sono le mie amiche spagnole, sono in Italia per un semestre di studio.
2. *Quello / Quelli* sono i miei occhiali. I tuoi occhiali sono sul tavolo.
3. *Quello / Quella* seduto al bar è un mio nuovo collega d'ufficio. È molto simpatico.
4. *Quelli / Quelle* chiavi in camera da letto sono della mia bicicletta.
5. *Questa / Queste* è la mia borsa. Quella sul letto è della mia amica Elena.
6. *Questo / Questa* è il programma per l'estate: arriviamo a Dublino e viaggiamo per tutta l'Irlanda.

19 | Guarda le immagini e completa le frasi con i pronomi dimostrativi corretti.

.... è la mia macchina.

.... è la tua.

.... sono le mie scarpe.

.... sono di mia sorella.

.... è il mio professore d'inglese...

e .... è il mio professore d'italiano.

.... sono i libri nuovi.

.... sono i libri usati.

TUTTO CHIARO?

20 | Scrivi la forma corretta del verbo fra parentesi.

Roberto	Ciao Stefano, come stai?
Stefano	Sto bene, grazie. La settimana prossima torno a casa a Milano perché .... (1. *dovere*) andare al matrimonio di un amico. Perché non .... (2. *venire*) con me?
Roberto	Va bene, grazie. Però io non .... (3. *potere*) partire venerdì, perché ho un esame nel pomeriggio. .... (4. *potere*) partire insieme sabato mattina?
Stefano	Mi dispiace, io .... (5. *dovere*) prendere il treno venerdì pomeriggio perché venerdì sera i miei nonni .... (6. *venire*) a cena a casa mia. Però tu .... (7. *potere*) venire sabato, se .... (8. *volere*).
Roberto	Perfetto! E che cosa .... (9. *noi - potere*) fare a Milano?
Stefano	.... (10. *noi - dovere*) assolutamente andare alla grande festa d'estate nel parco. Ci sono concerti, tanta gente, vino e buona musica. E poi .... (11. *io - volere*) anche andare in un ristorante vicino a casa mia: .... (12 *tu - dovere*) assolutamente mangiare il risotto tipico di Milano.
Roberto	Fantastico! E perché a luglio tu e tuo fratello non .... (13. *venire*) da me a Venezia? Dai, ci divertiamo! Molto volentieri, grazie.

21 | Federica invita la sua amica Lidia a una cena, ma Lidia non può andare e scrive un'e-mail per spiegare il motivo. Completa il testo con queste parole.

vuole • fino a • possiamo • questi • alle • vieni • quelle • posso • dobbiamo • vengono

Nuovo messaggio

A: superfede@ddxd.it
Oggetto: cena

Cara Federica,

mi dispiace molto, ma questa sera non .... (1) venire alla cena a casa tua perché purtroppo il mio capo .... (2) finire un progetto e devo rimanere in ufficio .... (3) tardi. Normalmente esco dal lavoro .... (4) sei e mezza, ma in .... (5) giorni sono molto impegnata. Io e i miei colleghi .... (6) lavorare tantissimo! Ho un'idea: perché non .... (7) tu a casa mia questo fine settimana? Sabato sera .... (8) anche Sandra e Margherita, ... (9) due ragazze molto simpatiche di Roma, ti ricordi? .... (10) cenare tutti insieme e poi andare a ballare.

Aspetto una tua e-mail!
Baci, Lidia.

22 | Abbina ogni frase alla sua funzione.

1. ◯ Giorgia deve lavorare questo sabato.
2. ◯ Posso uscire, per favore?
3. ◯ Posso essere a casa tua alle nove.
4. ◯ Devi vedere questo film. È molto bello.
5. ◯ Simonetta e Luigi vogliono sposarsi a marzo.
6. ◯ Voglio un cappuccino.

a. dare un consiglio
b. esprimere un desiderio
c. indicare un obbligo
d. chiedere il permesso
e. indicare la possibilità
f. esprimere una volontà

23 | Che cosa dici in queste situazioni? Scrivi le frasi corrette per...

1. invitare un amico a una festa. ....
2. chiedere ai tuoi amici di fare la spesa. ....
3. invitare il tuo capo a teatro. ....
4. dire a un amico stressato di non lavorare tanto. ....
5. dire a un tuo amico che non puoi uscire. ....
6. ricordare ai tuoi genitori di prenotare il ristorante. ....
7. chiedere al professore di ripetere. ....
8. esprimere il tuo desidero di andare presto in vacanza. ....

24 | Numera le frasi e ricostruisci il dialogo fra Enrico e Anna.

◯ Perfetto! Adoro il cibo giapponese! A che ora andiamo?

◯ Non è un problema... puoi venire anche con lei...

◯ No Anna, meglio di no. Mia madre non ama il teatro e poi dopo cena dobbiamo anche andare da mio fratello. Perché non usciamo insieme domani?

◯ Oh, ciao Anna! Bella idea... però stasera non posso. Viene mia madre a cena e sono impegnato.

◯ A domani!

1 Ciao Enrico, sono Anna. Questa sera andiamo a vedere uno spettacolo a teatro. Vieni anche tu?

◯ Se vuoi possiamo andare nel nuovo ristorante giapponese vicino a casa mia. È molto buono!

◯ Ok! Dove vuoi andare?

◯ Va bene! A domani allora!

◯ Possiamo andare verso le 9...

SPAZIO ALLE PAROLE

25 | Completa le descrizioni con queste parole.

lunghi • neri • pizzetto • lisci • occhiali • occhi

1 Enrico fa il manager in una banca a Roma. Non è molto alto, ha gli occhi
_____ (1) e i capelli corti. Ha il _____ (2) e ha i baffi. La sua ragazza
Alice, invece, è bionda, e ha i capelli _____ (3) e _____ (4). Alice
studia filosofia all'università. Ha gli _____ (5) azzurri e non porta gli
_____ (6).

ricci • neri • castani • lisci

2 Queste sono le mie colleghe Marta e Sara. Lavoriamo insieme in una scuola.
Marta insegna matematica e Sara insegna storia. Tutte e due sono alte e
magre. Sara ha i capelli _____ (1), non molto lunghi e _____ (2).
Marta ha i capelli castani e _____ (3). Marta e Sara hanno gli occhi
_____ (4).

calvo • occhiali • bianchi • barba

3 Guarda! In queste foto ci sono i miei amici Luigi e Sandro. Luigi ha
la _____ (1) bianca ed è _____ (2). Sandro invece ha i capelli
_____ (3) e non ha la barba. Tutti e due portano gli _____ (4).

26 | Abbina ogni parola della lista A al suo contrario nella lista B.

Ⓐ
1. estroverso
2. puntuale   3. allegro
4. ordinato   5. avaro
6. divertente   7. pigro
8. altruista

Ⓑ
a. ☐ egoista
b. ☐ disordinato   c. ☐ noioso
d. ☐ ritardatario   e. ☐ introverso
f. ☐ sportivo   g. ☐ triste
h. ☐ generoso

27 | Queste persone cercano il grande amore. Leggi gli annunci e forma le coppie ideali.

http://www.trovalanimagemella.it

1 Ho 29 anni e faccio l'insegnante di yoga. Sono alta e ho i capelli corti. Amo la musica, lo sport e gli animali. Cerco un uomo educato e sincero con i miei interessi, possibilmente vegetariano.

GLORIA: 011 054093

2 Ho quarant'anni, sono abbastanza alto e robusto. Sono cordiale e simpatico e amo la natura. Cerco una compagna, possibilmente non fumatrice, anche con figli, per una stabile unione ed eventuale matrimonio.

MARCO 445956235

3 Ho trent'anni e sono separata. Ho una bambina di quattro anni. Sono estroversa e affettuosa, amo la bicicletta e la natura. Cerco un compagno serio, max 45enne, per un rapporto stabile ed eventuale matrimonio. Non deve fumare!

SILVIA 0332 28761

4 Sono un affermato avvocato di 38 anni, alto, con gli occhi azzurri, interessante, appassionato di viaggi, mare, cinema. Cerco una ragazza intelligente e vivace per costruire una famiglia.

FRANCESCO 446 1691087

5 Sono una donna colta, dolce, ma decisa e ambiziosa. Porto gli occhiali e sono bionda. Amo la musica, il cinema, i viaggi, Cerco un compagno sui quarant'anni, serio, corretto, ottimista, per una seria unione.

ANGELA 035 8547

6 Ho 39 anni e lavoro in banca, ma nel tempo libero suono la chitarra e il pianoforte e faccio lunghe passeggiate con i miei tre cani. Ho anche due gatti. Cerco una compagna dolce, possibilmente vegetariana.

FILIPPO 049 0627751

28 | Anche tu cerchi il grande amore? Scrivi un annuncio e descrivi il tuo partner ideale.

....

....

....

INTONAZIONE&PRONUNCIA

29 | **a** 2•20 Ascolta con attenzione e scrivi le parole.

1. ....
2. ....
3. ....
4. ....
5. ....

6. ....
7. ....
8. ....
9. ....
10. ....

b 2•20 Ora ascolta un'altra volta e sottolinea la sillaba accentata.

Facciamo la spesa insieme!

Gli articoli partitivi

singolare		
maschile	davanti a consonante	**del** gelato
	davanti a:	
	– s+consonante	**dello** spumante
	– z	**dello** zucchero
	– y	**dello** yogurt
	davanti a vocale	**dell'**olio
femminile	davanti a consonante	**della** pasta
	davanti a vocale	**dell'**aranciata

plurale		
maschile	davanti a consonante	**dei** gelati
	davanti a:	
	– s+consonante	**degli** spumanti
	– z	**degli** zaini
	– y	**degli** yogurt
	– vocale	**degli** aperitivi
femminile	davanti a tutti i nomi	**delle** torte
		delle aranciate

Formiamo l'articolo partitivo con **di + l'articolo determinativo**. Scegliamo l'articolo determinativo in base al genere, al numero e alla lettera iniziale del nome.

Usiamo l'articolo partitivo per indicare una **quantità indefinita**.

> Possiamo fare **dell'**insalata di riso.
> Compriamo **del** gelato.
> Vuoi **dello** spumante?
> Avete **della** mozzarella di bufala?
> Prepariamo **degli** antipasti.
> Cuciniamo **delle** lasagne.
> Prendiamo **dei** pomodori.

Il verbo *piacere*

Il verbo *piacere* è di solito usato alla **terza persona singolare** (*piace*) e **plurale** (*piacciono*).

Usiamo *piace* con i **nomi singolari** e con i **verbi all'infinito**.
> Mi **piace la** mozzarella.
> Mi **piace ballare**.

Usiamo *piacciono* con i **nomi plurali**.
> Mi **piacciono gli** spaghetti.
> Mi **piacciono le** lasagne.

Piace e *piacciono* sono **preceduti da un pronome** o da **a + il nome di una persona**.
> **Mi** piace la mozzarella.
> **Ti** piacciono i vini italiani?
> **A Sandra** piace guardare la TV.

Osserva la posizione di **NON** nelle frasi negative:
> **Non** mi piacciono i funghi.
> **Non** ti piace questa pasta?
> A Carlo **non** piacciono gli spinaci.

I pronomi personali diretti *lo, la, li, le*

	singolare	plurale
maschile	lo	li
femminile	la	le

I pronomi personali diretti:

▶ sostituiscono un nome,

▶ concordano in genere e numero con il nome sostituito,

▶ precedono il verbo.

Il prosciutto è molto buono: **lo** compro.
Compri **la frutta** al supermercato? No, **la** compro al mercato
Quando vedi **i tuoi amici**? **Li** vedo il fine settimana.
Le tue amiche sono simpatiche. **Le** invitiamo a cena?

SPAZIO ALLA GRAMMATICA

Gli articoli partitivi

1 | Completa la tabella.

	il	l'	lo	la	i	gli	le
di	....	dell'	....	....	dei	....	delle

2 | Scrivi gli articoli partitivi corretti.

1. .... vino bianco   3. .... affettati   5. .... zucchero   7. .... pomodorini

2. .... birra   4. .... acqua   6. .... torte   8. .... antipasto

3 | 🔊 2•21 Completa i tre dialoghi al ristorante con gli articoli partitivi. Poi ascolta e controlla.

1
Fabrizio	Per secondo vorrei .... (1) pesce.
cameriera	Certo. Abbiamo .... (2) calamari fritti.
Fabrizio	Benissimo.
cameriera	Vuole .... (3) patatine con i calamari?
Fabrizio	No, prendo .... (4) spinaci al burro.
cameriera	Prende .... (5) vino?
Fabrizio	No, grazie, vorrei .... (6) acqua minerale naturale.

2
Gabriele	Che cosa avete di antipasto?
cameriere	.... (1) prosciutto e melone, ... (2) affettati misti o .... (3) bruschetta.
Gabriele	Prendo il prosciutto e melone. E di primo?
cameriere	Di primo abbiamo .... (4) lasagne, ... (5) spaghetti o .... (6) risotto.
Gabriele	Prendo le lasagne, grazie.

3
Michele	Che cosa vuoi da bere?
Ilaria	Prendiamo .... spumante. È perfetto come aperitivo.

4
Carla	Perché non facciamo .... (1) insalata di pasta per antipasto?
Silvia	Buona idea. Possiamo anche comprare .... (2) mozzarella e .... (3) pomodorini e fare una buona caprese.
Carla	Certo, e .... (4) paté di salmone: è il mio preferito.

4 | Hai amici per cena. Prepara la lista della spesa.

Oggi compro...

del .... della ....

delle .... dell' ....

degli .... dei ....

dello ....

Il verbo *piacere*

5 Completa le frasi con *piace* o *piacciono* e indica se le parole sono nomi singolari (NS), verbi (V) o nomi plurali (NP).

1. Mi _piace_ il gelato. (_NS_)
2. Mi _piacciono_ i biscotti. (_NP_)
3. Mi _piace_ studiare. (_V_)
4. Mi _piacciono_ vini francesi. (_NP_)

5. Mi _piace_ la birra. (_NS_)
6. Mi _piace_ cucinare. (_V_)
7. Mi _piace_ l'italiano. (_NS_)
8. Mi _piacciono_ dolci. (_NP_)

6 Abbina l'inizio di ogni frase con la sua fine.

1. ☐ Sono vegetariana. Non mi piace
2. ☐ Vuoi degli spinaci?
3. ☐ Vado sempre in discoteca. Mi piace
4. ☐ A Stefania piacciono
5. ☐ Non mi piace
6. ☐ Questi sono i miei occhiali nuovi.

a. la ragazza di Pietro. Non è molto simpatica.
b. Ti piacciono?
c. i ragazzi alti con gli occhi azzurri.
d. No, non mi piacciono molto.
e. tanto ballare.
f. la carne.

7 Metti le parole al posto giusto.

> ballare • gli antipasti • i film italiani • il vino bianco • la macedonia • le feste • mangiare • le patatine fritte

Mi piace _ballare   il vino bianco   la macedonia   le feste   mangiare_

Mi piacciono _gli antipasti   i film italiani   le feste   le patatine fritte_

8 Paola, Andrea e Gianna sono amici, ma non hanno gli stessi gusti. Usa le informazioni della tabella per formare delle frasi come nell'esempio. Usa *piace / piacciono* (☺) o *non piace / non piacciono* (☹).

A Gianna e Paola non piacciono i film americani.

A Paola piace andare in palestra.

	i film americani	andare in palestra	la cucina cinese	i gatti	fare passeggiate	le lasagne	la musica italiana	i vini francesi
Paola	☹	☺	☺	☹	☺	☹	☺	☹
Andrea	☺	☹	☹	☺	☺	☹	☹	☺
Gianna	☹	☹	☺	☺	☹	☺	☺	☹

9 | 2•22 **Completa il dialogo. Poi ascolta e controlla.**

Donata	Possiamo cenare in terrazza, così c'è posto per tutti.
Barbara	Buona idea! Mi _____ (1) tanto mangiare all'aperto. Che cosa cuciniamo?
Donata	Allora, per cominciare degli antipasti. Possiamo fare dell'insalata di riso. _____ (2) piace?
Barbara	Certo, _____ (3) piace moltissimo.
Donata	Anche a me, ed è l'ideale per l'estate. Poi possiamo prendere degli affettati e della mozzarella di bufala con dei pomodorini. Mi _____ (4) tanto la mozzarella!
Barbara	Perfetto. E poi che cosa facciamo?
Donata	Possiamo fare una torta salata con gli spinaci.
Barbara	Ma _____ (5) Carlo non _____ (6) gli spinaci.
Donata	Ma a me sì. E le zucchine?
Barbara	Sì, preferisco le zucchine. _____ (7) piacciono molto e _____ (8) anche a Carlo.
Donata	Perfetto, allora possiamo fare due torte salate e poi una bella macedonia con del gelato.

10 | **Completa l'annuncio di Claudia con *piace* e *piacciono*.**

Cerco ragazzo / ragazza per dividere appartamento.

Mi chiamo Claudia, ho ventisei anni e lavoro in una scuola. Mi *piace* (1) molto cucinare, sono una buona cuoca. Mi *piacciono* (2) soprattutto i primi: sono la mia specialità. Però sono un po' disordinata e non mi *piace* (3) molto fare le pulizie. Amo la musica hip hop: mi *piacciono* (4) molto i Black Eyed Peas. Adoro il cinema: mi *piacciono* (5) i film francesi e spagnoli. Non mi *piacciono* (6) molto le persone ritardatarie: io sono sempre puntuale. Chiama il 245987654, se sei il ragazzo o la ragazza giusta.

11 | **Scrivi un annuncio simile a quello dell'esercizio 10 e indica che cosa ti piace o non ti piace.**

I pronomi personali diretti *lo, la, li, le*

12 | **Abbina ogni domanda alla sua risposta.**

1. ☐ Guardi spesso la televisione?
2. ☐ Conosci Marco?
3. ☐ Inviti Grazia e Tina a cena?
4. ☐ Prenoti tu il ristorante?
5. ☐ Quando vedi i tuoi amici?
6. ☐ Puoi fare tu la spesa?

a. Sì, lo conosco bene.
b. Certo, lo prenoto subito.
c. Di solito li vedo il sabato sera.
d. No, non la guardo molto.
e. Sì, la faccio io questa sera.
f. No, non le invito. Non sono molto simpatiche.

PRIMI PASSI

13 | Indica l'alternativa corretta. Il pronome sostituisce la parola sottolineata.

1. <u>Questa mozzarella</u> è molto buona.
   a. ☐ Allora, la prendo anch'io.
   b. ☐ No, io non le prendo.
   c. ☐ Lo prendo per cena.

2. Bevi <u>il caffè</u>?
   a. ☐ Sì, le bevo alla mattina.
   b. ☐ No, non la bevo mai.
   c. ☐ Sì, lo bevo tre o quattro volte al giorno.

3. Guardi <u>i reality show</u>?
   a. ☐ No, non lo guardo mai.
   b. ☐ Li guardo, ma non spesso.
   c. ☐ Sì, la guardo sempre.

4. Compri <u>le fragole</u> al mercato?
   a. ☐ Sì, le compro sempre lì.
   b. ☐ No, li compro al supermercato.
   c. ☐ No, non la compro mai.

5. Prepari tu <u>la pasta</u>?
   a. ☐ No, la prepara Anna.
   b. ☐ No, lo prepara Carlo.
   c. ☐ Sì, le preparo io.

6. Ti piace molto <u>il gelato</u>?
   a. ☐ Sì, la mangio spesso.
   b. ☐ No, non li mangio spesso.
   c. ☐ Sì, lo mangio sempre.

14 | 🔊 2•23 Francesca è in ufficio con il dottor Bruti, il suo capo. Completa la conversazione. Poi ascolta e controlla.

dott. Bruti	Allora Francesca. Ho molti impegni oggi...
Francesca	Sì, dottor Bruti. Il dottor Rossi viene questa mattina?
dott. Bruti	Sì, ... (1) vedo alle dieci.
Francesca	Bene. E deve chiamare Antonio Berti.
dott. Bruti	Sì, ... (2) devo chiamare alle due e mezza. Quando controlli la posta?
Francesca	.... (3) controllo subito.
dott. Bruti	Perfetto. Quando vedo i colleghi giapponesi?
Francesca	.... (4) vede oggi pomeriggio alle quattro. Deve firmare le lettere per la Francia.
dott. Bruti	Va bene, ... (5) firmo subito.
Francesca	Questi sono i giornali inglesi.
dott. Bruti	Grazie, ... (6) leggo dopo. Puoi prenotare il treno per Roma?
Francesca	Certo, ... (7) prenoto questa mattina.
dott. Bruti	E dobbiamo mandare gli inviti per la conferenza di Roma...
Francesca	Sì, ... (8) mando domani.
dott. Bruti	Grazie mille, Francesca. Per ora è tutto.

15 | Alberto ed Elisa organizzano una festa. Usa le informazioni per rispondere alle domande, come nell'esempio.

```
   ALBERTO                    ELISA

 – comprare il vino         – fare la spesa al supermercato

 – ordinare le pizze        – comprare la torta

 – fare le lasagne          – portare i CD

 – chiamare Stefano         – mandare gli inviti
```

1. Chi compra il vino? *Lo* compra Alberto.   5. Chi ordina le pizze? ....
2. Chi manda gli inviti? ....   6. Chi compra la torta? ....
3. Chi chiama Stefano? ....   7. Chi porta i CD? ....
4. Chi fa la spesa al supermercato? ....   8. Chi fa le lasagne? ....

TUTTO CHIARO?

16 | Completa il dialogo con queste parole.

costa • costano • degli • dell' • delle • è • piacciono • piace

fruttivendolo	Buongiorno. Desidera?
Monica	Buongiorno. Vorrei .... (1) mele.
fruttivendolo	Quali preferisce?
Monica	Queste mele gialle. Va bene, Guido?
Guido	No, Monica. Non mi .... (2) molto le mele gialle. Prendiamo le mele rosse.
Monica	Va bene. Allora un chilo di mele rosse. E poi vorrei .... (3) insalata.
fruttivendolo	Questa va bene?
Monica	Quanto .... (4)?
fruttivendolo	Controllo. Un euro e venti.
Monica	Va bene.
Guido	Prendiamo anche .... (5) asparagi?
Monica	Quanto .... (6)?
fruttivendolo	Due euro al chilo.
Monica	Un chilo va bene.
fruttivendolo	Altro?
Monica	No grazie. Quant'........................ (7) in tutto?
fruttivendolo	4 euro e ottanta.
Monica	Grazie. Vedi Guido, mi .... (8) fare la spesa al mercato. Spendiamo poco e mangiamo bene.

17 | Scrivi domande adatte alle seguenti risposte.

Quando scrivi la lettera?   La scrivo subito.

1. ....   Certo, la invito alla festa
2. ....   No, non le compro. Sono molto care.
3. ....   No, non la mangio mai. Sono vegetariana.
4. ....   Li vedo il fine settimana.
5. ....   Sì, lo leggo tutti i giorni.
6. ....   No, non le cucino spesso.
7. ....   Sì, lo prendo tutti i giorni per andare in ufficio.
8. ....   Certo, li compro io. Devo andare al supermercato questo pomeriggio.

COMUNICARE

18 | 🔊 2•24 Isabella fa la spesa al mercato. Riordina le frasi del dialogo. Poi ascolta e controlla.

☐ 2 euro al cestino.
☐ Allora prendo tre cestini.
☐ **1** Buongiorno, desidera?
☐ Certo. Quanto costano le fragole?
☐ Ecco i tre cestini. Altro?

☐ Gialli. E poi delle banane.
☐ Le prende Lei, per favore? Sono sul banco a sinistra.
☐ Li vuole gialli o verdi?
☐ No grazie. È tutto per oggi.
☐ Vorrei dei peperoni.

19 | Che cosa dici per...

1. chiedere il costo di un chilo di mele?
2. dire che vuoi due bottiglie di vino rosso?
3. dire che ti piace molto la pasta?
4. chiedere il costo della mozzarella di bufala?
5. dire che non ti piacciono gli spinaci?
6. dire che non vuoi altro?

SPAZIO ALLE PAROLE

20 | Abbina ogni prodotto al negozio.

 1

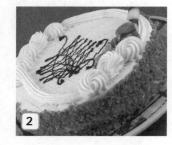 2

 3

 4

 a

 b

 c

 d

21 | Trova l'intruso in ogni gruppo di parole e spiega il perché.

1. ananas • albicocca • mandarino • parmigiano
2. orecchiette • maionese • penne • spaghetti
3. spinaci • asparagi • gnocchi • melanzane
4. giornale • cartoleria • erboristeria • fioraio
5. prosciutto • latte • salame • bresaola
6. trota • zucchine • salmone • gamberi

22 | Scrivi almeno due esempi per ogni categoria.

conserve o condimenti

formaggi

prodotti per la cura della persona

pane e pasticceria

prodotti per la casa

negozi di alimentari

23 | Abbina i prodotti alla confezione giusta.

aranciata • grissini • latte • olio • pomodori pelati • yogurt

1. un pacchetto di ....
2. una lattina di ....
3. un cartone di ....
4. un vasetto di ....
5. una bottiglia di ....
6. una scatola di ....

INTONAZIONE&PRONUNCIA

24 | 2•25 Ascolta con attenzione le parole e ripeti.

/p/ pizza - antipasto - parmigiano – pacchetto - simpatico - patatine

/b/ bibita – ciabatta – bianco – erboristeria – balsamo – birra

25 | 2•26 Indica quale suono senti.

	1	2	3	4	5	6	7	8	9	10	11	12
/p/	☐	☐	☐	☐	☐	☐	☐	☐	☐	☐	☐	☐
/b/	☐	☐	☐	☐	☐	☐	☐	☐	☐	☐	☐	☐

Che cosa hai fatto in vacanza?

Il passato prossimo

Per formare il passato prossimo in italiano usiamo i **verbi ausiliari** *essere* o *avere* e il **participio passato**.

Usiamo l'ausiliare essere:

▸ con verbi che indicano un **movimento** legato a un **cambiamento di luogo**, ad esempio: *andare, tornare, arrivare, partire, entrare, uscire, salire, scendere, venire.*

> Maria **è andata** a casa in taxi.
> **Sei arrivato** in stazione in orario?
> Gino e Luca non **sono venuti** alla festa.

▸ con verbi che indicano uno **stato**, ad esempio: *essere, stare, rimanere, restare.*

> Ieri **siamo rimasti** a casa tutto il giorno.
> Dove **siete stati** in Sardegna?
> Claudio non **è restato** molto alla festa.

▸ con verbi che indicano una **trasformazione**, ad esempio: *nascere, crescere, diventare, morire, ingrassare, dimagrire.*

> Eugenio Montale **è nato** a Genova nel 1896.
> La figlia di Carla **è cresciuta** molto.
> Mary e Rose **sono diventate** davvero brave in italiano!

Usiamo l'ausiliare avere con gli altri verbi, ad esempio: *mangiare, parlare, dormire, prendere, fare, giocare, comprare, vedere.*

> Ieri sera **abbiamo mangiato** in pizzeria.
> **Hai visto** l'ultimo film di Salvatores?
> Giulia non **ha fatto** le vacanze quest'anno.

Il participio passato

I verbi regolari in **-are** formano il participio passato con **-ato**, i verbi in **-ere** con **-uto**, i verbi in **-ire** con **-ito**.

verbi in *-are*	verbi in *-ere*	verbi in *-ire*
mangi-are	sap-ere	dorm-ire
→ mangi-**ato**	→ sap-**uto**	→ dorm-**ito**

In italiano ci sono alcuni verbi con il participio passato irregolare.

bere	→	bevuto
dire	→	detto
essere	→	stato/a
fare	→	fatto
leggere	→	letto
mettere	→	messo
prendere	→	preso
rimanere	→	rimasto/a
scrivere	→	scritto
vedere	→	visto
venire	→	venuto/a
vivere	→	vissuto

La concordanza con il verbo *essere*

Il participio passato dei verbi con l'ausiliare *essere* **cambia** se il soggetto è maschile, femminile, singolare o plurale.

Il participio passato dei verbi con l'ausiliare *avere* **non cambia mai**.

verbi con l'ausiliare *essere*

maschile singolare	maschile plurale
Carlo è andat**o**	I miei amici sono andat**i**
femminile singolare	**femminile plurale**
Carl**a** è andat**a**	Le mie amiche sono andat**e**

verbi con l'ausiliare *avere*

maschile singolare	maschile plurale
Carlo ha parlato	I miei amici hanno parlato
femminile singolare	**femminile plurale**
Carla ha parlato	Le mie amiche hanno parlato

Il participio passato

1 | Metti i participi passati al posto giusto.

incontrato • mangiato • assaggiato
parlato • visitato
avuto • dormito • saputo

1. dormire ....   5. sapere ....
2. incontrare ....   6. mangiare ....
3. assaggiare ....   7. parlare ....
4. avere ....   8. visitare ....

2 | Completa i participi passati.

1. Claudio ha incontr............ Simona al bar.
2. Ho sap............ che ieri hai parl............ con Luca.
3. Michela, hai mangi............ bene a Roma?
4. Marta ha av............ la febbre ma ora è guarita.
5. Questa notte ho dorm............ solo quattro ore.
6. Luigi ha visit............ Londra.

3 | Scrivi il participio passato di questi verbi. Attenzione ai participi irregolari!

1. cadere ....   5. vedere ....   9. comprare ....
2. bere ....   6. viaggiare ....   10. prendere ....
3. cantare ....   7. capire ....   11. sentire ....
4. pensare ....   8. volere ....   12. fare ....

4 | Completa la lettera di Claudio con i participi passati dei verbi tra parentesi.

Cara Elisabetta,

ieri ho .... (1. avere) una giornata molto faticosa: ho .... (2. lavorare) dalle 9 alle 16, non

ho .... (3. mangiare), a pranzo ho .... (4. bere) solo un caffè. Nel pomeriggio

ho .... (5. mandare) molte e-mail e poi ho .... (6. fare) una riunione con il mio capo.

Alle sette ho .... (7. prendere) l'aereo per Madrid: per fortuna sull'aereo ho .... (8. dormire) un po'

e ho .... (9. vedere) un bel film. All'aeroporto di Madrid ho .... (10. chiamare) un taxi per andare

in albergo. Oggi ho .... (11. incontrare) i miei colleghi spagnoli e ho .... (12. visitare) la città.

Madrid è davvero bella! Torno a casa fra due giorni.

           Un bacio,

           Claudio

5 | Abbina i verbi all'infinito ai loro participi passati.

A
1. essere
2. fare
3. dire
4. mettere
5. prendere
6. venire
7. rimanere
8. vedere
9. scrivere
10. leggere

B
a. ◯ visto
b. ◯ stato/a
c. ◯ preso
d. ◯ scritto
e. ◯ fatto
f. ◯ letto
g. ◯ messo
h. ◯ detto
i. ◯ rimasto/a
l. ◯ venuto/a

Il passato prossimo

6 | Abbina le parole e forma delle frasi.

1. Io	hanno preso	un buon caffè questa mattina.
2. Noi	ha dormito	il Colosseo?
3. Tu	ho bevuto	i biglietti per il concerto?
4. Luca	avete comprato	l'aereo.
5. Stefania e Carlo	hai visitato	pochissimo ieri notte.
6. Voi	abbiamo mangiato	una bistecca buonissima.

7 | Completa le frasi con il passato prossimo dei verbi tra parentesi.

1. Claudio e Martina .... (*comprare*) una casa nuova poco tempo fa.

2. Questa mattina .... (*io - ricevere*) venti e-mail!

3. Che cosa .... (*tu - fare*) ieri sera?

4. Stefania, ... (*tu - lavorare*) tanto, l'anno scorso?

5. Io e Nicola non .... (*incontrare*) Marcello alla festa.

6. Ieri Luca .... (*finire*) di lavorare alle dieci di sera.

7. Michela, Claudia, ... (*voi - prendere*) l'aereo per New York?

8. Ieri sera io e Marta non .... (*cucinare*). .... (*ordinare*) un take-away cinese.

8 | Trova gli errori e correggi le frasi.

1. Annalisa hanno mangiato con Paolo al ristorante.

2. Ieri Stefano ha visitatto Pisa.

3. Carla, avete parlato con Luca?

4. Ragazzi, avete bevato il tè?

5. Marco e Luca abbiamo studiato per l'esame?

6. Io hanno mangiato un panino per pranzo.

9 | Trasforma il racconto della giornata di Cristina al passato prossimo.

Cristina ieri ha avuto una giornata molto dura...

Di solito Cristina ha una giornata molto dura. La mattina studia per i suoi esami all'università. Poi, alle 13, mangia un panino, beve un caffè e prende l'autobus per andare al lavoro. In ufficio fa tante cose: parla con i suoi colleghi, manda delle e-mail, vede il suo capo e mette in ordine i documenti. Alle sei, dopo il lavoro, incontra Silvia, una sua amica. Cristina e Silvia prendono insieme un aperitivo e incontrano Gianni, un loro amico. Alle otto e mezza Cristina cucina qualcosa e poi mangia. Alle dieci studia ancora un po' e poi, alle undici e mezza, a letto!

10 | *Avere* o *essere*? Sottolinea il verbo ausiliare corretto.

1. Paola *è* / *ha* andata in vacanza in Egitto.

2. Marco e Sergio *sono* / *hanno* mangiato una pizza.

3. Ieri *ho* / *sono* incontrato Stefania al mercato.

4. Michele, *sei* / *hai* stato a Napoli?

5. Sabato sera *sono* / *ho* guardato un bel film.

6. Perché siete così stanchi? Non *avete* / *siete* dormito ieri notte?

7. Io e Silvia *abbiamo* / *siamo* tornati sabato da Parigi.

8. Carlo, Manuela *è* / *ha* già partita per l'India?

11 | Per questi verbi usiamo l'ausiliare *essere* o *avere*? Scrivi i verbi al posto giusto.

mettere • vedere • essere • leggere • avere
fare • ~~arrivare~~ • scrivere • ritornare
rimanere • partire • venire • ~~bere~~ • andare

AVERE: *bere,* ....

....

ESSERE: *arrivare,* ....

....

12 | 🔊 2•27 Trasforma il dialogo di Andrea e Simona al passato. Poi ascolta e controlla.

Ciao Simona, come stai? - Ciao Andrea, tutto bene!...

Andrea	Ciao Simona, come stai?
Simona	Ciao Andrea, tutto bene!
Andrea	Studi per l'esame di storia?
Simona	Eh sì, in questi giorni studio tanto! Rimango in biblioteca e passo tutti i pomeriggi sui libri, per fortuna con i miei amici! Anche loro preparano gli esami...
Andrea	Eh sì! Anch'io in questo periodo studio tanto, ma i miei amici no! Loro vanno sempre in discoteca!
Simona	E tuo fratello Francesco?
Andrea	Eh, Francesco parte per Londra. In queste settimane studia poco perché ha solo un esame, così va un po' in vacanza.
Simona	Ma... parte da solo?!
Andrea	No, non parte da solo. Va con la sua fidanzata Marina.

La concordanza

13 | Sottolinea il participio passato corretto.

1. Marta è *andato | andata* a casa.
2. Lunedì Stefano è *partito | partita* per Venezia.
3. Ieri Lea e Mara sono *andati | andate* al cinema.
4. Io e Claudio siamo *tornati | tornate* da Roma sabato.
5. Anna, sei già *tornata | tornato* dalle vacanze!
6. Paolo, Franco, siete *rimasta | rimasti* a casa, ieri?
7. Gli ultimi due esami sono *stato | stati* difficili.
8. La mamma è già *ritornato | ritornata* a casa?

14 | Trasforma le frasi come nell'esempio.

Ieri sera sono andato a teatro. (*Carlo e io*) → *Ieri sera Carlo e io siamo andati a teatro.*

1. Marco è partito per gli Stati Uniti? (*Elena*)
2. A che ora sei arrivato a casa? (*Sara e Chiara*)
3. Perché Paola non è venuta alla mia festa? (*Fabio e Giacomo*)
4. Sara è tornata a casa tardi ieri. (*Enrico*)
5. Daniele e Marco sono andati in vacanza insieme. (*Laura e Giulia*)
6. Enzo ha finito l'università ed è partito per le vacanze. (*Annalisa*)
7. La settimana scorsa sono stato al mare. (*Serena e Claudio*)
8. L'estate scorsa Giulia e Alice sono partite per la Francia con noi. (*Alberto*)

15 | Racconta la storia di Gianni e Claudia al passato.

a

| uscire di casa | andare al lavoro in macchina | arrivare in ufficio in ritardo | uscire dall'ufficio | tornare a casa |

b

| uscire di casa | andare al lavoro in autobus | arrivare in ufficio puntuale | uscire dall'ufficio | tornare a casa |

16 | Completa i messaggi con il passato prossimo dei verbi tra parentesi.

1 Ciao Cristian,
questa settimana sei solo in ufficio!
Io e Marta .... (1. partire)
per Londra e anche Silvia ....
(2. andare) via per le vacanze. Il nostro
capo, invece, ... (3. rimanere) qui.
Buon lavoro e buon divertimento :)
Marco

2 Ciao Mara!
.... (1. essere) all'università? Hai parlato con il
tuo professore? Io ieri .... (2. uscire) con Fabio
e Nicola e tutti e tre .... (3. tornare) a casa
tardissimo! Però questa mattina .... (4. andare)
al supermercato e ho fatto la spesa.
A presto!
Silvia

3 Ciao Giulia!
Oggi .... (1. venire) il tecnico
del computer e ha messo un nuovo
programma per le traduzioni. Ho
fatto una traduzione in francese: il
programma .... (2. essere)
velocissimo!
Alessandro

4 Ciao Andrea,
le mie amiche Giorgia e Magda .... (1. venire)
qui a casa questa mattina e hanno portato un regalo.
È nel frigorifero!
Ah, sai la novità? Il nostro coinquilino Davide ....
(2. andare) a Palermo per lavoro. Da questa sera siamo sol
Ci vediamo più tardi.
Michela

17 | Riordina le parole e costruisci delle frasi al passato, come nell'esempio.

estate / l' / sono / in / andato / scorsa / Irlanda   *L'estate scorsa sono andato in Irlanda.*

1. fa / cinque / studiato / russo / ho / anni

   ....

2. Anna / in / e / Claudia / banca / lavorato / hanno

   ....

3. sera / bevuto / Michela / ha / birra / ieri / una

   ....

4. Francesco / ritornati / da / Stefano / Londra / fa / tre / sono / giorni / e

   ....

5. mamma / è / per / partita / Miami / sera / ieri

   ....

6. in / noi / mangiato / una / ristorante / pizza / abbiamo / due / un / fa / giorni

   ....

18 | Abbina l'inizio di ogni frase con la sua fine.

1. ☐ Serena e Claudia
2. ☐ Due anni fa io
3. ☐ La mia amica Chiara
4. ☐ Fabio
5. ☐ In agosto Claudio e Vito
6. ☐ L'anno scorso voi
7. ☐ Ieri sera noi
8. ☐ Francesco, Clara,

a. abbiamo invitato Luca in discoteca.
b. è arrivata a casa mia ieri sera.
c. siete mai stati a Milano?
d. ho lavorato a Londra per sei mesi.
e. sono partite per l'India tre settimane fa.
f. è arrivato in ritardo al lavoro, ieri.
g. avete comprato una nuova casa?
h. sono partiti per Madrid.

19 | Riscrivi il testo al passato prossimo.

Lo scorso fine settimana...

Di solito il fine settimana vado al mare a casa dei miei amici. Parto verso le 9 del mattino e prendo un treno diretto, così arrivo per mezzogiorno e pranzo insieme a loro. Nel pomeriggio poi andiamo tutti in spiaggia e facciamo una lunga passeggiata vicino al mare. Quando giochiamo a calcio, le ragazze non vengono con noi, ma vanno al bar a prendere un caffè e chiacchierare. Dopo andiamo al mercato a comprare del pesce e Susanna, bravissima cuoca, cucina per tutti. La sera stiamo a casa, ceniamo e beviamo. Dopo cena vediamo un film al cinema vicino a casa... Insomma: è un fine settimana di tutto relax!

20 | 🔊 2•28-29 Stefania e Giancarlo parlano di un viaggio indimenticabile. In questi testi ci sono alcuni verbi sbagliati. Ascolta il loro racconto e correggi.

Beh, allora... Un viaggio indimenticabile è stato quando sono stata in Marocco da sola con il mio gruppo di amici, 15 anni fa. Io, Marco, Marta e Lorenzo abbiamo preso poche cose in valigia e siamo partiti tutti insieme da Torino. Siamo andati in macchina e siamo arrivati a Marrakech due giorni dopo. Il giorno più bello è stato quando io e Marta siamo rimaste da sole al mercato. Abbiamo parlato con la gente del luogo, abbiamo pranzato con loro: è stata un'esperienza veramente unica! Lorenzo e Marco non sono venuti, sono tornati a fare un'escursione nel deserto. L'estate scorsa, dopo 15 anni, io e Marta siamo andate in Marocco: adesso siamo cresciute, tante cose sono diverse ma Marrakesh è rimasta magica!

Il mio viaggio più bello è stato quando sono andato in Sardegna con il mio amico Lucio. Abbiamo viaggiato da soli, ma durante il viaggio siamo stati in tante città diverse e abbiamo incontrato tantissime persone. Abbiamo assaggiato le specialità sarde e abbiamo bevuto il Cannonau, un vino molto buono!
Ho anche comprato molti libri e tutti i giorni ho scritto un diario per ricordare la bellezza di tutti questi posti. Quando siamo arrivati a Parma, siamo partiti subito per un altro viaggio!

21 | Scrivi una lettera a un tuo amico. Racconta il viaggio più bello che hai fatto. Dove sei andato? Con chi? Quale mezzo di trasporto hai usato? Dove hai dormito? Che cosa hai fatto?

22 | Osserva le immagini e scrivi un breve paragrafo su che cosa ha fatto Stefano durante lo scorso fine settimana. Usa queste parole.

prima... e dopo • poi • e poi

Lo scorso fine settimana Stefano...

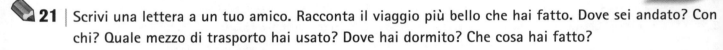

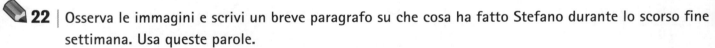

23 | Abbina le parole e forma le frasi.

1.	Carlo, Marco, dove	sei tornata	dell'ottimo pollo al curry!
2.	Marina, quando	hai studiato	per la Cina, Carlo?
3.	Quando	siete andati	tanto, per l'esame?
4.	In India	siete entrate	dall'Egitto?
5.	Ragazze,	sei partito	in vacanza?
6.	Federica,	abbiamo mangiato	nel Duomo di Milano?

24 | Scrivi la domanda giusta per queste risposte.

1. _____ Sono partito per l'Olanda giovedì scorso.
2. _____ Ieri abbiamo mangiato un'ottima pizza!
3. _____ Sono rimasto in Italia tre anni.
4. _____ Ieri sera ho studiato inglese.
5. _____ Sabato scorso Lisa è tornata a casa alle 2.
6. _____ No, non siamo andati al cinema venerdì.

25 | Marco e Paola parlano delle loro vacanze. Immagina e scrivi il loro dialogo. Usa queste informazioni.

Ciao Paola! Dove sei andata in vacanza quest'estate?...

Marco: Roma – per tre settimane – con la sua fidanzata – in macchina – il Colosseo e il Vaticano

Paola: Amsterdam - solo per un fine settimana - in aereo - con mamma e papà - i canali e il museo di Van Gogh

26 | Rispondi a queste domande.

1. Quando sei nato? _____
2. In quali città hai abitato? _____
3. Che cosa hai studiato? _____
4. Per quanto tempo hai studiato Italiano? _____
5. Nel passato, hai fatto tanti viaggi? _____
6. Quale è stato il viaggio più bello? _____

SPAZIO ALLE PAROLE

27 | Scrivi i nomi di questi oggetti e completa il cruciverba.

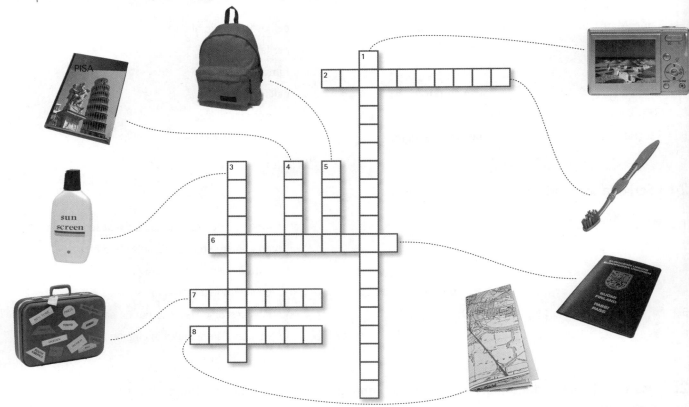

28 | Come hanno viaggiato queste persone? Abbina i mezzi di trasporto alle frasi.

1. in aereo **2.** a piedi **3.** in bicicletta **4.** in macchina **5.** in nave **6.** in treno

⬜ Ho finito la benzina! **a**

b ⬜ In un'ora e mezza sono andato da Roma a Londra.

c ⬜ Abbiamo viaggiato dall'Italia alla Grecia in 24 ore: mare blu, sole e tanto relax!

⬜ C'è stato uno sciopero di tutti i mezzi: quattro ore per arrivare a casa! **d**

e ⬜ Un bel viaggio: ho letto molto, ho pagato poco e ho conosciuto una ragazza simpatica!

⬜ Quest'anno facciamo un tour ecologico: 60 km al giorno e niente benzina! **f**

29 | Organizza le vacanze. Che cosa porti al mare? E in montagna? Cerca nel dizionario le parole difficili e scrivi le parole al posto giusto. Alcuni oggetti possono andare bene per la montagna e per il mare!

il costume da bagno • la crema solare • gli scarponi • gli sci • gli occhiali da sole
la bussola • i sandali • la borraccia • il telo • il sacco a pelo

per il mare	per la montagna

30 | Dove vanno in vacanza queste persone? Leggi il loro profilo e scegli il posto adatto a loro.

campeggio • agriturismo • albergo • villaggio turistico • bed&breakfast • ostello

1. Matteo e Cecilia

Sono due studenti, hanno pochissimi

soldi e amano molto la natura.

....

2. Eugenio

Ha pochi soldi e vuole incontrare altri

ragazzi e ragazze giovani come lui.

....

3. Alice e Franco

Non hanno problemi economici,

amano stare in centro città e dormire

in un posto elegante, comodo e bello.

....

4. La famiglia Pieri

Vogliono una vacanza di relax lontana

dalla città. I bambini amano molto gli

animali, i genitori la cucina casalinga.

....

5. Carmen

Le piace andare al mare, fare attività

sportive di gruppo e divertirsi con

altre persone.

....

6. Fabio e Manuela

Vogliono spendere poco, conoscere le

persone del posto e soprattutto fare

una buona colazione la mattina!

....

INTONAZIONE&PRONUNCIA

31 | 🔊 2•30 Ascolta e scrivi queste coppie di parole. Attento ai suoni /t/ e /d/!

	1	2	3	4	5	6
/d/	....	....	....	....	....	....
/t/	....	....	....	....	....	....

Gli aggettivi possessivi con i nomi di famiglia

Con i **nomi di famiglia al singolare** non mettiamo **mai** l'articolo prima dell'aggettivo possessivo.

> **Mia** madre lavora in banca.
> Di dov'è **tuo** padre?
> **Nostro** fratello si chiama Marco.

 **ECCEZIONI**

*la **mia** mamma*
*il **mio** papà*

Con i **nomi di famiglia al plurale** mettiamo **sempre** l'articolo davanti all'aggettivo possessivo:

> **I nostri** genitori sono in vacanza.
> **Le nostre** sorelle si chiamano Angela e Luciana.
> **I nostri** zii vivono a Roma.

Solo con l'aggettivo *loro* mettiamo **sempre l'articolo** prima dell'aggettivo possessivo:

> **Il loro** zio è un insegnante di storia.
> **La loro** mamma ha 62 anni.
> **I loro** fratelli abitano a Roma.
> **Le loro** sorelle lavorano in banca.

I verbi *potere, sapere* e *conoscere*

Usiamo il verbo *potere* per esprimere una **possibilità che non dipende dalla nostra volontà** ma da fattori esterni.

> Oggi Davide è libero e **può** venire in montagna con noi.
> Oggi Lucia e Marco non **possono** venire a teatro: hanno troppe cose da fare al lavoro.
> **Puoi** fare la spesa tu oggi?

Il verbo *sapere* è un verbo **irregolare**.

sapere	
(io)	so
(tu)	sai
(lui / lei / Lei)	sa
(noi)	sappiamo
(voi)	sapete
(loro)	sanno

Usiamo il verbo *sapere* per esprimere un'**abilità**.

> Francesca **sa** molto bene il tedesco.
> Lisa e Silvio non **sanno** sciare molto bene.
> **Sapete** suonare il violino?

Usiamo il verbo *conoscere* per esprimere la **conoscenza di un luogo o di una persona**.

> Mario, **conosci** Luciana?
> Dario non **conosce** bene Roma: si è trasferito lì solo due settimane fa.
> Tina e Sara **conoscono** bene Berlino perché hanno abitato lì per tre anni.

Il passato prossimo dei verbi riflessivi

Il passato prossimo dei verbi riflessivi si forma con il **pronome riflessivo**, il **verbo** *essere* e il **participio passato** in accordo con il genere e il numero del soggetto:

> Sergio **si** è laureat**o** a Roma.
> Livia, **ti** sei divertit**a** alla festa?
> Luciano, Marco, a che ora **vi** siete addormentat**i** ieri?
> Marta e Gaia **si** sono rilassat**e** molto in vacanza.

Per fare una **frase negativa**, mettiamo **NON** prima del pronome riflessivo.

> **Non** ci siamo svegliati presto questa mattina.
> Salvatore **non** si è laureato in inglese.
> Ieri sono andato in discoteca, ma **non** mi sono divertito.

SPAZIO ALLA GRAMMATICA

Gli aggettivi possessivi con i nomi di famiglia

1 | Sottolinea l'alternativa corretta.

1. Ieri ho incontrato *la tua sorella / tua sorella* all'università.

2. Per le vacanze *mio fratello / il mio fratello* e *mie sorelle / le mie sorelle* vengono a casa mia.

3. Questa è la mia amica Therese: lei è italiana, ma *suoi nonni / i suoi nonni* sono tedeschi.

4. 🧑 A che ora arrivano *tuoi genitori / i tuoi genitori*? 🧑 Arrivano alle 8, invece *mia cugina / la mia cugina* arriva più tardi.

5. In questa foto vedi mio fratello e *la sua moglie / sua moglie* con *la loro figlia / loro figlia*, *mia nipote / la mia nipote* Sandra.

6. Che lavoro fa *vostro padre / il vostro padre*?

7. Luigi parte domani per le vacanze. Ha organizzato un viaggio con *sue cugine / le sue cugine*.

8. Carlo e Giovanni sono molto fortunati: *loro nonni / i loro nonni* hanno una bellissima casa al mare.

2 | Completa il testo con questi aggettivi.

> mia • la mia • mio • il mio • il nostro • le mie • sua • i miei

Vivo in una grande casa con tutta _____ (1) famiglia; _____ (2) madre si chiama Marina e fa la traduttrice, _____ (3) padre si chiama Dario ed è un medico. _____ (4) sorelle Ada e Lisa studiano all'università e abitano ancora con noi, invece mio fratello Luigi è sposato e abita con _____ (5) moglie a Pavia. _____ (6) nonni hanno una casa vicino alla nostra e ci vediamo spesso. Mi piace abitare con tante persone, ma mi piace anche avere uno spazio solo per me. _____ (7) posto preferito è il giardino. Lì posso leggere, fare sport e giocare con _____ (8) cane.

3 | 🔊 2•31 Completa i dialoghi con gli articoli solo quando è necessario. Poi ascolta e controlla.

1

Alex Quest'anno passi le vacanze con _____ tuoi genitori e _____ tuo fratello?

Sara No, purtroppo no! _____ mio fratello è all'estero per lavoro, così siamo solo io, _____ mio padre e _____ mia madre. E tu cosa fai?

Alex Io e _____ mie sorelle andiamo in montagna con _____ nostri nonni. Sono contentissimo!

2

Cecilia Questa sera ho organizzato una festa a casa mia. Vuoi venire? Ci sono anche Fabio, Luca e _____ loro sorella Alessandra.

Giorgio Sì, volentieri. Però prima sono a cena con _____ mia sorella e _____ suo marito. Posso venire più tardi?

Cecilia Certo, ti aspetto!

3

Simona Laura, Franco, di dove sono _____ vostri genitori?

Franco _____ nostra madre è italiana e _____ nostro padre è svizzero, di Zurigo.

Simona E che lingua parlate a casa, italiano?

Franco Sì, parliamo solo italiano. Solo _____ nostro padre parla tedesco con _____ sua madre.

4 | Completa la descrizione della famiglia di Giulia con gli aggettivi possessivi corretti. Usa anche l'articolo, quando è necessario.

Questa è la famiglia di Giulia. .... (1) fratello Stefano è un architetto e Sara, ... (2) moglie, fa l'insegnante di francese. Giulia e Stefano abitano a Milano, ma .... (3) genitori vivono a Trieste, dove sono nati. Giulia ama i suoi nonni: .... (4) nonne si chiamano Sofia ed Emma. .... (5) nonno Giorgio ha 80 anni e .... (6) nonno Angelo ha 91 anni! Giulia incontra spesso Marco e Sabrina, ... (7) zii: di solito passano insieme il fine settimana in montagna perché amano sciare. Giulia e Stefano vedono spesso anche .... (8) cugina Serena, una perfetta sciatrice. Poi c'è Francesco, il figlio di Stefano e Sara. Giulia adora .... (9) nipote e quando può lo porta al parco oppure a fare un giro in bicicletta.

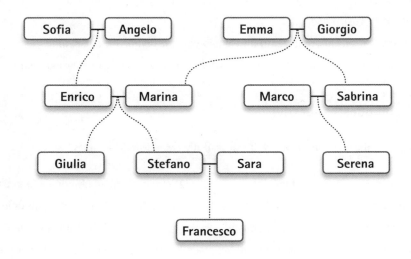

5 | Sophie è una studentessa francese. Ha scritto un'e-mail per descrivere la sua famiglia. Trova i 6 errori nel testo e correggi.

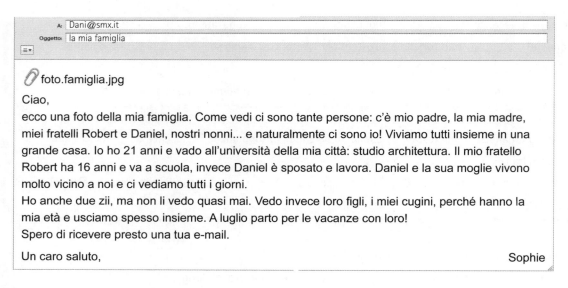

A: Dani@smx.it
Oggetto: la mia famiglia

📎 foto.famiglia.jpg

Ciao,
ecco una foto della mia famiglia. Come vedi ci sono tante persone: c'è mio padre, la mia madre, miei fratelli Robert e Daniel, nostri nonni... e naturalmente ci sono io! Viviamo tutti insieme in una grande casa. Io ho 21 anni e vado all'università della mia città: studio architettura. Il mio fratello Robert ha 16 anni e va a scuola, invece Daniel è sposato e lavora. Daniel e la sua moglie vivono molto vicino a noi e ci vediamo tutti i giorni.
Ho anche due zii, ma non li vedo quasi mai. Vedo invece loro figli, i miei cugini, perché hanno la mia età e usciamo spesso insieme. A luglio parto per le vacanze con loro!
Spero di ricevere presto una tua e-mail.

Un caro saluto,
                                                                              Sophie

6 | Ora rispondi a Sophie e descrivi la tua famiglia.

7 | Abbina le parole all'aggettivo possessivo corretto, come nell'esempio.
Attenzione: non sono tutti nomi di famiglia!

casa • genitori • ~~sorella~~ • cugini • nonne • amici • madre • amiche • fratello • lezioni • bottiglia • zio

sorella
....
mia
....

....
la sua
....

....
suo
....

....
i vostri
....

....
le tue
....

I verbi _potere_, _sapere_ e _conoscere_

8 | Sottolinea l'alternativa corretta.

1. Marco è italiano e non _sa / può_ parlare arabo.
2. Ho un impegno, non _posso / conosco_ uscire con voi.
3. _Sai / Conosci_ l'Austria?
4. Se non stai tanto bene non _puoi / sai_ andare al lavoro!

5. _Conosco / So_ la mia ragazza da gennaio.
6. _Sappiamo / Conosciamo_ bene Palermo.
7. _Conoscete / Sapete_ cucinare la pizza?
8. Mia moglie _sa / può_ ballare molto bene. Io invece no.

9 | Abbina l'inizio di ogni frase alla sua fine.

1. ☐ In Italia c'è una buona cucina perché
2. ☐ Oggi non posso andare al lavoro perché
3. ☐ Fabrizio ha abitato per tre anni a Palermo e così
4. ☐ Non sapete parlare tedesco perché
5. ☐ Luca e Maria hanno un esame domani e così
6. ☐ Sappiamo parlare francese molto bene perché
7. ☐ Conosco bene Andrea Bocelli perché
8. ☐ Potete venire al cinema domani o

a. avete un altro impegno?
b. conosce bene la città.
c. non lo avete mai studiato.
d. non sto bene.
e. abbiamo studiato in Francia per tanto tempo.
f. ho ascoltato tutte le sue canzoni.
g. non possono venire con noi in discoteca.
h. gli italiani sanno cucinare bene.

10 | Completa le frasi con le forme corrette di _potere_, _sapere_ e _conoscere_.

1. .... parlare inglese molto bene perché ho vissuto a Londra per tanti anni.
2. .... bene la Sicilia: siamo stati lì in vacanza molte volte.
3. Ma come? Ti piace il cinema italiano e non .... Roberto Benigni?
4. Non .... studiare in biblioteca con i miei amici perché devo stare a casa con mia sorella.
5. Certo, Carlo, domani io e Marco .... pranzare con te: siamo liberi!
6. Anche se ha fatto un corso, Luca non .... parlare ancora molto bene arabo.

11 | Osserva i disegni, leggi le descrizioni e poi scrivi che cosa dicono i personaggi in queste situazioni. Usa i verbi *potere*, *sapere* e *conoscere*.

Marisa è a dieta. Una sua amica le offre un gelato. Che cosa risponde Marisa?

Matteo cerca una persona per giocare a tennis. Che cosa chiede all'amico?

Che cosa chiede l'insegnante ai suoi studenti in questa situazione?

Che cosa dicono Fabio e Nicolò ai loro compagni di squadra?

Che cosa dice questo signore?

Luca ha trovato un testo giapponese. Che cosa dice in questa situazione?

Il passato prossimo dei verbi riflessivi

12 | Inserisci i verbi al posto giusto.

ci siamo sposati • ti sei laureato • si sono divertiti • vi siete addormentati • mi sono trasferito • si sono incontrate

1. Dopo l'università .... in Inghilterra per lavorare.
2. Io e Pietro .... due anni fa.
3. Siete stanchi. .... molto tardi ieri sera?
4. Patrizia e Carla .... al bar per pranzo.
5. I miei fratelli .... molto durante le vacanze.
6. Giacomo, quando .... ?

13 | Completa le frasi con i verbi sottolineati al passato prossimo, come nell'esempio.

Marco <u>si sveglia</u> sempre alle 8, ma ieri *si è svegliato* alle 10.

1. Normalmente <u>mi addormento</u> tardi, ma ieri .... presto.
2. Tutte le mattine mia madre <u>si alza</u> alle otto, ma ieri .... alle nove.
3. La mie amiche <u>si incontrano</u> sempre al bar dopo il lavoro, ma ieri .... davanti al cinema.
4. Francesco e Anita <u>si telefonano</u> tutti i giorni, ma ieri non ....
5. Lucia <u>si veste</u> sempre in modo elegante, ma ieri .... in modo sportivo.
6. I miei fratelli <u>si svegliano</u> sempre tardi nel fine settimana, ma ieri .... alle sei.
7. Eleonora e Federica <u>si divertono</u> sempre in discoteca, ma ieri non ....
8. Giovanni non <u>si arrabbia</u> mai al lavoro, ma ieri .... molto.

14 | Chiara ieri ha passato una giornata bellissima. Osserva le immagini e descrivi che cosa ha fatto. Usa questi verbi.

addormentarsi • incontrarsi • vestirsi • svegliarsi • divertirsi • rilassarsi

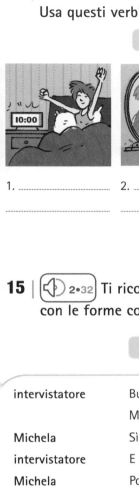     

1. .... 2. .... 3. .... 4. .... 5. .... 6. ....

....

15 | 🔊 2•32 Ti ricordi l'intervista a Michela di pag. 104 del Libro dello studente? Completa il testo con le forme corrette di questi verbi. Poi ascolta e controlla.

laurearsi (x2) • trasferirsi • rilassarsi • divertirsi • sposarsi • incontrarsi

intervistatore	Buongiorno a tutti e benvenuti a «Italiani nel mondo». Oggi abbiamo come ospite Michela Fassetti. Michela lavora all'università di New York ed è di origine italiana, vero?
Michela	Sì, sono nata a Genova e sono rimasta in Italia fino all'età di 19 anni.
intervistatore	E poi?
Michela	Poi per il lavoro di mio padre tutta la mia famiglia .... (1) negli Stati Uniti, dove ho cominciato a studiare matematica all'università.
intervistatore	... e ti sei anche laureata.
Michela	Sì, ... (2) quattro anni fa, poi ho fatto un master e ora lavoro all'università di New York.
Intervistatore	E la tua famiglia?
Michela	Beh, adesso vivo qui da sola perché nel 2008 i miei genitori sono tornati a Genova e mio fratello .... (3) e ha trovato lavoro a Firenze.
intervistatore	E com'è New York? Ti piace?
Michela	I primi anni non sono stati facili, ma adesso mi piace moltissimo. Poi ho conosciuto un ragazzo in università e .... (4).
intervistatore	Congratulazioni! Senti, fra poco iniziano le vacanze. Che programmi hai per l'estate? Torni in Italia?
Michela	No, purtroppo rimango qui perché devo lavorare.
intervistatore	E quando è stata l'ultima volta che hai visto la tua famiglia?
Michela	.... (5) il Natale scorso. Siamo andati una settimana in montagna: io e mio fratello .... (6) molto e i miei genitori .... (7)...

16 | Trova gli errori e correggi.

1. Ieri Marcello si è alzata alle otto.

2. Luca e Maria si hanno laureati in Inghilterra.

3. Due anni fa ho cambiato città: ti sono trasferito a Padova.

4. Ti hai arrabbiato con me, Marco?

5. Fabio, Martina...allora vi siete sposate?

6. Io e Nicola vi siamo incontrati a Parigi due anni fa.

7. Carlotta si ha divertita moltissimo ieri sera al cinema!

8. Alessio è tornato a casa dal lavoro, ha mangiato e si ha addormentato.

17 | Scrivi un'e-mail a un tuo amico o a una persona della tua famiglia. Descrivi una giornata molto bella o molto brutta che hai avuto. Usa i verbi al passato prossimo.

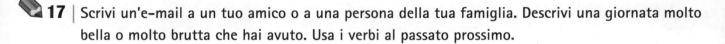

TUTTO CHIARO?

18 | Abbina le espressioni e forma delle frasi.

1. I miei amici	si è sposata	dove è la posta qui vicino?
2. Io e mio marito	sapete	bene Berlino perché abitano lì da molto tempo.
3. Ragazzi, voi	ti sei svegliato	venire a casa vostra: abbiamo un altro impegno.
4. Mia sorella Sara	conoscono	con Franco la settimana scorsa.
5. Mi dispiace ma	non possiamo	questa città... non sono di qui!
6. Daniele, a che ora	non conosco	questa mattina?

19 | Scrivi la forma giusta dei verbi fra parentesi e inserisci gli aggettivi possessivi negli spazi vuoti. Attenzione: alcuni verbi sono al passato e altri al presente.

GIOVANNI ALLEVI: UNA VITA PER LA MUSICA

Giovanni Allevi _____ (1. sapere) suonare il pianoforte molto bene! Ecco che cosa dicono di lui i giornali italiani: un ragazzo timido con un enorme talento per la musica.

Giovanni Allevi è nato nel 1969 ad Ascoli Piceno. _____ (2) padre è un insegnante, ex musicista, e _____ (3) madre una cantante lirica: la musica è di casa. Dice in un'intervista: «_____ (4) genitori sono stati un grande aiuto in questi anni, anche perché _____ (5. potere) capire quanto è importante per me la musica.» Giovanni _____

_____ (6. diplomarsi) nel 1990 in pianoforte con il massimo dei voti e nel 1998 _____ (7. laurearsi) in filosofia. Dopo la laurea _____ (8. trasferirsi) a Milano, dove ha cominciato una collaborazione con Jovanotti, un cantante rap. Continua nell'intervista: «_____ (9. conoscere) Jovanotti tanto tempo fa e amo fare musica con lui. _____ (10) musica è più classica, mentre _____ (11) canzoni sono ritmate, veloci. Però c'è armonia quando suoniamo insieme.» Fino a oggi ha già pubblicato più di 5 CD di musica...

20 | Metti in ordine le parole e forma delle frasi.

1. che / il prossimo / cosa / per / Natale / fate / ?
2. qualcosa / hai / vacanze / le / organizzato / per / ?
3. abbiamo / i miei / io e / speciali / dei / amici / il Natale / festeggiare / programmi / per / !
4. per / di Capodanno / zii / la festa / Stati Uniti / i miei / vengono / dagli / !
5. sciare / andiamo / amiamo / in montagna / perché / in inverno
6. famiglia / abbiamo / tutta la / deciso / di / per Capodanno / incontrare

21 | Abbina le domande alle risposte giuste.

1. ☐ Quando sei arrivata in Italia?
2. ☐ Che cosa avete fatto per le vacanze?
3. ☐ Stefano e Silvia sono fidanzati?
4. ☐ Hai passato un bel fine settimana?
5. ☐ Sei andata alla festa ieri sera?
6. ☐ Quando hai visto la tua famiglia l'ultima volta?
7. ☐ Tuo fratello abita ancora a Pisa?
8. ☐ Marco ha finito l'università?

a. Ma no! Si sono sposati a giugno!
b. Sì, sono andata al mare e mi sono rilassata.
c. Mi sono trasferita qui 3 anni fa.
d. Sì... e mi sono divertita tantissimo!
e. No, si è trasferito a Firenze.
f. Sì, si è laureato in fisica l'anno scorso!
g. Niente di speciale, ci siamo rilassati a casa.
h. Io e i miei genitori ci siamo incontrati a Natale.

22 | Riordina le frasi del dialogo.

☐ Abbiamo visitato tutti i luoghi turistici, abbiamo mangiato, bevuto vino rosso, fatto shopping...

☐ Ciao, Teresa! Molto bene, grazie! Io e mia moglie siamo andati al mare con alcuni amici e ci siamo rilassati un po'.
E tu, che cosa hai fatto?

☐ ... ho capito! Vi siete divertite!

☐ Laura? Certo! Ci siamo incontrati tutti il Natale scorso, non ti ricordi?

☐ Sì, tantissimo! È stata proprio una bella vacanza.

[1] Ciao Massimo! Come sono andate le vacanze?

☐ Che bello! E che cosa avete fatto a Parigi?

☐ Ah sì... alla festa di Gigi! Sai... adesso si è laureata e si è sposata con un ragazzo francese!

☐ Sono andata a Parigi a casa di un'amica, Laura. Si è trasferita in Francia due anni fa. La conosci?

23 | E tu che cosa hai fatto durante le ultime vacanze di Natale? A che ora ti sei alzato? Sei stato con la famiglia o hai viaggiato? Ti sei divertito? Scrivi un breve paragrafo.

....
....
....
....

SPAZIO ALLE PAROLE

24 | Completa la tabella con i nomi di famiglia mancanti.

♀	♂	♂♀
....	madre	genitori
fratello	....	fratelli
figlio	figlia	....
....	....	zii
cugino	cugina	....
....	nonna	....
nipote	....	....
cognato	....	....
....	bisnonna	....

25 | Completa lo schema con i nomi di famiglia e trova la parola nuova.

1.   è la figlia di tuo padre, ma non sei tu!
2.   è il figlio di tuo fratello e di sua moglie.
3.   è il figlio dei tuoi zii.
4.   è il marito di tua madre.
5.   è il figlio di tuo padre, ma non sei tu!
6.   è il fratello di tua madre.

La parola nuova è _ _ _ _ _ _ _ _ : sono i genitori di tua moglie o di tuo marito.

26 | Ti ricordi i nomi dei mesi dell'anno? Completa la tabella.

1.	2.	3. *marzo*	4.	5.	6. ....
7. *luglio*	8.	9.	10.	11.	12. *dicembre*

27 | Completa le frasi con queste espressioni, come nell'esempio.

a / in dicembre   in primavera   a / in maggio   a / in marzo   a / ~~in giugno~~

in inverno   a / in gennaio   in estate   ad / in aprile   a / in settembre

1.   *A / in giugno* c'è la Festa della Repubblica Italiana.
2.   Festeggiamo la Pasqua sempre ...., qualche anno .... e qualche anno ....
3.   .... nel nord Italia fa molto freddo.
4.   .... festeggiamo Capodanno.
5.   .... molti italiani vanno in vacanza.
6.   .... ci sono Natale e Santo Stefano.
7.   .... c'è la Festa del Lavoro.
8.   .... in Italia incomincia la scuola.

28 | Abbina i nomi delle feste alle date corrispondenti.

1. ☐ Festa di Ognissanti
2. ☐ Natale
3. ☐ Festa del Lavoro
4. ☐ San Valentino
5. ☐ Epifania
6. ☐ Festa del papà
7. ☐ Festa della Repubblica
8. ☐ Festa della Liberazione

a. 25 aprile
b. 19 marzo
c. 14 febbraio
d. 6 gennaio
e. 2 giugno
f. 25 dicembre
g. 1 novembre
h. 1 maggio

29 | Completa gli sms con le formule d'auguri appropriate, come nell'esempio.

ANDREA, LARA. COME VA?
AVETE RICEVUTO TANTI REGALI?
AVETE PASSATO LA FESTA IN
FAMIGLIA? NOI SÌ!
Buon Natale!
CHIARA E MATTEO

1
CARA LINDA,
OGGI È LA TUA FESTA,
FINALMENTE HAI 18 ANNI!
.... DA
MAMMA E PAPÀ!

2
BRAVISSIMO! 110 E LODE!
ADESSO SEI UN ARCHITETTO,
...................!
CLAUDIA

3
SILVIA, CHE COSA HAI TROVATO
NELL'UOVO? UNA BELLA
SORPRESA, SPERO!
.... DA FILIPPO.

4
CIAO, IO E ARIANNA SIAMO
A PARIGI. A MEZZANOTTE
ABBIAMO FATTO IL BRINDISI
AGLI CHAMPS ELYSÉES!
.... DA
MICHELE.

INTONAZIONE&PRONUNCIA

30 | **a** 🔊 2•33 Ascolta con attenzione le parole e segna con (✓) se senti il suono /g/ (*grande*) oppure /k/ (*casa*).

	1	2	3	4	5	6	7	8	9	10
/g/	☐	☐	☐	☐	☐	☐	☐	☐	☐	☐
/k/	☐	☐	☐	☐	☐	☐	☐	☐	☐	☐

b 🔊 2•33 Ascolta di nuovo e completa le parole.

1. ra _ _
2. _ _ _ _ ccio
3. _ _ _ cciola
4. fati _ _
5. _ _ _ ro
6. _ _ _ lo
7. pa _ _ to
8. pa _ _ to
9. a _ _ _ a
10. _ _ sto

L'abito non fa il monaco

Il comparativo di maggioranza

Usiamo il comparativo di maggioranza per **paragonare** due persone, due cose o due luoghi diversi.

Formiamo il comparativo di maggioranza con *più* seguito dall'aggettivo.
*La sua macchina è **più nuova**.*

Il **secondo termine di paragone** è di solito preceduto da **di** o da **di + articolo** determinativo.

> *Alberto è **più** giovane **di** Nicola.*
> *L'inglese è **più** facile **dell'**italiano.*
> *La mia casa è **più** grande **della** tua.*

Il passato prossimo del verbo *piacere*

Formiamo il passato prossimo di *piacere* con il verbo **essere** + **participio passato**.

Al passato prossimo *piacere* ha quattro forme:

	maschile	femminile
singolare	Non mi è piaciuto il libro	Mi è piaciuta la vacanza
plurale	Mi sono piaciuti gli spaghetti	Mi sono piaciute le vacanze

molto e *troppo*

Molto e *troppo* possono essere **aggettivi** o **avverbi**.

Se sono **aggettivi, precedono il nome** e hanno **quattro forme**.

	maschile	femminile
singolare	Ho bevuto **molto** vino.	Ho mangiato **molta** pasta.
	Ho bevuto **troppo** vino.	Ho mangiato **troppa** pasta.
plurale	Ho comprato **molti** libri.	Ci sono **molte** persone.
	Ho comprato **troppi** libri.	Ci sono **troppe** persone.

Se sono **avverbi, seguono un verbo** o **precedono un aggettivo**, e terminano sempre in **–o**.

> *Ho mangiato **molto**.*
> *Ho mangiato **troppo**.*
> *Queste scarpe sono **molto** care.*
> *Questa borsa è **troppo** cara.*

Usiamo *troppo* per indicare un **eccesso** o un'**esagerazione**, perciò ha un **significato negativo**. Ecco perché possiamo dire:

> *Ho mangiato **troppo** e ora sto male.*
> *Queste scarpe sono **troppo** care.*

ma non:

> *Ho mangiato **troppo** e ora sto bene.*
> *Queste scarpe sono **troppo** belle.*

SPAZIO ALLA GRAMMATICA

Il comparativo di maggioranza

1 | Completa le frasi con *più* e uno di questi aggettivi.

> allegro • buona • veloce • elegante • grande • piccolo

1. Questo vestito è piccolo. Avete una taglia _____ ?
2. Non puoi mettere giacca e jeans al matrimonio di Paolo e Silvia. Devi mettere un vestito _____ .
3. Queste scarpe sono grandi. Avete un numero _____ ?
4. 🗣 Preferisci il rosso o il nero? 🗣 Preferisco il rosso: è _____ .
5. Mi piace la cucina francese, ma la cucina italiana è _____ .
6. 🗣 Andiamo in metropolitana o in autobus?
   🗣 In metropolitana: è _____ .

2 | Sottolinea l'alternativa corretta.

1. Sandro è più giovane *delle* / *di* Lucio.
2. Il vestito rosso è più caro *del* / *dello* vestito nero.
3. Le scarpe nere sono più belle *della* / *delle* scarpe rosse.
4. Il cinese è più difficile *dell'* / *del* italiano.
5. Stefania è più simpatica *di* / *del* Chiara.
6. I ristoranti giapponesi sono più cari *del* / *dei* ristoranti indiani.

3 | Osserva le immagini e completa le frasi con il verbo *essere* e il comparativo di maggioranza di questi aggettivi.

alto • caro • giovane • grande • lungo • piccolo • pigro • ~~vecchio~~

sig. Calvi   sig. Marini

1. Il signor Calvi è ___più vecchio del___ signor Marini.

2. I jeans _____ pantaloni.

Enrico   Cristina

€ 70

€ 80

3. Enrico _____ Cristina.

4. Le scarpe nere _____ scarpe bianche.

5. La Francia _____ Italia.

6. Gli occhiali bianchi _____ occhiali neri.

 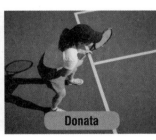

Gianna   Donata

7. Le mie insegnanti _____ tue insegnanti.

8. Gianna _____ Donata.

4 | Paragona questi luoghi, persone o cose. Dai la tua opinione.

Tom Cruise / Jonny Depp (*bravo*)

___Tom Cruise è più bravo di Johnny Depp.___

oppure: ___Johnny Depp è più bravo di Tom Cruise.___

1. calcio / tennis (*interessante*)
2. gli inglesi / gli italiani (*elegante*)
3. italiano / cinese (*facile*)
4. cani / gatti (*intelligente*)

5. Venezia / Roma (*antico*)
6. ostelli / campeggi (*caro*)
7. lasagne / spaghetti (*buono*)
8. i vini italiani / i vini francesi (*famoso*)

Il passato prossimo del verbo *piacere*

5 | Completa le frasi.

piaciuto • piaciuti • è
sono • piaciuta
piaciute • è • sono

1. Ti è _____ la festa?
2. Non mi _____ piaciuto il film.
3. Ti _____ piaciuta la pizza?
4. A Giorgio non sono _____ gli spaghetti.
5. È _____ il regalo a Marta?
6. Mi _____ piaciute molto le lasagne.
7. Ti sono _____ le vacanze?
8. A Sandra _____ piaciuti i fiori?

6 | Sottolinea l'alternativa corretta.

1. Mi sono *piaciute / piaciuta* le amiche di Cristina.
2. Ti *è / sono* piaciuto l'ultimo libro di Roberto Saviano?
3. Mi *è / sono* piaciute molto le lezioni di italiano.
4. Non mi è *piaciute / piaciuta* la torta.
5. A Davide non *è / sono* piaciuto molto il concerto.
6. Ti sono *piaciuto / piaciuti* i Musei Vaticani?
7. A Claudia non *è / sono* piaciuti i peperoni.
8. Ti è *piaciuto / piaciuta* l'agriturismo?

7 | ◁ 2•34 Completa il dialogo con il passato prossimo del verbo *piacere*. Poi ascolta e controlla.

Marta E allora. Come è andata ieri sera? Ti _____ (1) la festa di Marco?

Giada Così, così. Non mi sono divertita molto.

Marta Perché?

Giada Beh, innanzittuto non mi _____ (2) i suoi nuovi amici, Stefano e Nadia.
Non sono molto simpatici.

Marta Lo so. Li conosco e non sono simpatici neanche a me. Sono troppo snob. Ma la cena? Marco è un cuoco molto bravo...

Giada Beh sì, ha cucinato molte cose. Ha fatto le lasagne al pesto, ma non mi _____ (3) molto.
Troppo olio.

Marta Giada, sei troppo critica. Devi essere più tollerante.

Giada Hai ragione. Però l'arrosto mi _____ (4).

Marta Meno male.

8 | Un tuo amico è appena tornato da un corso di italiano a Firenze. Usa le parole per fare domande con il passato prossimo del verbo *piacere*, come nell'esempio.

la scuola → Ti è piaciuta la scuola?

1. il corso di italiano
2. gli insegnanti
3. il libro
4. i compagni
5. la cucina toscana
6. gli Uffizi
7. le discoteche di Firenze
8. la cattedrale di Santa Maria Novella

9 | Pensa al tuo corso di italiano. Scrivi tre cose che ti sono piaciute e tre cose che non ti sono piaciute.

10 | Completa le frasi.

troppa • molto • molte • troppe • troppo • molti • molta • molto

1. Non mi sono divertita _____ .
2. Ho conosciuto _____ persone simpatiche alla festa.
3. Non sto bene: ho mangiato _____ lasagne.
4. Stefano è sempre stanco: lavora _____ .
5. Non c'è _____ birra per stasera.
6. Marco è un cuoco _____ bravo.
7. Ci sono _____ negozi in centro.
8. Non mi piacciono gli outlet: c'è sempre _____ gente.

11 | Sottolinea l'alternativa corretta.

1. Questo libro è *molto / troppo* interessante.
2. Hai *molti / troppi* amici in Italia?
3. Giada è *molta / troppo* critica.
4. *Molti / Troppe* persone usano l'auto nelle grandi città.
5. L'arrosto mi è piaciuto *molto / troppo*.
6. Ho speso *molto / troppi* soldi questo mese.

12 | 🔊 2•35 Completa la conversazione con *molto, molta, molti* e *molte*. Poi ascolta e controlla.

Massimo	E allora, Erica, com'è il tuo nuovo lavoro?
Erica	Beh, è _____ (1) interessante, ma a volte è _____ (2) stressante. È interessante perché viaggio _____ (3), vedo _____ (4) paesi nuovi e conosco _____ (5) persone diverse.
	Imparo _____ (6) cose nuove e questo mi piace _____ (7).
Massimo	Però è anche stressante, dici.
Erica	Sì, perché lavoro _____ (8): passo _____ (9) giorni lontana da casa e non ho _____ (10) tempo per stare con gli amici o con la mia famiglia. E anche quando sono in ufficio le mie giornate sono _____ (11) lunghe: ho sempre _____ (12) riunioni e devo rispondere a _____ (13) e-mail.
	E poi non ho _____ (14) giorni di vacanza, perché ho appena cominciato.
Massimo	Ma guadagni _____ (15) soldi!

13 | Osserva i disegni e scrivi frasi con *troppo, troppa, troppi, troppe* e le parole indicate.

gente • ~~caldo~~ • grande • parmigiano • scarpe • vestiti

Non posso bere questo caffè.
È *troppo caldo*.

Andiamo via.
C'è _____ .

Queste lasagne non mi piacciono.
C'è _____ .

Ho messo _____ in valigia!

Non mi piace questa giacca.
È _____ !

Forse ho comprato _____ .

TUTTO CHIARO?

14 | Completa il dialogo con queste parole.

> molte (x2) • molti • molto (x2) • piaciuta • piaciute • piaciuti • piaciuto • troppe • troppi • troppo

Beatrice	Ciao Tiziano! Come stai?
Tiziano	Sono un po' stanco. Ieri sera sono andato a letto .... (1) tardi perchè sono stato alla festa di Marco.
Beatrice	E ti è .... (2)?
Tiziano	Sì, è stata una bella festa. Mi sono divertito .... (3). Ho conosciuto .... (4) persone simpatiche. Ti sono .... (5) Stefano e Nadia?
Beatrice	Sì, perché?
Tiziano	A Giada non piacciono: sono .... (6) snob.
Beatrice	Non è vero.
Tiziano	E la cena?
Beatrice	Marco è un cuoco eccezionale. Mi sono .... (7) le sue lasagne al pesto: sono sempre buonissime. E mi è
Tiziano	.... (8) molto anche il suo arrosto: delizioso!
Beatrice	E Marco è stato contento?
Tiziano	Certo. Ha ricevuto .... (9) regali: un cellulare, dei CD e .... (10) bottiglie di vino francese, il suo preferito.
Beatrice	Allora è stata una bella serata.
Tiziano	Sì, ma ho mangiato .... (11) lasagne e bevuto .... (12) bicchieri di vino, così oggi non mi sento bene.

15 | Ogni frase contiene un errore. Trova gli errori e correggi.

1. I jeans sono più comodi di gonne.
2. Questa pasta è troppo buona: come la cucini?
3. Ti ha piaciuto l'ultimo film di Benigni?
4. Questa chiesa è molta vecchia.

5. Gli amici di Patrizia sono più simpatici dei amici di Carlo.
6. A Simonetta sono piaciuti le vacanze in Sicilia?
7. Non posso comprare queste scarpe: sono troppe care.
8. Mi sono piaciuta molto la mostra di Dalì a Milano.

COMUNICARE

16 | Abbina l'inizio di ogni domanda alla sua fine.

1. ☐ Quanto costano
2. ☐ Che taglia
3. ☐ C'è un numero
4. ☐ Quanto costa
5. ☐ Dove sono
6. ☐ Avete
7. ☐ Accettate
8. ☐ Questo vestito

a. c'è anche in nero?
b. carte di credito?
c. i camerini, per favore?
d. più piccolo?
e. porta?
f. questa borsa?
g. questi pantaloni?
h. una taglia più grande?

17 | 🔊 2•36 Ora abbina le domande dell'esercizio 16 a queste risposte. Poi ascolta e controlla.

a. ☐ Certo. Accettiamo tutte le carte di credito.

b. ☐ Costa 55 euro.

c. ☐ In fondo a sinistra.

d. ☐ La 42.

e. ☐ Mi dispiace, abbiamo solo questo numero.

f. ☐ Costano 65 euro.

g. ☐ No, ma lo abbiamo in blu.

h. ☐ Sì, abbiamo una 44 e una 46.

18 | Scrivi domande adatte a queste risposte.

1. 👤 ....
   🧑 Guardo subito. Sì, abbiamo una 42.

2. 👤 ....
   🧑 Sì, abbiamo questa gonna anche in rosso.

3. 👤 ....
   🧑 Mi dispiace. Abbiamo solo questo numero.

4. 👤 ....
   🧑 Stai molto bene. Questo vestito è perfetto.

5. 👤 ....
   🧑 Le borse? Sono in fondo accanto alle scarpe.

6. 👤 ....
   🧑 No, mi dispiace. Non abbiamo camicie di seta.

SPAZIO ALLE PAROLE

19 | Trova nello schema questi 15 nomi di capi di abbigliamento e accessori.

anello

cappotto

felpa

impermeabile

pantaloncini

braccialetto

collant

gonna

maglietta

pigiama

camicia da notte

cravatta

guanti

occhiali da sole

sciarpa

C	F	C	B	J	D	B	K	I	D	C	S	I	O	E
A	Z	E	Z	C	O	A	T	F	O	M	N	C	L	L
M	P	C	L	P	R	N	M	L	T	I	C	F	L	I
I	X	A	O	P	A	A	L	A	C	H	O	B	E	B
C	S	P	H	U	A	A	V	N	I	G	O	N	N	A
I	A	P	G	T	N	K	O	A	A	G	R	Q	A	E
A	Q	O	C	T	O	L	L	G	T	E	I	K	H	M
D	Q	T	R	K	A	I	Y	X	J	T	I	P	V	R
A	V	T	D	T	D	G	H	U	K	F	A	E	V	E
N	I	O	N	A	M	A	G	L	I	E	T	T	A	P
O	X	A	S	A	P	R	A	I	C	S	I	E	J	M
T	P	O	T	T	E	L	A	I	C	C	A	R	B	I
T	L	T	D	A	J	H	U	I	R	U	M	F	J	W
E	W	G	B	X	W	E	R	C	R	Z	Q	B	B	Z

20 | Abbina le definizioni a otto parole dell'esercizio 19.

1. La metti intorno al collo d'inverno. ....

2. Li metti sulle mani. ....

3. Sono dei pantaloni corti. ....

4. Gli uomini lo mettono quando vanno a letto. ....

5. Gli uomini la mettono sopra la camicia per essere eleganti. ....

6. Li metti quando c'è molto sole. ....

7. Le donne la mettono quando vanno a letto. ....

8. Di solito la mettono solo le donne. ....

21 | Trova l'intruso in ogni gruppo di parole e spiega il perché.

1. cotone • seta • velluto • tinta unita

2. pois • viscosa • fiori • quadretti

3. marrone • viola • cashmere • giallo

4. jeans • anello • collana • orecchini

5. stivali • sandali • calze • infradito

6. canottiera • ballerine • maglietta • maglione

22 | Abbina i capi di abbigliamento alle foto.

> a. maglietta a maniche corte • b. maglione collo V • c. camicia a maniche lunghe
>
> d. stivali con il tacco alto • e. pantaloni a vita bassa • f. pantaloni a zampa di elefante
>
> g. maglia dolcevita • h. sandali con la zeppa • i. scarpe con il tacco basso • j. maglione girocollo

 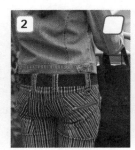   

    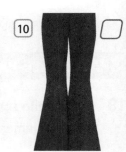

23 | Completa le frasi con una delle espressioni idiomatiche dell'esercizio 18 a pag. 119.

1. Ho molti problemi e non riesco a dormire. Anche ieri ho passato ....
2. Carla è una persona veramente ottimista: vede ....
3. Hai visto quante piante ha Margherita? Ha proprio ....
4. Quest'anno non ho i soldi per andare in vacanza: sono ....
5. Oggi è stata ....: mi sono svegliato tardi, ho perso il treno e il mio capo si è arrabbiato.
6. Ieri sera ho mangiato troppo e questa mattina non sto bene. Oggi devo certamente ....

INTONAZIONE&PRONUNCIA

24 | 🔊 2•37 Ascolta e ripeti. Attenzione alla /s/ e alla /z/!

/s/ (sorda)   casco – falso – penso – autobus – sala – scatola

/z/ (sonora) esercizio – preciso – uso – rosa – sbaglio - sbattere

Ricapitoliamo!

Gli interrogativi

INTERROGATIVI		funzione
Chi?	Chi è il tuo professore di italiano?	chiedere l'identità di una persona
Che cosa? Cosa?	Che cosa fai questa sera?	chiedere informazioni su un oggetto o un'azione
Quale/i?	Quale musica ascolti?	chiedere informazioni su un oggetto
	Quali lingue parli?	(fra due o più)
Quanto/a/i/e?	Quanto costa un chilo di pane?	chiedere informazioni su una quantità
	Quante persone italiane conosci?	
Come?	Come si scrive il tuo cognome?	chiedere informazioni sul modo
Perché?	Perché studi italiano?	chiedere informazioni sul motivo
Quando?	Quando iniziano le vacanze?	chiedere informazioni sul tempo
A che ora?	A che ora ti svegli?	chiedere informazioni sull'orario
Dove?	Dove vivi?	chiedere informazioni sul luogo
Di dove?	Di dove sei?	chiedere informazioni sull'origine

Le preposizioni

La preposizione *di*

Usiamo *di*:

per specificare

Ho letto un libro *di* storia.
(specifica l'**argomento**)
Voglio comprare una camicia *di* cotone.
(specifica il **materiale**)

per dire a chi appartiene una cosa

Questa macchina è *di* Laura.
(= Laura ha / possiede questa macchina.)

per dire l'origine nell'espressione
essere + *di* + nome città

Sei *di* Parigi?
Sam è *di* New York.

in combinazione con alcuni verbi
(vedi sotto)

verbi + DI	
avere bisogno di + verbo all'infinito	Ho bisogno di comprare questo libro.
avere bisogno di + nome	Hai bisogno di una vacanza!
avere voglia di + verbo all'infinito	Ho voglia di fare un viaggio.
avere voglia di + nome	Hai voglia di un caffè?
parlare di + nome	Io e i miei amici non parliamo mai di politica.
finire di + verbo all'infinito	Stefano ha finito di studiare.

La preposizione *a*

Usiamo *a*:

▶ per dire il posto dove andiamo o siamo

*Vai **a** casa? - No, vado **al** supermercato.*
*Sono **a** casa / **al** supermercato.*

▶ in combinazione con i nomi di città

*Abito **a** Pavia, ma studio **a** Milano.*
*Questo fine settimana vado **a** Firenze.*

▶ per indicare un orario

*Il treno parte **alle** 15.30.*
*La lezione inizia **alle** 8 e mezza.*

▶ in combinazione con alcuni verbi
(vedi sotto)

verbi + A	
*andare **a*** + verbo all'infinito	*Devo andare a fare la spesa.*
*iniziare **a*** + verbo all'infinito	*Nicola ha iniziato a lavorare.*
*pensare **a*** + nome	*Penso spesso alla mia famiglia.*
*provare **a*** + verbo all'infinito	*Vuoi provare a suonare la chitarra?*
*continuare **a*** + verbo all'infinito	*Giovanni ha continuato a studiare.*

La preposizione *in*

Usiamo *in*:

▶ per dire il posto dove andiamo o siamo

*Vado **in** palestra e poi **in** pizzeria.*
*Carla è **in** palestra.*

▶ in combinazione con i nomi di nazione

*La mia famiglia abita **in** Francia, ma io vivo **in** Olanda.*
*Quest'estate vado **in** Germania.*

La preposizione *in* o *a*?

Non c'è sempre una regola precisa per stabilire quale preposizione usare. Ad esempio, non è possibile spiegare perché diciamo *al mare* o *in montagna*. Ecco un'utile tabella per imparare queste irregolarità.

IN	A
in pizzeria, trattoria, in birreria...	**al** ristorante
in biblioteca	**al** cinema
in banca	**al** bar
in posta	**all'**ufficio postale
in ufficio	**a** teatro
in ospedale	**al** parco
in centro	**a** scuola
in discoteca	**all'**università
in piscina	**al** mercato
in montagna	**al** mare
in campagna	**all'**estero

La preposizione *da*

Usiamo *da*:

- per indicare l'origine o la provenienza da un luogo (*venire* + *da* + luogo)
- per indicare il posto dove andiamo o siamo se usiamo un nome di persona
- per indicare un periodo di tempo continuato (quando abbiamo iniziato a fare un'azione che ancora continua)
- nella combinazione *da... a...* per indicare un periodo di tempo determinato

Vengo da Madrid / dalla Spagna.
Vengo da casa.
Vado / Sono dal panettiere.
Vado / Sono da Mario.
Studio italiano da tre mesi.
Vivo in Francia da sei anni.
Lavoro dal lunedì al venerdì.
Ho lezione dalle 9 alle 11.

La preposizione *in* o *da*?

In italiano usiamo *in* con il nome del negozio e *da* con il nome della persona o del negoziante.

IN	DA
in tabaccheria	**dal** tabaccaio
in panetteria	**dal** panettiere
in macelleria	**dal** macellaio
in farmacia	**dal** farmacista
in edicola	**dal** giornalaio

I verbi

espressioni con il verbo *avere*	
avere ..... **anni**	*Laura ha 30 anni.*
avere **fame**	*Ho fame! Andiamo a mangiare qualcosa!*
avere **sete**	*Hai sete? Vuoi bere un bicchiere d'acqua?*
avere **sonno**	*È ora di andare a dormire... ho sonno!*
avere **caldo**	*Ho caldo, puoi aprire la finestra?*
avere **freddo**	*Ho freddo! Devo comprare una giacca più pesante.*

espressioni con il verbo *fare*	
fare **la spesa**	*Il frigorifero è vuoto... vai a fare la spesa, per favore?*
fare **la doccia**	*Ho giocato a calcio e poi ho fatto la doccia.*
fare **shopping / spese**	*Mi piace andare per negozi e fare shopping / spese.*
fare **una passeggiata**	*La domenica io e Marco facciamo sempre una passeggiata al parco.*
fare **un giro**	*Sono andato a Bologna e ho fatto un giro nel centro storico.*
fare **fotografie**	*In vacanza faccio sempre tante fotografie.*
fare **tardi**	*Oggi mi sono svegliato alle 9 e ho fatto tardi in ufficio.*
fare **sport**	*Sono pigro... non faccio molto sport.*
fare **il bagno**	*Ho caldo qui sotto il sole. Andiamo a fare il bagno!*

verbi + infinito (senza preposizione)	
essere + aggettivo + verbo all'infinito	*È difficile imparare l'italiano.*
preferire + verbo all'infinito	*Non voglio una birra. Preferisco bere acqua.*
piacere + verbo all'infinito	*Mi piace molto ascoltare la musica rock.*
sapere e verbi modali (*volere, dovere, potere*)	*Non posso venire al cinema, devo studiare italiano.*

Tavole dei verbi

I verbi regolari

I verbi in *–are* (1ª coniugazione)	I verbi in *–ere* (2ª coniugazione)	I verbi in *–ire* (3ª coniugazione)

lavorare

(io)	lavoro
(tu)	lavori
(lui / lei / Lei)	lavora
(noi)	lavoriamo
(voi)	lavorate
(loro)	lavorano

scrivere

(io)	scrivo
(tu)	scrivi
(lui / lei / Lei)	scrive
(noi)	scriviamo
(voi)	scrivete
(loro)	scrivono

offrire / finire

	offrire	finire
(io)	offro	finisco
(tu)	offri	finisci
(lui / lei / Lei)	offre	finisce
(noi)	offriamo	finiamo
(voi)	offrite	finite
(loro)	offrono	finiscono

I verbi riflessivi

svegliarsi

(io)	mi sveglio
(tu)	ti svegli
(lui / lei / Lei)	si sveglia
(noi)	ci svegliamo
(voi)	vi svegliate
(loro)	si svegliano

mettersi

(io)	mi metto
(tu)	ti metti
(lui / lei / Lei)	si mette
(noi)	ci mettiamo
(voi)	vi mettete
(loro)	si mettono

vestirsi

(io)	mi vesto
(tu)	ti vesti
(lui / lei / Lei)	si veste
(noi)	ci vestiamo
(voi)	vi vestite
(loro)	si vestono

I verbi *essere* e *avere*

essere

(io)	sono
(tu)	sei
(lui / lei / Lei)	è
(noi)	siamo
(voi)	siete
(loro)	sono

avere

(io)	ho
(tu)	hai
(lui / lei / Lei)	ha
(noi)	abbiamo
(voi)	avete
(loro)	hanno

I verbi in *-care, -gare, -iare*

indicare

(io)	indico
(tu)	indi**chi**
(lui / lei / Lei)	indica
(noi)	indi**chiamo**
(voi)	indicate
(loro)	indicano

pagare

(io)	pago
(tu)	pa**ghi**
(lui / lei / Lei)	paga
(noi)	pa**ghiamo**
(voi)	pagate
(loro)	pagano

mangiare

(io)	mangio
(tu)	mang**i**
(lui / lei / Lei)	mangia
(noi)	mangiamo
(voi)	mangiate
(loro)	mangiano

I verbi con presente indicativo irregolare

andare
(io)	vado
(tu)	vai
(lui / lei / Lei)	va
(noi)	andiamo
(voi)	andate
(loro)	vanno

fare
(io)	faccio
(tu)	fai
(lui / lei / Lei)	fa
(noi)	facciamo
(voi)	fate
(loro)	fanno

stare
(io)	sto
(tu)	stai
(lui / lei / Lei)	sta
(noi)	stiamo
(voi)	state
(loro)	stanno

bere
(io)	bevo
(tu)	bevi
(lui / lei / Lei)	beve
(noi)	beviamo
(voi)	bevete
(loro)	bevono

rimanere
(io)	rimango
(tu)	rimani
(lui / lei / Lei)	rimane
(noi)	rimaniamo
(voi)	rimanete
(loro)	rimangono

sapere
(io)	so
(tu)	sai
(lui / lei / Lei)	sa
(noi)	sappiamo
(voi)	sapete
(loro)	sanno

dire
(io)	dico
(tu)	dici
(lui / lei / Lei)	dice
(noi)	diciamo
(voi)	dite
(loro)	dicono

uscire
(io)	esco
(tu)	esci
(lui / lei / Lei)	esce
(noi)	usciamo
(voi)	uscite
(loro)	escono

venire
(io)	vengo
(tu)	vieni
(lui / lei / Lei)	viene
(noi)	veniamo
(voi)	venite
(loro)	vengono

dovere
(io)	devo
(tu)	devi
(lui / lei / Lei)	deve
(noi)	dobbiamo
(voi)	dovete
(loro)	devono

potere
(io)	posso
(tu)	puoi
(lui / lei / Lei)	può
(noi)	possiamo
(voi)	potete
(loro)	possono

volere
(io)	voglio
(tu)	vuoi
(lui / lei / Lei)	vuole
(noi)	vogliamo
(voi)	volete
(loro)	vogliono

I verbi con participio passato irregolare

fare	ho fatto	**mettere**	ho messo	**vedere**	ho visto
bere	ho bevuto	**prendere**	ho preso	**vivere**	ho vissuto
chiudere	ho chiuso	**scrivere**	ho scritto	**aprire**	ho aperto
leggere	ho letto	**spendere**	ho speso	**dire**	ho detto
essere	sono stato/a	**rimanere**	sono rimasto/a	**venire**	sono venuto/a

direzione editoriale
Anna Fresco

coordinamento editoriale
Elena Baiotto

progetto grafico
apotema, Cologno Monzese

redazione
Grazia Toschino

impaginazione
Eidos, Torino (Libro dello studente)
Edit 3000, Torino (Quaderno degli esercizi)

ricerca iconografica
Laura Urbani

controllo qualità
Marina Ferrarese

disegni
Mauro Sacco, Elisa Vallarino

consulenza artistica e grafica della copertina
Tatiana Fragni

foto di copertina
Bigstock Photo; myno/fotolia; ICP; Photos.com

978 88 6518 0037 A

stampato in Italia presso
S.I.P.E., Torino

Ristampa   anno

0 1 2 3 4 5   11 12 13 14

Barbara Bettinelli ha curato il progetto, revisionando e adattar
i materiali dell'intero corso.
In particolare:
le unità *Conosci l'Italia?*, 3, 4, 5, 7, 10 del Libro dello studente
e del Quaderno degli esercizi sono a cura di Barbara Bettinelli;
le unità 1, 2, 6, 8, 9 del Libro dello studente e del Quaderno
degli esercizi sono a cura di Paolo Della Putta e Manuela Visiga
Pianeta Italia *Italiani famosi* e *Mammoni o bamboccioni?* sono
a cura di Barbara Bettinelli;
Pianeta Italia *L'Italia a tavola*, *Italiani brava gente*
e *Vacanze in città? Perché no?* sono a cura di Paolo Della Putta
e Manuela Visigalli;
Italia: istruzioni per l'uso è a cura di Paolo Della Putta;
Ricapitoliamo! è a cura di Manuela Visigalli.